K. Däßler M. Sommer

PASCAL

Einführung in die Sprache
DIN-Norm 66 256
Erläuterungen

Unter Mitarbeit von Albrecht Biedl

Zweite Auflage

Springer-Verlag
Berlin Heidelberg New York Tokyo

Klaus Däßler

Siemens AG, ZTI SOF 22
Otto-Hahn-Ring 6, D-8000 München 83

Manfred Sommer

Fachbereich Mathematik der Universität Marburg
D-3550 Marburg/Lahn

DIN 66 256 wiedergegeben mit Erlaubnis des DIN Deutsches
Institut für Normung e.V. Maßgebend für das Anwenden von Normen
und Norm-Entwürfen ist deren Fassung mit dem neuesten Ausgabe-
datum, die bei der Beuth-Verlag GmbH, Burggrafenstraße 4–10,
1000 Berlin 30, erhältlich sind.

CIP-Kurztitelaufnahme der Deutschen Bibliothek.
Dässler, Klaus: PASCAL : Einf. in d. Sprache ; DIN-Norm 66256 ; Erl. / K. Dässler ; M. Sommer.
Unter Mitarb. von Albrecht Biedl. – 2. Aufl. – Berlin ; Heidelberg ; New York ; Tokyo : Springer, 1985.
ISBN 978-3-540-15067-1   ISBN 978-3-642-70199-3 (eBook)
DOI 10.1007/978-3-642-70199-3
NE: Sommer, Manfred:

2145/3140-543210

Vorwort

Über den Sinn der Normung von Programmiersprachen gehen die Meinungen weit auseinander und reichen von nutzlos bis unerlässlich. Sicher ist heute, daß zur Sicherstellung der Portabilität von Programmen zwischen Produkten verschiedener Hersteller ein Standard notwendig ist, und zwar sowohl für Anwender wie Hersteller. Einleuchtend ist aber auch, daß die Normung einer Programmiersprache wenig gemeinsam hat mit derjenigen von Schrauben oder Rädern, ist doch die Sprache ein Werkzeug von unverhältnismäßige größerer Komplexität. Die Länge des Normungsdokumentes darf daher nicht überraschen.

Ebenso gehen die Ansichten über den richtigen Zeitpunkt einer Standardisierung auseinander. Während in gewissen Fällen ein Standard angestrebt wird, bevor die Sprache implementiert ist und damit ihre Zweckmäßigkeit erprobt werden kann, erfolgt sie bei Pascal fast 15 Jahre nach der Sprach-Definition. Dies ist reichlich spät, um die in dieser Zeit hervorgegangenen ”Dialekte” und Varianten noch zu beeinflussen.

Ein Normungs-Dokument ist eine trockene Lektüre. Die Autoren des Buches sind daher auf die gute Idee gekommen, dieses mit einem einführenden Text zusammenzulegen. Damit wird dem Leser die Möglichkeit geboten, gleichzeitig die Konzepte durch einen leichter verständlichen Text verstehen zu lernen und die Präzision des Normentextes zu nutzen. Auch gewährleistet die Einführung einen besseren Überblick. Es ist zu hoffen, daß sich beide Teile gegenseitig ergänzen und damit zu Beachtung und Erfolg verhelfen.

Zürich, den 3. August 1983   N. Wirth

Inhalt

Zur Sprache Pascal

Überblick

Pascal ist eine problemorientierte höhere Programmiersprache. Berücksichtigt man Leistungsfähigkeit, logische Struktur, Einfachheit und die leichte Erlernbarkeit insgesamt, so dürfte Pascal zu den modernsten heute existierenden Programmiersprachen zählen.

Pascal wurde 1968-1974 von Prof. Niklaus Wirth entwickelt. Das primäre Ziel der Entwicklung war eine Programmiersprache zur Ausbildung von Studenten.

In den 70er Jahren erwarb sich Pascal einen besonderen Ruf als fortschrittliche Programmiersprache. Pascal zählt mittlerweile zu den am weitesten verbreiteten Programmiersprachen.

Die Hauptgründe für die Popularität von Pascal sind:

- → die einfache Struktur der Sprache.
- → die Unterstützung der strukturierten Programmierung.
- → die problemorientierten Datentypen.
- → die Möglichkeit, mit Pascal schnell zu fehlerfreien Programmen zu kommen.

Vor allem das Konzept problemorientierter Datentypen hat zu dem guten Ruf Pascal's beigetragen, den sich diese Sprache vor allem auch bei Sprachentwicklern erworben hat. Fast alle neueren Sprachentwicklungen bauen auf Pascal auf: CHILL, Mesa, Modula, Euclid, Ada etc.

Die hauptsächlichen Einsatzgebiete von Pascal sind zur Zeit:

- → Ausbildung.
- → technische und kommerzielle Anwenderprogramme, z.B.   CAD-Systeme, Datenbankanwendungen etc.
- → Systemprogramme wie Compiler, Editoren, Bibliothekssysteme etc.
- → Spiele wie Schach, Othello, Kalah, etc.

PASCAL in der Ausbildung

Die erste Programmiersprache, die ein Mensch erlernt, hat wesentlichen Einfluß auf seinen späteren Programmierstil und seine algorithmische Abstraktionsfähigkeit. Ist die erste Programmiersprache unstrukturiert und voller inhärent unlogischer Sprachelemente, so wird dies den späteren Stil des Programmierers negativ beeinflussen.

Pascal wurde von Prof. Wirth mit dem Ziel entwickelt, dem Lernenden eine Programmiersprache anzubieten, die es erlaubt, das Programmieren als systematische Disziplin darzustellen. Pascal hat wenige Sprachelemente. Alle Sprachelemente können logisch erklärt werden. Syntaxregeln sind immer anwendbar - Ausnahmen wurden bewußt

vermieden. Alle diese Eigenschaften lassen Pascal als die Sprache der Wahl für alle Aus-
bildungszwecke erscheinen: An Schulen, Hochschulen und für die eigene Weiterbildung.
Pascal gilt als empfohlene Programmiersprache für den Informatikunterricht.

Die Sprache Pascal

Der wesentliche Ansatzpunkt von Pascal ist die Bereitstellung problemorientierter
Datenstrukturen. Viele andere Sprachen kennen nur implizite Datenstrukturen oder
solche, wie sie von der zur Verfügung stehenden Hardware angeboten werden, wie z.B.
Fixed(31) Binary. Pascal hingegen bietet ein durchgehendes Konzept, maschinen-
unabhängige Datentypen durch den Benutzer definierbar zu machen. Wichtig ist dabei
auch die Möglichkeit, Datentypen Namen geben zu können und mit diesen in anderen
Datentypen darauf Bezug zu nehmen.

In einem Pascal-Programm werden Daten als Wertemengen beschrieben. Diese werden
als Datentyp bezeichnet. Beispiele für elementare Datentypen sind:

→ ein Bereich wie z.B.   -5 .. 99.

→ Aufzählung von Werten, z.B.

```
(Montag,Dienstag,Mittwoch,Donnerstag,Freitag).
```

→ ein vordefinierter Datentyp wie BOOLEAN, CHAR, INTEGER, REAL.

Neben diesen elementaren Datentypen lassen sich komplexe Datenstrukturen
definieren. Die wesentlichen Konstruktionen sind:

Reihungen, Felder :	ARRAY
Verbunde, Datensätze:	RECORD
Mengen:	SET
Dateien:	FILE

Daneben sind Zeiger-Typen (Verweise, Pointer) zur Bearbeitung von Listen- und Baum-
strukturen definierbar, die eine ganze Welt relational verknüpfbarer Informationsstruk-
turen eröffnen. Damit scheint Pascal auch ein gutes Werkzeug für Probleme der Künstli-
chen Intelligenz zu sein.

Nach der ersten Veröffentlichung von Pascal im Jahre 1969 wurde an der ETH Zürich
eine erste versuchsweise Implementierung durchgeführt. Es folgten eine endgültige
Definition und Implementierung von Pascal, und nach einigen Jahren des Piloteinsatzes
wurde 1974 eine revidierte Fassung von Pascal veröffentlicht. Besonders hervorzuheben
ist die Tatsache, daß Pascal nicht von einem sogenannten Expertenkomitee entwickelt
wurde. Stattdessen wurde Pascal aufbauend auf der langjährigen Erfahrung von Prof.
Wirth mit verschiedenen Programmiersprachen und Compilern entwickelt.
Änderungswünsche der Compilerbauer und der ersten Anwender wurden berücksichtigt.
Vor allem dies führte zu einfachen, effizienten und zuverlässigen Pascal-Compilern, die
ebenfalls viel zur Popularität von Pascal beigetragen haben.

Vergleich mit anderen Sprachen

Pascal gehört zur Familie der prozeduralen Programmiersprachen wie z.B. FORTRAN, COBOL, ALGOL, PL/1, ist jedoch moderner, einfacher und wesentlich leichter zu erlernen. Die neuere Systemimplementierungssprache Ada baut auf den Konzepten von Pascal auf und hat weiterführende Konzepte wie z.B.:

→ Modularisierung, separate Compilierung,

→ Parallelverarbeitung, tasking,

→ Ausnahmebehandlung,

→ Parametrisierte Programmteile.

Pascal findet seine Grenzen bei Anwendungen, die diese Konzepte unbedingt benötigen. Natürlich bieten die meisten Hersteller solche Konzepte in Form von Erweiterungen an. Der Vorteil von Norm-Pascal ist jedoch seine Einfachheit, Wirksamkeit und die Effizienz der Implementierungen.

Die Programmiersprache BASIC lässt sich als vereinfachte Form von FORTRAN betrachten. BASIC ist die heute auf Personal Computern und anderen Kleinrechnern am häufigsten eingesetzte Programmiersprache. Sie bietet jedoch bei weitem nicht die Möglichkeiten einer *vollen* Programmiersprache wie Pascal. Vor allem fehlt ihr die systematische Struktur von Pascal, die es erlaubt, auch komplexere Sachverhalte übersichtlich zu programmieren. Darüber hinaus sind bei der Frage, ob Pascal oder BASIC eingesetzt werden soll, auch Fragen der Effizienz zu berücksichtigen. Die meisten PASCAL-Programmiersysteme arbeiten mit effizienten, Maschinencode erzeugenden Compilern, während die meisten BASIC- Programmiersysteme interpretativ arbeiten. Durch das Erscheinen preiswerter, leistungsfähiger Mikroprozessoren ist zu erwarten, daß sich Pascal auch auf dem Hobbyrechner-Markt durchsetzen wird.

Normung von Pascal

Bis 1976 war das Buch von K.Jensen / N.Wirth - Pascal User Manual and Report - das Referenz-Dokument für alle Pascal-Implementierungen. Ab 1977 hat vor allem die BSI-Pascal-Arbeitsgruppe (BSI = British Standards Institution) unter A.M.Addyman an der Normung von Pascal gearbeitet; diese Aktivitäten wurden ab 1979 als ISO-Normung weitergeführt (ISO = International Standards Organisation), wobei ANSI (American National Standards Institution) zunehmend Einfluß nahm. Die Normungsbestrebungen erbrachten jährliche Arbeitspapiere (Working drafts), die in den nationalen Arbeitsgruppen diskutiert und weiterentwickelt wurden.

Im Oktober 1981 wurde soweit Einigung erzielt, daß man das letzte Arbeitspapier als Draft International Standard verabschiedete, also unmittelbarer Vorgänger einer internationalen Pascal-Norm. Zu diesem Zeitpunkt beschlossen einige Normgremien, nationale Versionen herauszubringen, die der englischsprachigen Fassung inhaltsgleich sind. Im November 1983 wurde die Norm ISO 7185 - Pascal - verabschiedet.

In Deutschland bestand bei DIN ebenfalls die Absicht, eine deutschsprachige inhaltsgleiche Norm herauszubringen. Es wurde ein von den Verfassern erarbeiteter Übersetzungsvorschlag als Grundlage einer deutschen Normung übernommen. Die Verfasser haben dann im Rahmen der DIN-Pascal-Arbeitsgruppe (einem Expertengremium aus den Gebieten der Normung, Programmiersprachen, Linguistik, Pascal-Ausbildung und Pascal-Praxis) an einer Präzisierung des Übersetzungsvorschlages mitgewirkt. In einer Reihe von Sitzungen und Diskussionen wurde versucht, einen bestmöglichen Kompromiß aus fachlicher Genauigkeit, begrifflicher Konsistenz und Akzeptanz, Erfüllung von Normenkonventionen und Lesbarkeit zu finden. Das Ergebnis wurde als Entwurf für eine DIN-Pascal-Norm der deutschen Öffentlichkeit für ein halbes Jahr zur Diskussion vorgelegt. Dies führte nur noch zu minimalen Modifikationen. Im März 1984 wurde die deutsche Pascal-Norm DIN 66256 verabschiedet.

Aufbau des Buches

Dieses Buch gliedert sich in eine Einführung in Pascal (Teil I) und die Norm DIN 66256 (Teil II). Beide haben eine jeweils unabhängige Seitennumerierung. Mit dieser unkonventionellen Veröffentlichung einer Norm soll dem Leser in einem geschlossenen Werk die Möglichkeit gegeben werden, einerseits die Sprache Pascal kennenzulernen, andererseits sofort die Präzision des Normentextes nutzen zu können.

Bei Verständnisschwierigkeiten kann auf das leichter verständliche Einführungs- oder Erklärungsniveau zurückgegriffen werden. Zum anderen kann der Leser der Einführung jeden Abschnitt mit dem entsprechenden Abschnitt des Normentextes vergleichen, dessen Nummer neben der Abschnittsüberschrift vermerkt ist. Wir glauben, mit dieser Veröffentlichung Schülern, Studenten, Software- und Compilerentwicklern, sowie Lehrern und Ausbildern gleichermaßen einen Dienst zu erweisen und zur weiteren Verbreitung der Sprache Pascal beizutragen.

Danksagungen und Quellen

Folgenden Damen und Herren möchten wir an dieser Stelle für ihre wertvolle Mitarbeit
danken:
Frau Doris Linse, Stuttgart,
Herrn Dr. Herrmann Stimm, Neustadt
und anderen Mitgliedern der DIN-Pascal-Arbeitsgruppe
sowie
Fräulein Barbara Schäfer, München
und anderen Kollegen der Siemens AG.
Ein Teil der Beispiele im normerklärenden Anhang wurde der PASCAL VALIDATION
SUITE entnommen. Dies ist ein internationales Validierungspaket für Pascal-Compiler,
welches von den Professoren Brian Wichmann (NPL Teddington) und Arthur Sale
(Universität von Tasmanien) verfaßt wurde. Ihnen sei für die Abdruckgenehmigung
ebenfalls gedankt.

TEIL I

Einführung in die

Programmiersprache

PASCAL

I.1 Programmstruktur und ein Beispiel

Das folgende Bild zeigt ein syntaktisch richtiges Pascal-Programm. Es besteht aus

- dem Programmkopf   ①
- dem Vereinbarungsteil   ②
- dem Anweisungsteil   ③
- einem abschließenden Punkt.   ④

Hinweis: In Pascal ist die gewählte Form der Groß- und Kleinschreibung ohne Einfluß auf die Bedeutung eines Programmes.

```
①    program  Suche   (Input, Output);


②    const
         Zeichen =   'A';

     var
         Laufend : Char;
         Anzahl  : 0..Maxint;


③    begin
         Anzahl := 0;
         while not Eof(Input) do begin
            Read(Input, Laufend);
            if Laufend =  Zeichen then
               Anzahl := Anzahl + 1;
         end ;
         WriteLn(Output, 'ZAHL DER ',
                 Zeichen, '=',Anzahl:5);
     end


④    .
```

Das Beispielprogramm liest die Standarddatei Input bis zum Dateiende zeichenweise und zählt, wie häufig das Zeichen "A" in der gelesenen Datei vorkommt. Soll die Häufigkeit eines anderen Zeichens gezählt werden, ist es lediglich notwendig, die Konstantendefinition

```
const    Zeichen  =   'A';
```
entsprechend abzuändern.

Das Ergebnis des Programms wird in der Form

```
    ZAHL DER A =    22
```

in die Standarddatei Output ausgegeben, wobei die Zahl 22 natürlich von der durchsuchten Datei abhängt.

In dem Programmkopf

```
    program Suche  (Input, Output);
```

ist das einleitende Sprachsymbol **program** zu finden, gefolgt von dem frei wählbaren Namen Suche des Programmes. Danach folgt die Liste der Programmparameter, hier der Dateien Input und Output.

Im Vereinbarungsteil

```
    const
        Zeichen  =   'A';
    var
        Laufend  :  Char;
        Anzahl   :  0..Maxint;
```

ist eine Konstantendefinition und eine Variablendeklaration zu finden. Die Konstantendefinition wird durch das Sprachsymbol **const** eingeleitet. Es folgt der Name Zeichen der zu definierenden Konstanten und der Wert, mit dem dieser Name gleichgesetzt wird. Die Variablendeklaration wird durch das Wortsymbol **var** eingeleitet. Es folgen zwei durch ";" getrennte Variablendeklarationen. Deklariert werden die Variablen Laufend und Anzahl. Sie werden als Variable des Datentyps Char bzw. 0..Maxint vereinbart.

Der Anweisungsteil ist geklammert durch die Sprachsymbole **begin** und **end**.

```
①      Anzahl :=  0 ;

②      while not Eof(Input) do begin
          Read(Input, Laufend);
          if Laufend =  Zeichen then
              Anzahl := Anzahl + 1;
       end ;

③      Writeln(Output, 'ZAHL DER ',
              Zeichen, '=',Anzahl:5) ;
```

Diese drei Anweisungen müssen durch die beiden markierten Semikolon getrennt werden. Das Semikolon am Ende der letzten Anweisung ist irrelevant, weil es vor einem **end** steht, d.h. es darf auch weggelassen werden.

Die Anweisung ① enthält eine initialisierende Zuweisung an die Variable Anzahl, die so einen Anfangswert erhält.

Die Anweisung ② ist eine Wiederholungsanweisung. In ihrem Inneren werden wiederum mehrere Anweisungen durch eine Verbundanweisung (**begin** ... **end**) zusammengefaßt. Diese Anweisungen werden solange wiederholt, wie die Bedingung wahr ist, d.h. TRUE als Ergebnis hat. Im Beispiel ist die Bedingung **not** Eof(Input), d.h. das Dateiende von Input (= end of file) darf noch nicht erreicht sein. Die zu wiederholenden Anweisungen sind

```
    Read (Input, Laufend);
    if Laufend = Zeichen then
        Anzahl := Anzahl + 1;
```

Beide Anweisungen müssen durch das markierte Semikolon getrennt sein. Das Semikolon am Ende der If-then-Anweisung darf wieder weggelassen werden.

Die erste der beiden Anweisungen ist ein Aufruf der Standardprozedur Read. Gelesen wird aus der Datei Input in die Variable Laufend. Die Angabe der Datei ist im Falle der Standarddatei Input optional. Read (Input, Laufend) ist also gleichwertig zu Read(Laufend).

Die zweite Anweisung ist eine bedingte Anweisung. Es wird die Anweisung Anzahl := Anzahl + 1 ausgeführt, wenn die Bedingung Laufend = Zeichen wahr ist.

Die Anweisung ③ schließlich ist ein Aufruf der Standardprozedur Writeln, d.h. Schreiben mit anschließendem Zeilenvorschub (= write line). Ausgegeben wird in die Standarddatei Output. Diese Angabe ist wiederum optional. Ausgegeben werden hier vier durch Komma getrennte Elemente:

'ZAHL DER '	eine Zeichenkettenkonstante (Stringliteral)
Zeichen	eine Zeichenkonstante des Programmes
'='	ein Zeichenliteral (direkt angegebene Zeichenkonstante)
Anzahl:5	eine ganze Zahl, die als Feld der Länge 5 ausgegeben werden soll.

I.2 Lexikalische Elemente (,6.1)

Die elementaren Bestandteile von Pascal-Programmen sind:

- Spezialsymbole
- Bezeichner (Namen)
- Direktiven (Hinweise an den Übersetzer)
- Zahlen
- Marken
- Zeichenketten (Strings)
- Trenner (Kommentare, Leerzeichen, Zeilenende)

Diese Bestandteile werden auch lexikalische Elemente genannt. Lexikalische Elemente sind wiederum zusammengesetzt aus Buchstaben, Ziffern und Sonderzeichen. Groß- und kleingeschriebene Buchstaben werden außerhalb von Zeichenketten grundsätzlich nicht unterschieden.

```
BEGIN,   begin,   Begin        bzw.
INPUT,   input,   Input        bzw.
ZEICHEN,   zeichen,   Zeichen
```

werden also jeweils als gleichwertige Schreibweisen behandelt.

● Spezialsymbole

Spezialsymbole bestehen aus den Sonderzeichen (bzw. Zeichenkombinationen):

```
+ - * / = < > [ ] . , : ; ↑ ( ) <>  <=  >=  :=  ..  { }
```

und den 35 Wortsymbolen (Schlüsselwörter, reservierte Bezeichner):

```
AND, ARRAY, BEGIN, CASE, CONST, DIV, DO, DOWNTO, ELSE, END, FILE, FOR,
FUNCTION, GOTO, IF, IN, LABEL, MOD, NIL, NOT, OF, OR, PACKED, PROCEDURE
PROGRAM, RECORD, REPEAT, SET, THEN, TO, TYPE, UNTIL, VAR, WHILE, WITH
```

Für einige Spezialsymbole gibt es Ersatzdarstellungen :

```
↑  =  @        and  =  &        ↑  =  ∧
[  =  (.       not  =  ¬        {  =  (*
]  =  .)       or   =  |        }  =  *)
```

● Bezeichner

Bezeichner (Namen, Identifier) werden benutzt zur Benennung von Konstanten, Typen, Variablen, Prozeduren, Funktionen, Parametern, Programmen, Komponenten, Auswahlkomponenten. Diese Begriffe werden später erläutert.

Regeln :

- Bezeichner setzen sich aus Buchstaben und Ziffern zusammen.
- Das erste Zeichen muß stets ein Buchstabe sein.
- Die Länge von Bezeichnern ist grundsätzlich beliebig. Jedoch betrachten viele Pascal-Compiler nur eine bestimmte Anzahl von Zeichen als signifikant (z.B. 8 oder 16).
- Bezeichner dürfen keine Wortsymbole sein.
- Einige Pascal-Compiler akzeptieren auch den Unterstrich zur besseren Lesbarkeit innerhalb von Bezeichnern. Der Unterstrich wird i.a. wie ein Buchstabe behandelt, darf jedoch nicht am Anfang eines Bezeichners stehen.
- Groß- bzw. kleingeschriebene Buchstaben werden nicht unterschieden.

Beispiele für Bezeichner, die voneinander verschieden sind :

```
X    Zeit    summe    readinteger    summe1
AendereDasErsteZeichenEinerZeile
AendereDasErsteZeichenEinerSeite
```

Beispiele ungültiger Bezeichner :

```
5summen    breite+laenge    kein blank
```

● Direktiven

Direktiven sind Weisungen an den Pascal-Compiler.
Sie sind vordefinierte Bezeichner, die als Ersatz für einen Prozedur- oder Funktionsblock verwendet werden. `Forward` ist die einzige vorgeschriebene Direktive aller Pascal-Implementierungen. `External`, `internal`, `module`, `fortran` sind Beispiele möglicher anderer Direktiven. Diese sind jedoch nicht für alle Pascal-Implementierungen definiert.

● Zahlen

Zahlen in Pascal sind ganzzahlig (der zugehörige Datentyp ist `Integer`) oder gebrochen (der Datenyp ist `Real`).

Ganze Zahlen sind Ziffernfolgen mit oder ohne Vorzeichen. Der Wert einer vorzeichenlosen ganzen Zahl muß im Intervall `0..Maxint` liegen. `Maxint` ist als größte ganze Zahl der jeweiligen Implementierung definiert.

Zahlen vom Typ `Real` sind:
- eine ganze Zahl, gefolgt von einem Exponententeil, z.B. 1E10
- eine ganze Zahl, gefolgt von einem Dezimalteil, z.B. 3.14
- eine ganze Zahl, gefolgt von einem Dezimalteil und einem Exponententeil, z.B. 3.14E10

Beispiele:

```
 1    +100    -99    123456
```
Integer-Zahlen

```
1e10   1E10    -1E10   1E-10    -1E-10   5e-3
0.1    -0.1   3.141   2.15   123.45678
87.35E+8   -99.11e-12
```
Real-Zahlen

`1e10` bedeutet: "1 mal 10 hoch 10"
`87.35E+8` bedeutet: "87.35 mal 10 hoch plus 8"
`1E-10` bedeutet: "1 mal 10 hoch minus 10"
Achtung: "e" und "E" werden nicht unterschieden!

● Sprungmarken

Als Sprungmarken werden Ziffernfolgen im Bereich 0..9999 verwendet. Sie dienen dazu, Anweisungen zu markieren, zu denen dann mittels GOTO - Anweisungen gesprungen werden kann.

● Zeichenketten (Strings)

Zeichenketten sind Elemente eines Zeichenvorrats (z.B. EBCDIC), eingeschlossen in Apostrophe.

Beispiele :

```
'PASCAL'
'Dies ist ein String'
';'
'Der Satz.'
```

Groß- und Kleinbuchstaben werden hier als unterschiedlich betrachtet. Soll eine Zeichenfolge einen oder mehrere Apostrophe enthalten, müssen diese durch jeweils zwei Apostrophe dargestellt sein.

Beispiele :

```
''''
'DONT''T'
```

Dabei zählen dann je zwei innere Apostrophe als ein Zeichen. Zeichenfolgen, die genau ein Zeichen enthalten, werden als Konstante vom Typ Char interpretiert, Zeichenfolgen mit n > 1 Zeichen als Zeichenkettenkonstanten mit n Elementen.

● Trenner (Kommentare, Leerzeichen, Zeilenende)

Eine beliebige Folge von Zeichen, eingeschlossen in geschweifte Klammern, gilt als Kommentar.

Regeln :

- In der Zeichenfolge dürfen auch Zeilenenden vorkommen, d.h. ein Kommentar kann sich über mehrere Zeilen erstrecken.
- In der Zeichenfolge darf keine schließende geschweifte Klammer vorkommen, insbesondere sind Kommentare innerhalb von Kommentaren nicht zulässig.
- Die öffnende geschweifte Klammer eines Kommentares darf nicht Teil einer Zeichenkette (String) sein.
- Ersatzdarstellungen für geschweifte Klammern:

    "{" = "(*"   "}" = "*)"

Beispiele:

```
{Dies ist ein Kommentar}
(*Dies ist auch ein Kommentar*)
{Klammern koennen auch gemischt verwendet werden*)
{Kommentare koennen ueber
 viele Zeilen
 hinweg fuehren}
'{Dies ist kein Kommentar} sondern ein String'
```

Kommentare, Leerzeichen (außer in Strings) und Zeilenenden werden als Trenner zwischen lexikalischen Elementen betrachtet. Null oder mehr solcher Trenner können zwischen je zwei aufeinanderfolgenden lexikalischen Elementen auftreten, bzw. vor dem ersten lexikalischen Element eines Programmes. Mindestens ein Trenner muß zwischen jedem Paar lexikalischer Elemente stehen, das Bezeichner, Wortsymbole oder vorzeichenlose Zahlen enthält. Innerhalb eines lexikalischen Elements darf kein Trenner vorkommen.

I.3 Datentypen (›6.4)

Zweck jedes Pascal - Programmes ist es, Daten zu bearbeiten. Daten werden in Pascal durch die Menge ihrer zulässigen Werte und die auf dieser Menge zulässigen Operationen beschrieben. Hierfür wird der Begriff *Datentyp* verwendet. Die folgende Abbildung gibt einen Überblick über das Typkonzept von Pascal:

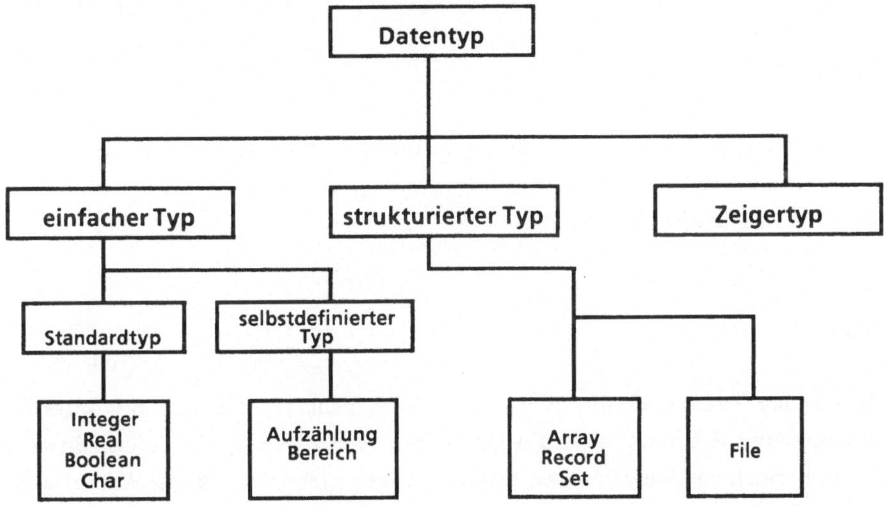

Einfache Datentypen

Ein einfacher Datentyp ist eine geordnete Menge von Werten. Die Werte einfacher Datentypen werden intern durch Integer-Zahlen oder Real-Zahlen dargestellt.

Standarddatentypen (›6.4.2.2)

Die Datentypen Integer, Real, Boolean und Char sind vordefiniert, d.h. ihre Namen sind vordefinierte Bezeichner:

● Integer

Die Werte des Typs Integer sind eine implementierungsabhängige Teilmenge der ganzen Zahlen. Die Werte liegen z.B. bei 32-Bit-Rechnern im Wertebereich $-2^{31}..2^{31}-1$. Für die größte darstellbare Zahl, also z.B. $2^{31}-1$, gibt es die vordefinierte Bezeichnung Maxint.

● Real

Die Werte des Typs Real sind eine implementierungsabhängige Menge von Gleitpunktzahlen.

● Boolean

Die Werte des Typs Boolean sind die vordefinierten Konstanten *False* und *True*. Sie werden intern durch die Werte 0 und 1 dargestellt. Der Typ Boolean ist eine geordnete Menge der Werte (*False* , *True*).

● Char

Die Werte des Typs sind die Werte des Zeichensatzes, der für die unterliegende Implementierung definiert ist. Im allgemeinen sind diese Werte intern durch ganze Zahlen im Bereich von 0 bis 255 dargestellt. Einige - nicht alle - dieser Werte haben eine graphische Darstellung, d.h. "sind abdruckbar". Die graphische Darstellung kann für verschiedene Terminal- und Druckertypen unterschiedlich sein.
Folgende Annahmen sind möglich - unabhängig vom Zeichensatz:

- Die Ziffern 0 .. 9 sind aufsteigend und lückenlos codiert.
- Die Großbuchstaben A .. Z sind aufsteigend, aber nicht notwendig lückenlos codiert.
- Die Kleinbuchstaben a .. z sind aufsteigend, aber nicht notwendig lückenlos codiert.
- Die Codierung der Kleinbuchstaben kann unabhängig von der der Groß- buchstaben sein.
- Das Ergebnis eines Vergleichs von Zeichenwerten auf "größer" oder "kleiner" ist definiert durch den angewandten Zeichensatz - kann also auf verschiedenen Rechnern verschieden ausfallen.

Die Operationen auf den Standarddatentypen werden im Kapitel "Ausdrücke" behandelt.

Selbstdefinierte Typen

● Aufzählungen (›6.4.2.3)

Ein Aufzählungstyp wird durch die Aufzählung der Bezeichner der Werte definiert. Die Werte sind durch die Reihenfolge der Aufzählung geordnet und werden intern der Reihe nach durch die ganzen Zahlen 0, 1, 2,... dargestellt.

Beispiele :

```
(rot, gelb, gruen, blau)
(Coeur, Pique, Treff, Karo)
(suchend, gefunden, nichtvorhanden)
(Busy, InterruptEnable, ParityError, OutOfPaper, LineBreak)
```

Die Bezeichner in den Klammern definieren Konstanten des so definierten Datentyps. Es müssen die Regeln für Bezeichner in Konstantendefinitionen eingehalten werden. So ist zum Beispiel (mi, do, fr, sa) eine unzulässige Aufzählung, weil *do* ein Wortsymbol ist. (weiss, rot, blau) und (gelb, rot, gruen) dürfen nicht im gleichen Gültigkeitsbereich vorkommen, da beide den Bezeichner *rot* einführen.

● Bereiche (›6.4.2.4)

Auf einfachen Datentypen (vordefiniert oder selbdstdefiniert), die durch ganze Zahlen dargestellt werden, können Bereichstypen definiert werden. Der Bereich wird definiert durch Angabe eines kleinsten und eines größten Wertes, wobei beide Werte demselben Datentyp angehören müssen und der erste Wert kleiner als der zweite Wert oder diesem gleich sein muß.

Beispiele :

```
   1 .. 100
  -5 .. +4711
 rot .. gruen
 '0'.. '9'
 'A'.. 'Z'
```

Bereiche von Real-Zahlen sind nicht erlaubt.

Strukturierte Datentypen (›6.4.3)

Im Gegensatz zu einfachen Datentypen enthalten Objekte strukturierter Datentypen Komponenten, die wiederum gewisse Datentypen besitzen. Strukturierte Datentypen werden als Array-, Record-, Set- oder File-Typen klassifiziert, entsprechend dem einleitenden Schlüsselwort. Davor kann das Wortsymbol *packed* stehen. Es handelt sich dann um einen entsprechenden gepackten Datentyp:

`array` ...	⇒ Array-Datentyp
`packed array`...	⇒ gepackter Array-Datentyp
`record` ...	⇒ Record-Datentyp
`packed record`...	⇒ gepackter Record-Datentyp
`set` ...	⇒ Set-Datentyp
`packed set`...	⇒ gepackter Set-Datentyp
`file` ...	⇒ File-Datentyp
`packed file`...	⇒ gepackter File-Datentyp

Neben den genannten strukturierten Datentypen gibt es noch die Zeigerdatentypen. Die Bezeichnung *gepackt* eines Datentyps ist lediglich ein Hinweis an den Übersetzer, daß für diesen Datentyp der Speicher minimal angelegt werden soll, selbst wenn dies auf Kosten der Zugriffseffizienz erfolgt. Wird ein Datentyp als gepackt vereinbart, so hat dies keine andere Wirkung als die der minimalen Darstellung im Speicher. Insbesondere ist das Ergebnis eines Programmes unabhängig davon, ob Datentypen gepackt sind oder nicht. Eine Komponente eines gepackten Datentyps, die selbst wieder strukturiert ist, wird nur dann als gepackt behandelt, wenn sie selbst als gepackt vereinbart wurde. Das Prädikat *gepackt* wirkt also nicht automatisch auf die enthaltenen Komponenten (mit Ausnahme der Kurzschreibweise mehrdimensionaler Arrays).

● Array (›6.4.3.2)

Ein Array-Datentyp wird definiert durch die Konstruktion

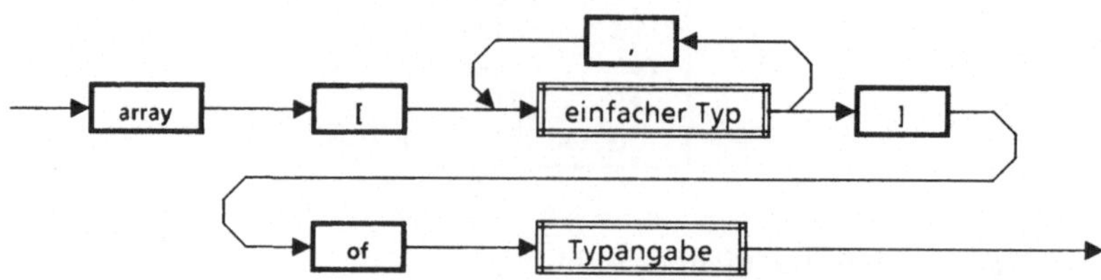

Es handelt sich um eine Zuordnung von je einem Wert des Komponententyps (aus Typangabe) zu jedem Wert des Indextyps. Der Indextyp muß ein einfacher, durch ganze Zahlen dargestellter Typ sein, also z.B. Aufzählungen, Char, Boolean, Teilbereiche von Integer etc. Der Komponententyp kann beliebig sein.

Beispiele :

```
array [ Boolean ]   of   (rot, gelb, gruen, blau)
array [ Char ]   of   Integer
array [   0 .. 255 ]   of   Char
array [ -10 .. 11 ]   of   Real
```

Der Komponententyp eines Array-Datentyps kann beliebig sein, also insbesondere wieder ein Array-Datentyp. Für solche geschachtelten Array-Datentypen ist eine abkürzende Schreibweise zulässig. Die folgenden Beispiele demonstrieren verschiedene Möglichkeiten, denselben Datentyp zu definieren. Dabei sei laenge   ein geeigneter Datentyp z.B. 1 .. 9 .
Das Attribut gepackt bezieht sich bei der abgekürzten Schreibweise auf alle abgekürzten Definitionen.

```
array [ Boolean ]   of   array [ 1 .. 10]   of   array [ laenge ] of   Real
array [ Boolean ]   of   array [ 1 .. 10 , laenge ] of   Real
array [ Boolean , 1 .. 10 ]   of   array [ laenge ] of   Real
array [ Boolean , 1 .. 10 , laenge ] of   Real
```

Gleichwertig sind also auch:

```
packed array [ 1 .. 10 , 1 .. 8 ]   of   Boolean
packed array [ 1 .. 10 ]   of   packed array [ 1 .. 8 ]   of   Boolean
```

Typische Beispiele für diese abgekürzten Definitionen sind Matrizen. Dies zeigt das folgende Beispiel:

```
array [ (A,B,C,D,E,F,G,H) , 1 .. 8 ] of   (weiss, schwarz)
```

Zugriff auf Komponenten eines Array:
Ist A eine Variable vom Typ **array** [2..6] **of** Real, dann kann auf die einzelnen Werte durch indizierte Ausdrücke zugegriffen werden:

```
A[2]      A[3]       A[4]       A[5]       A[6]
```

Diese sind Variable vom Komponententyp, in diesem Fall also Real.

Entsprechendes gilt auch für die abgekürzte Definition mehrdimensionaler Array-Typen:

Sei B eine Variable vom Typ **array** [Boolean,1..10,laenge] **of** Real, dann ist:

    B[True,5,3]   eine Variable vom Typ   Real
    B[False,4]   eine Variable vom Typ   **array** [laenge] **of** Real
    B[True]   eine Variable vom Typ   **array**[1..10,laenge]**of** Real

Sei S eine Variable vom Typ **array**   [(A,B,C,D,E,F,G,H),1..8]   **of** (weiss,schwarz), dann sind:

      S[A,8]   S[E,4]   S[F,6]   Daten vom Typ (weiss, schwarz)

Anmerkung:

Array-Datentypen der Form **packed array** [T] **of** Char
werden als sogenannte String-Datentypen interpretiert, wenn T ein Bereichs-Datentyp der Form 1 .. n ist und n irgendeine ganze Zahl > 1 ist. String- oder Zeichenkettentypen genießen bei der Ein- und Ausgabe, bei Zuweisungen und Vergleichen eine besondere Behandlung.

● Record (,6.4.3.3)

Ein Array-Datentyp ist eine Zusammenfassung von indizierten Daten, wobei der Datentyp jeder Komponente gleich ist. Record-Datentypen sind dagegen eine Zusammenfassung von Komponenten mit möglicherweise verschiedenem Datentyp zu einem Datensatz (Datenverbund), einem *record*. Die Komponenten eines *record* werden Felder genannt.

Es folgt ein Syntaxüberblick für Record - Datentypen:

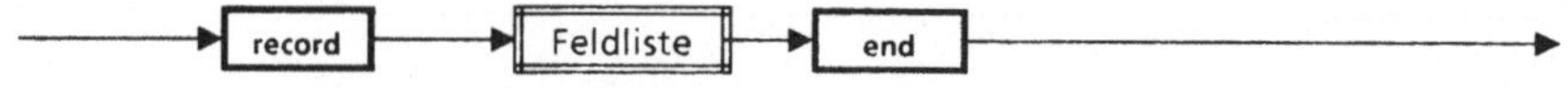

wobei Feldliste folgende Form hat:

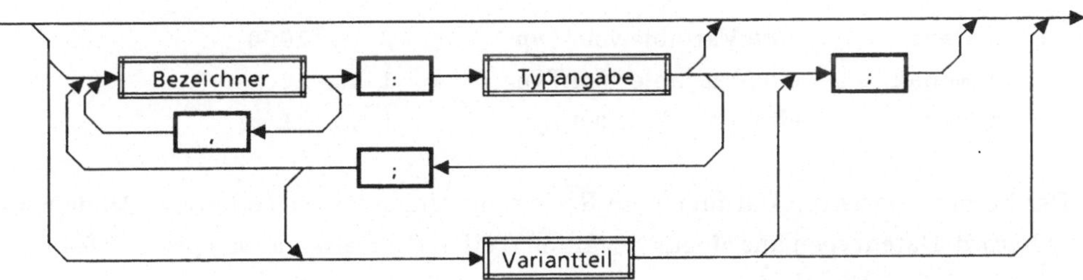

die Syntax von Variantteil ist:

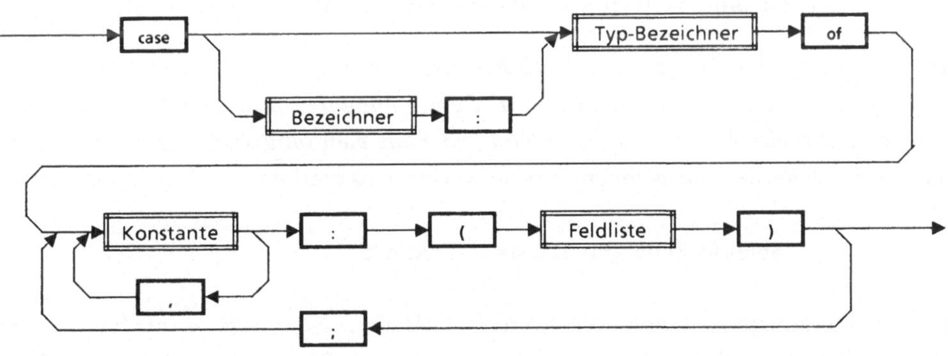

Es folgt ein Beispiel für einen Record - Datentyp:

```
record
   Jahr   : 0 .. 2000 ;
   Monat : 1 .. 12 ;
   Tag    : 1 .. 31 ;
end;
```

Durch diese Definition sei ein Record-Datentyp *Datum* definiert. Dieser Record-Datentyp besteht aus 3 Feldern. Die Felder sind durch Semikolon getrennt. Jedes Feld besteht aus dem Namen der Komponente und dem Datentyp der Komponente, getrennt durch einen Doppelpunkt. Die Namen mehrerer Felder mit demselben Datentyp können zu einer durch Komma getrennten Liste zusammengefasst werden. Auf die Felder einer Variablen eines Record- Datentyps kann durch Feldauswahl zugegriffen werden.

Sei d eine Variable vom Typ Datum, dann ist:

d.Jahr	eine Variable vom Typ	0 .. 2000
d.Monat	eine Variable vom Typ	1 .. 12
d.Tag	eine Variable vom Typ	1 .. 31

Der Record - Datentyp Datum ist ein Record aus einem festen Teil allein. Daneben gibt es Record- Datentypen aus einem varianten Teil und Record-Datentypen mit festem und variantem Teil. Ein Variantteil definiert Felder, die alternativ vorhanden sein können. Der Variantteil hat die Form:

case Variantenselektor **of** Variante1; Variante2; ... ; letzte Variante;

Der Variantenselektor besteht aus der Angabe eines Datentyps (des Auswahldatentyps bzw. Kennungstyps), oder einem zusätzlichen Feldnamen und dem Auswahldatentyp. Dieses zusätzliche Feld - falls vorhanden - wird als Kennungsfeld bezeichnet und kann dazu benutzt werden, abzufragen, welche Variante aktuell ist. Die Varianten haben die Form:

Selektorkonstanten-Liste : (Feldliste)

Die Selektorkonstanten sind Konstanten des Kennungstyps, getrennt durch Komma. Die Feldliste hat wieder die allgemeine Form einer Record-Feldliste, kann also aus einem Festteil, einem Variantteil oder beidem bestehen.

Es folgt ein Beispiel eines Record mit Kennungsfeld von booleschem Kennungstyp. Dabei wird angenommen, es sei ein Datentyp

String = **packed array** [1 .. 20] **of** Char

bereits definiert worden.

```
type Person =
record
  VorName, NachName :String;
  Alter   :  0  ..  99;
  case Verheiratet : Boolean of
    True  :  ( NamedesGatten : String);
    False :  (  );
end;
```

Verheiratet ist das Kennungsfeld, Boolean der Kennungstyp dieses Record-Typs.

Es folgt ein Beispiel für Zuweisungen an Variable des Record-Datentyps Person.

```
var P,Q : Person;
begin
  P.VorName       :='Anton          ';
  P.NachName      :='Meier          ';
  P.Alter := 30;
  P.Verheiratet := False;

  Q.VorName       :='Antonie        ';
  Q.NachName      :='Schmidt        ';
  Q.Alter := 28;
  Q.Verheiratet := True;
  Q.NamedesGatten:='Hugo           ';
end
```

Das Feld NamedesGatten ist für den Record P nicht angelegt. Es darf auch nicht darauf zugegriffen werden. Es folgt eine graphische Darstellung dieser Records.

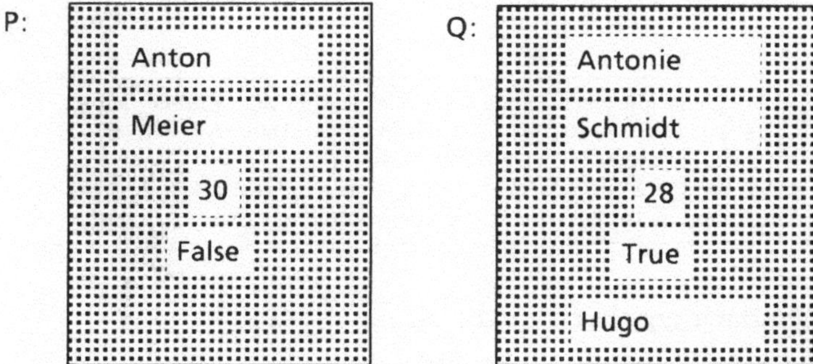

● SET (›6.4.3.4)

Die Werte eines Set-Datentyps sind Mengen von Werten des Basistyps. Ist T ein einfacher Typ, dann ist **set of** T der daraus abgeleitete Set - Datentyp mit dem Basistyp T. Die Syntax von Set - Datentypen ist:

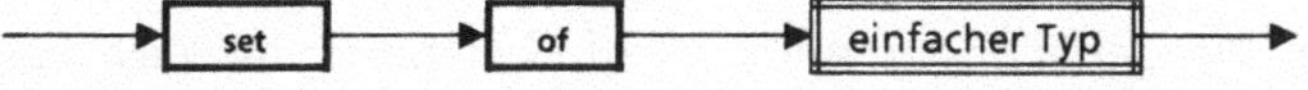

Der einfache Typ T muß durch einen Bereich von ganzen Zahlen darstellbar sein, für den es i.A. implementierungsabhängige Einschränkungen gibt.

Beispiele für zulässige Mengenkonstruktionen :

```
①    set   of   0  .. 50
②    set   of   -10 .. 100
③    set   of   Char
④    set   of   Boolean
⑤    set   of   (rot, gelb, gruen, blau)
```

Beispiele für unzulässige Mengenkonstruktionen :

```
set  of  0.1 .. 0.7        da Real-Zahlen als Basistyp nicht zulässig sind
set  of  set of  1..10     da nur einfache Typangaben als Basistyp zulässig sind
```

Werte von Set-Datentypen sind Mengen (im Sinne der Mathematik) von Werten des Basistyps. Diese werden dargestellt durch Listen von Werten (z.B. auch Variablen oder Ausdrücken) und Wertebereichen mit dem Trennzeichen Komma, die in eckigen Klammern eingeschlossen sind. Diese werden Mengenbildner genannt. Es folgen Beispiele für konstanteMengenbildner:

```
[ ]    ist die leere Menge und ein Wert aller Set - Datentypen
[ 10,11..33,40,49]    ist z.B. Wert der Datentypen ① und ②
[TRUE, FALSE]    ist z.B. Wert des Datentyps ④
[ 'A', 'E', 'I', 'O', 'U']   ist z.B. Wert des Datentyps ③
[ rot,gelb ]   ist z.B. Wert des Datentyps ⑤
```

Achtung:

Ist Farbe der Datentyp (rot, gelb, gruen, blau),

v eine Variable des Datentyps Farbe und

s eine Variable des Typs set of Farbe,

dann ist der Wert der Variablen v zu jedem Zeitpunkt genau einer der Werte rot, gelb, gruen,blau. Der Wert der Variablen s ist jedoch eine (möglicherweeise leere) Menge, gebildet aus den Elementen rot, gelb, gruen und blau.

Auf Pascal-Mengen sind Mengenoperationen wie Durchschnitt, Vereinigung und Mengendifferenz, sowie die Elementrelation und alle möglichen Arten von Vergleichen anwendbar. In Mengenbildnern sind sowohl Konstante als auch beliebige variable Ausdrücke als Elemente zugelassen, wobei deren Reihenfolge keine Rolle spielt.
Mengen sind ein sehr wirkungsvolles Instrument, um das logische Sich-Bedingen oder Sich-Ausschließen von Ereignissen oder Objekten in Programmen darzustellen. Einen (wirklich nur kleinen) Hinweis darauf, was man mit Mengen machen kann, gibt das folgende Beispielprogramm, welches einen Text kopiert und dabei alle Kleinbuchstaben in Großbuchstaben umwandelt. Voraussetzungen hierzu sind, daß der Ordnungszahlabstand aller Kleinbuchstaben zu den entsprechenden Großbuchstaben gleich ist, und daß

die Buchstaben lückenlos im zugrundeliegenden Zeichensatz angeordnet sind. Dies ist z.B. beim ISO-7-Bit-Code der Fall. Ansonsten müßte man den verwendeten Mengenbildner entsprechend modifizieren. Dieses Programm ist gut geeignet, um Ausgaben auf Druckern zu ermöglichen, die nur Großbuchstaben drucken können.

```
Program  Klegro (Input,Output);
Var c           :char;
    Differenz : Integer;

Begin
   Differenz := ord('A') - ord('a'); (* Abstand zwischen 'A' und 'a' *)
   readln;                            (* Anfordern der ersten Zeile *)
   while not eof do begin
      while not eoln do begin
         read(c);
         if c in ['a' .. 'z'] then   (* Kleinbuchstaben-Mengenbildner *)
            c := chr(ord(c) + Differenz);
         write(c);
      end;
      writeln;
      readln;
   end;
end.
```

Hierbei liefert ord(c) die zu einem Zeichen gehörige Ordnungszahl, während chr(Ordnungszahl) das zu einer vorgegebenen Ordnungszahl gehörige Zeichen ergibt (chr und ord sind sogenannte Standardfunktionen).

● Zeiger (,6.4.4)

Mit Hilfe von Zeigern können Verweise auf Variable dargestellt werden. Die Syntax von Zeiger-Datentypen ist:

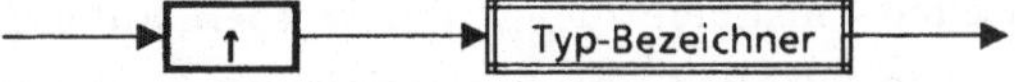

Ist T ein Datentyp, so ist ↑ T der Zeiger-Datentyp zum Basistyp T. Ist TP eine Variable vom Zeiger-Datentyp ↑ T, dann sind die Werte von TP Zeiger (Verweise, Pointer) auf Variable des Datentyps T. Diese werden dynamisch erzeugt und vernichtet. Eine Zeigervariable belegt im lokalen Speicher des Blocks, in dem sie vereinbart ist, soviel Platz, wie für eine Adresse benötigt wird. Der Wert einer Zeigervariablen ist eine Speicheradresse oder der Wert nil. Nil bezeichnet für alle Zeiger-Datentypen den Wert „enthält keinen Verweis". Dies ist aber nicht gleichbedeutend mit einem undefinierten Zeigerwert.

Bemerkung:

Pascal unterscheidet zwei Arten von Variablen, je nachdem, wann und wo für sie Speicher bereitgestellt wird:

-- statische Variable und

-- dynamische Variable.

Statische Variable werden in einer Variablendeklaration wie z. B. **var A : Person** vereinbart. Der Übersetzer reserviert den Speicherplatz für statische Variable in dem Block, in dem sie vereinbart werden. Sie werden erzeugt, wenn dieser Block aktiviert wird. Der so reservierte Speicherplatz wird beim Verlassen des Blocks wieder frei.

Dynamische Variablen werden erst zur Laufzeit beim Aufruf der Standardprozedur **New** erzeugt. Der Speicherplatz wird in einem gesonderten Speicherbereich, der Halde (*heap*), angelegt. Dieser Platz wird durch einen Aufruf der Standardprozedur **Dispose** oder beim Ende des Programmes freigegeben. Der Zugriff zu dynamischen Variablen erfolgt nur über Zeiger. Zeiger können nicht auf statische Variable verweisen.

In Pascal sind Zeiger immer an einen bestimmten Datentyp, nämlich ihren Basistyp (Domänentyp), gebunden. Ist TP eine Variable des Zeiger-Datentyps ↑ T, dann kann TP auf drei Arten einen Wert erhalten:

-- durch Aufruf der Standardprozedur **New (TP)**

-- durch Zuweisung des Wertes einer anderen Variablen des gleichen Zeiger-Datentyps ↑ T

-- durch Zuweisung des Wertes **nil**.

Die Standardprozedur **New** bewirkt folgendes:

Auf der Halde wird soviel Platz reserviert, wie für den Basistyp der Zeigervariablen maximal benötigt wird. Die Adresse dieses Speicherplatzes wird der Zeigervariablen TP als Wert übergeben. Ist TP eine Variable des Zeigerdatentyps , dann kann durch TP ↑ auf den Wert der dynamischen Variablen zugegriffen werden, auf die TP zeigt. TP ↑ ist nur definiert, wenn TP auch wirklich auf eine existierende dynamische Variable zeigt. Insbesondere ist TP ↑ nicht definiert, wenn TP den Wert **nil** hat. Den Zugriff auf TP ↑ nennt man *Dereferenzierung* der Zeigervariablen TP. Zeiger können zur Darstellung verketteter Datenstrukturen benutzt werden.

Als Beispiel dienen die folgenden Datentypdeklarationen:

```
type
 ToPersonP  =  ↑ PersonP ;
 PersonP  =
  record
    VorName, NachName :String;
    Alter  :  0  .. 99;
    case Verheiratet : Boolean of
     True  :  ( MitWem : ToPersonP );
     False :  ( );
  end;
```

Mit Hilfe dieser Datentypen lassen sich dann Variablen p und q definieren und initialisieren, wie das folgende Bild zeigt:

```
var P,Q : PersonP;
begin
  New(P); New(Q);
  P↑.VorName        :='Hugo              ';
  P↑.NachName       :='Schmidt           ';
  P↑.Alter := 30;
  P↑.Verheiratet :=  True;
  P↑.MitWem := Q;
  Q↑.VorName        :='Antonie           ';
  Q↑.NachName       :='Schmidt           ';
  Q↑.Alter := 28;
  Q↑.Verheiratet := True;
  Q↑.MitWem := P;
end
```

Die folgende Abbildung illustriert diese Datenstruktur:

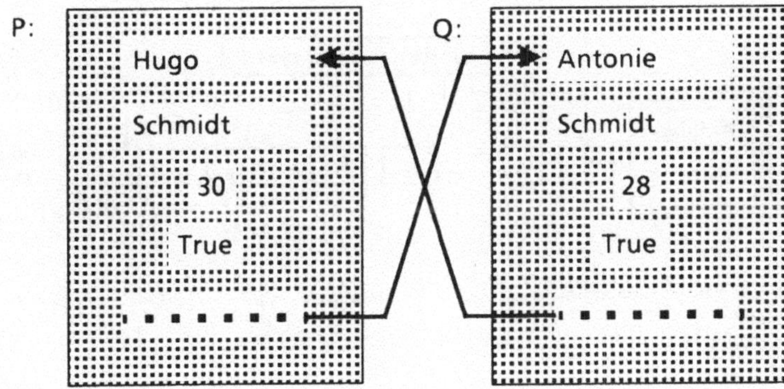

Mit Hilfe der Schreibanweisung

```
WriteLn(P↑.VorName,' und ',P↑.MitWem↑.VorName, 'sind ein Paar.');
```

könnte dann der Satz

```
    Hugo                  und Antonie              sind ein Paar.
```

ausgegeben werden.

● FILE (,6.4.3.5)

Ein File-Datentyp (Datei-Typ) beschreibt eine geordnete Folge von Werten eines Komponententyps. Die Syntax von File-Datentypen ist:

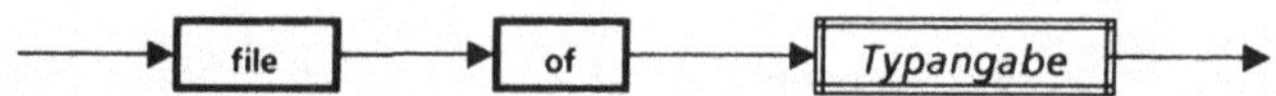

Ist T ein Datentyp, dann ist **file of** T ein File-Datentyp mit dem Komponententyp T. Sei FT eine Variable vom Typ **file of** T , dann sind die Werte von FT *Dateien* mit folgenden Eigenschaften:

    ① Sie haben einen Zustand: lesend, schreibend.

    ② Sie haben einen aktuellen Wert des Datentyps T.

    ③ Es gibt eine Folge von Werten, die *links* vom aktuellen Wert sind.

    ④ Es gibt eine Folge von Werten, die *rechts* vom aktuellen Wert sind.

Die Folgen ③ bzw. ④ können leer sein, der aktuelle Wert ② undefiniert. Siehe hierzu das folgende Bild:

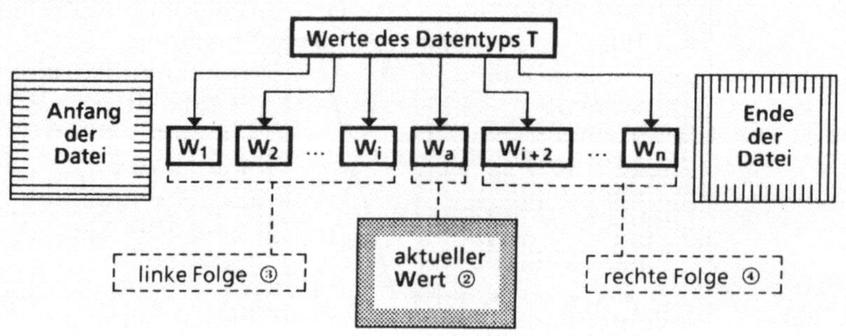

Der Komponententyp T eines File-Datentyps `FT = file of T` kann fast beliebig gewählt werden. Folgende Einschränkung ist zu beachten: Der Komponententyp T darf kein File-Datentyp sein oder einen File-Datentyp enthalten. D.h. eine Konstruktion

    `file of ... file of`

ist nicht zulässig.

Standard-Pascal kennt nur sequentielle Dateien. Diese können *gelesen* und *geschrieben* werden. Naheliegend wäre eine Erweiterung um *Direktzugriffsdateien* bzw. um *Indexsequentielle Dateien*.

Dateien werden durch Standardprozeduren und -funktionen bearbeitet. Diese sind:

    `Reset, Rewrite, Get, Read, Put, Write, Eof`

Der Zugriff auf den aktuellen Wert einer Datei erfolgt über einen assoziierten Zeiger. Ist VFT eine Variable des file-Datentyps FT, dann ist gleichzeitig VFT ↑ ein Zeiger auf den aktuellen Wert, durch VFT ↑ kann also auf den aktuellen Wert zugegriffen werden - falls dieser definiert ist. VFT ↑ wird auch Dateifenster- oder Puffervariable genannt.

● Textdateien

Neben den allgemeinen Dateien gibt es den vordefinierten File-Datentyp `Text`. "Text" ist ein vordefinierter Typname. Der Datentyp von `Text` ähnelt `file of Char`. Er beschreibt eine Folge von Zeilen, von denen jede eine Folge von Zeichen mit einem sog. Zeilenende ist. Demgemäß enthält eine leere Zeile nur das Zeilenende. Textdateien können gegenüber `file of Char` zusätzlich mit den Standard-Unterprogrammen

    `ReadLn, WriteLn, EoLn`

bearbeitet werden. Zur Ausgabe auf Textdateien sind nicht nur Zeichen erlaubt, sondern auch Zeichenketten, Integerzahlen, Realzahlen und boolesche Werte. Wo es nötig ist, wird die interne Darstellung dieser Objekte in textartige Zeichenfolgen konvertiert. Ebenso können von einer Textdatei nicht nur Zeichen, sondern auch Integer- und Realzahlen, die ja in der Textdatei als Zeichenfolgen vorliegen, in entsprechende Variablen gelesen werden, wobei sie in die jeweilige Interndarstellung konvertiert werden.

Zwei Textdateien sind vordefiniert: `Input` und `Output`.

I.4 Deklarationen (›6.2.1)

Pascal-Programmme, -Prozeduren und -Funktionen enthalten einen Vereinbarungsteil:
die *Deklarationen*. Ein Vereinbarungsteil besteht aus:

- einem Markendeklarationsteil
- einem Konstantendefinitionsteil
- einem Typdefinitionsteil
- einem Variablendeklarationsteil
- einem Deklarationsteil für Prozeduren und Funktionen.

Alle diese Vereinbarungsteile können, müssen aber nicht vorhanden sein. Die
Reihenfolge der einzelnen Teile ist durch Standard-Pascal in eben dieser Form
vorgeschrieben. Viele Pascal-Compiler erlauben auch eine beliebige Reihenfolge und
verwarnen die Benutzer dementsprechend.
Alle Bezeichner und Sprungmarken, die in einem Pascal-Programm verwendet werden,
müssen in einem Vereinbarungsteil deklariert werden. Pascal kennt keine impliziten
Deklarationen von Variablen und ihrem Datentyp, wie z.B. FORTRAN.

● Markendeklarationsteil

Sprungmarken sind ganze Zahlen im Bereich von 0 .. 9999. Sie werden in **goto**-
Anweisungen   verwendet. Sprungmarken sollten nur in Ausnahmefällen verwendet
werden. Ihre Verwendung wird daher vorsätzlich behindert und sichtbar gemacht durch
die Notwendigkeit, alle Sprungmarken in einem entsprechenden Deklarationsteil zu
vereinbaren. Es folgt eine Syntaxübersicht für einen Markendeklarationsteil.

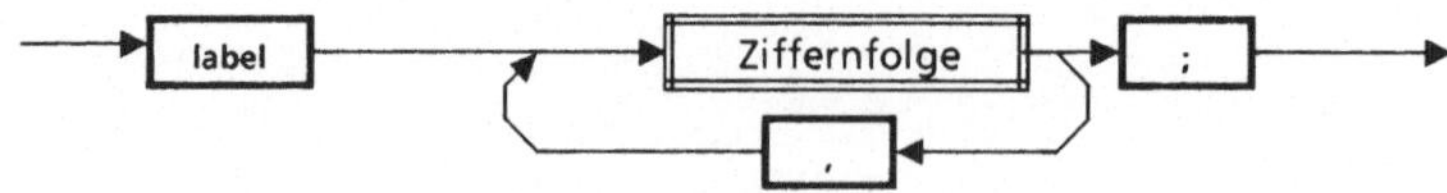

● Konstantendefinitionsteil

Ein Konstantendefinitionsteil hat die Form:

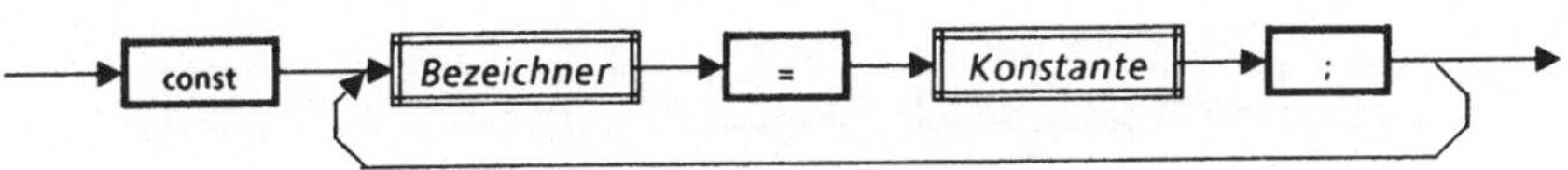

Der Bezeichner in einer Konstantendefinition definiert einen neuen Namen für die angegebene Konstante. Konstanten können Werte vom Typ Char, Boolean, Integer, Zeichenkette oder Real sein. Werte selbstdefinierter Aufzählungstypen sind ebenfalls zulässig.

● Typdefinitionsteil

Eine Typdefinition ermöglicht es, einem Datentyp einen Namen zu geben. Dadurch wird die Definition anderer Datentypen erleichtert, da der Name eines Datentyps überall dort benutzt werden kann, wo ein Datentyp stehen muß. Dies verbessert die Lesbarkeit von Programmen und ermöglicht wechselseitig abhängige Datentypen, z.B. in Listenstrukturen. Der Typdefinitionsteil hat die Form:

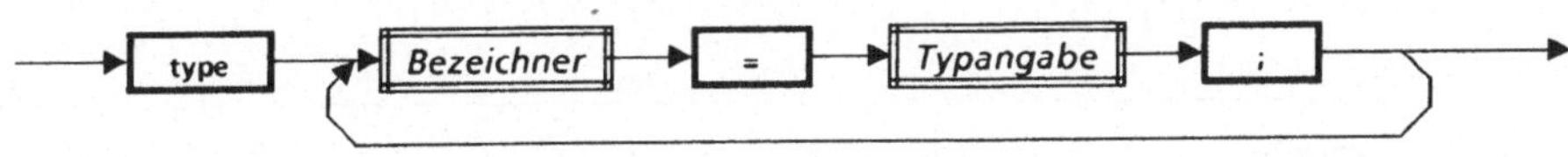

Der Bezeichner in einer Typdefinition definiert einen neuen Namen für den durch die Typangabe angegebenen Typ.

● Variablendeklarationsteil

Eine Variable ist ein Objekt, dem zur Laufzeit eines Programmes Werte eines Datentyps zugewiesen werden können. Der Deklarationsteil für Variable hat die Form:

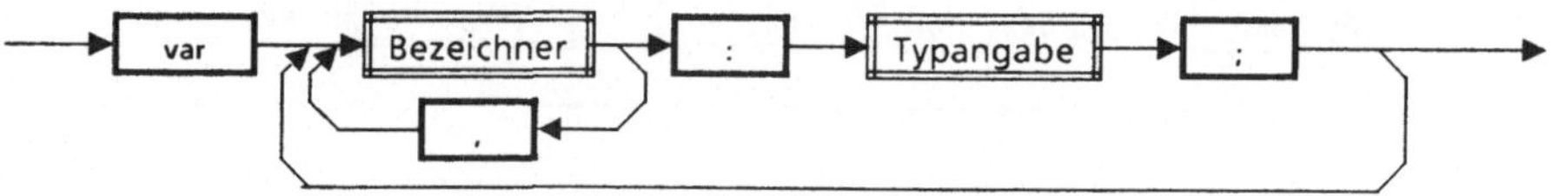

Die Bezeichner in einer Variablendeklaration definieren Namen für Variablen des angegebenen Datentyps

● Deklarationsteil für Prozeduren und Funktionen

Wird im Kapitel I.7 abgehandelt.

● Beispiel für einen Vereinbarungsteil

Es folgt ein Beispiel für einen Vereinbarungsteil. Man beachte, daß pro Datentyp nur ein Typname vergeben wird, jedoch können sich mehrere Variable auf einen Typ beziehen.

```
label
   1,13,4711,9999;
const
   ZeilenZahl = 31;   MaxChar = 53;
   Anfang     = 12;   Rest    = 13;

   Apostroph  ='''';

type
   ZeilenBereich =  1..ZeilenZahl;
   CharBereich   =  1..MaxChar;
   Zeile         =  array [CharBereich] of Char;
   Feld          =  array [ZeilenBereich] of Zeile;
var
   Selbst  : Feld;
   i, j: ZeilenBereich;
   k, l: CharBereich;
   f:text; c : char;
```

I.5 Variable, Ausdrücke und Anweisungen

● Variable (›6.5)

Eine Variable ist ein Objekt, auf das zur Laufzeit eines Programmes Werte eines passenden Datentyps übertragen werden können. Je nach Art des Zugriffs auf die Variable kann man noch folgende Unterscheidung treffen:

- eine Ganzvariable ist jede deklarierte Variable in ihrer Gesamtheit
- eine indizierte Variable ist die Komponente einer Array-Variablen
- eine Feldauswahlvariable ist die Komponente einer Record-Variablen
- eine dynamische Variable erreicht man durch Dereferenzierung einer Zeigervariablen
- eine Puffervariable ist das "Arbeitsfenster" einer Dateivariablen

All diese Variablen-Arten fassen wir künftig unter dem Begriff "verallgemeinerte Variable" zusammen.

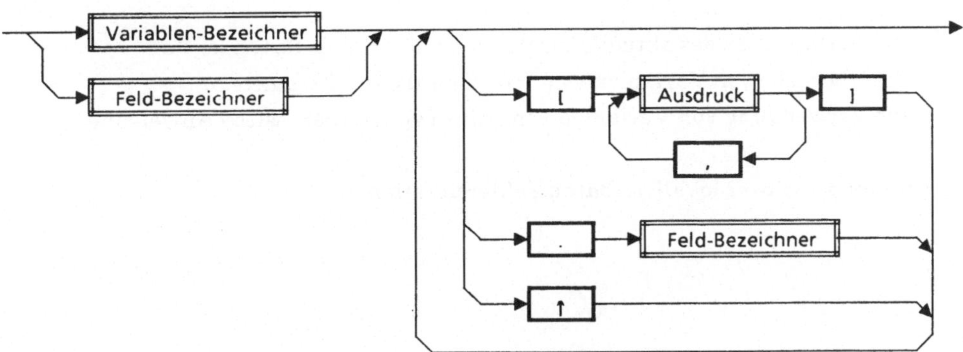

Ganzvariablen können in einer Variablendeklaration explizit definiert sein oder implizit als Parameter einer Funktion oder Prozedur.

Eine indizierte Variable entsteht durch Verknüpfung einer Variablen vom Array-Typ und eines Indexausdrucks in eckigen Klammern:

```
Selbst[i]    Selbst[i][j]    Feld[x+5]
```

Eine indizierte Variable hat den Typ des Komponententyps der Array-Variablen.

Eine Feldauswahl erfolgt durch Verknüpfung einer Variablen vom Record-Typ und eines Feldnamens aus diesem Record-Typ durch einen Punkt:

```
P.VorName      Q.Alter
```

Die so entstehende Variable hat den Typ des Record-Feldes.

Eine dynamische Variable erhält man durch Anhängen eines Pfeiles an eine Variable eines Zeigertyps. Es kann ein Laufzeitfehler entstehen, wenn diese Zeigervariable den Wert **nil** hat bzw. zum Zeitpunkt des Zugriffes undefiniert ist.

```
P↑.VorName     P↑.MitWem↑.VorName
```

Der Typ der dynamischen Variablen ist der Domänentyp des Zeigers (s. Abschnitt I.4).

Variable vom File-Typ ermöglichen den Zugriff auf den aktuellen Wert einer Datei. Die Variable vom File-Typ wird als Zeiger aufgefaßt, der auf die Puffervariable mit dem aktuellen Wert der Datei zeigt.

```
Input↑        Datei[2]↑
```

Beim Zugriff auf die Puffervariable einer Datei ist darauf zu achten, daß nicht durch Seiteneffekte beim scheinbar unabhängigen Weiterarbeiten mit der Dateivariablen Fehler auftreten. Beispiele solcher Seiteneffekte sind:

- das Fortschalten des aktuellen Dateielementes durch `Get` oder `Put`
- die Übergabe von Variablen vom File-Typ als Var-Parameter
- die Verwendung von Variablen vom File-Typ in einer `with`-Anweisung

Diese führen zu schwer lokalisierbaren Fehlersituationen.

● Ausdrücke (›6.7)

Die Elemente von Ausdrücken sind Operatoren und Faktoren. Ausdrücke werden aus einfachen Ausdrücken und den Vergleichsoperatoren gebildet.

Ausdrücke haben die Form

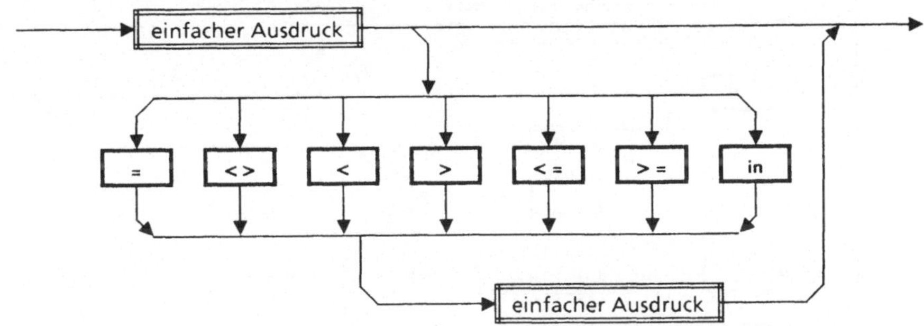

Einfache Ausdrücke werden aus Termen und den additiven Operatoren gebildet.

Einfache Ausdrücke haben die Form

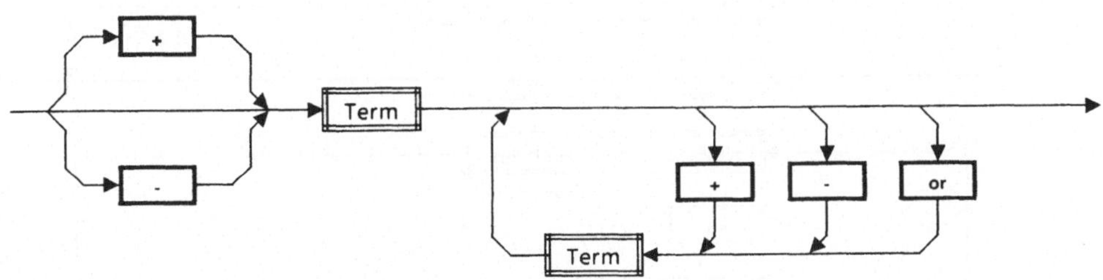

Terme werden aus Faktoren und den multiplikativen Operatoren gebildet.

Terme haben die Form

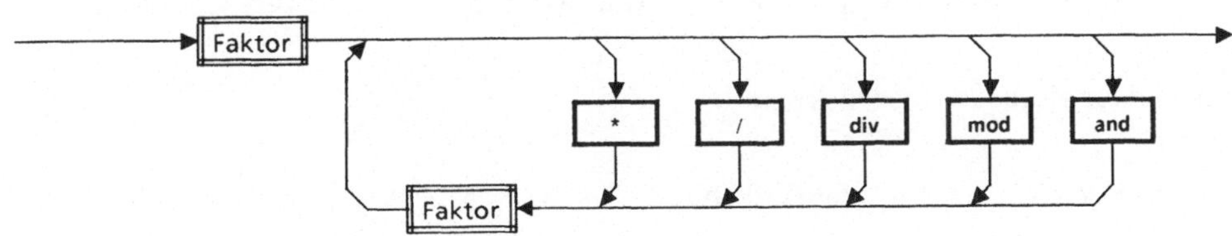

Faktoren haben die Form:

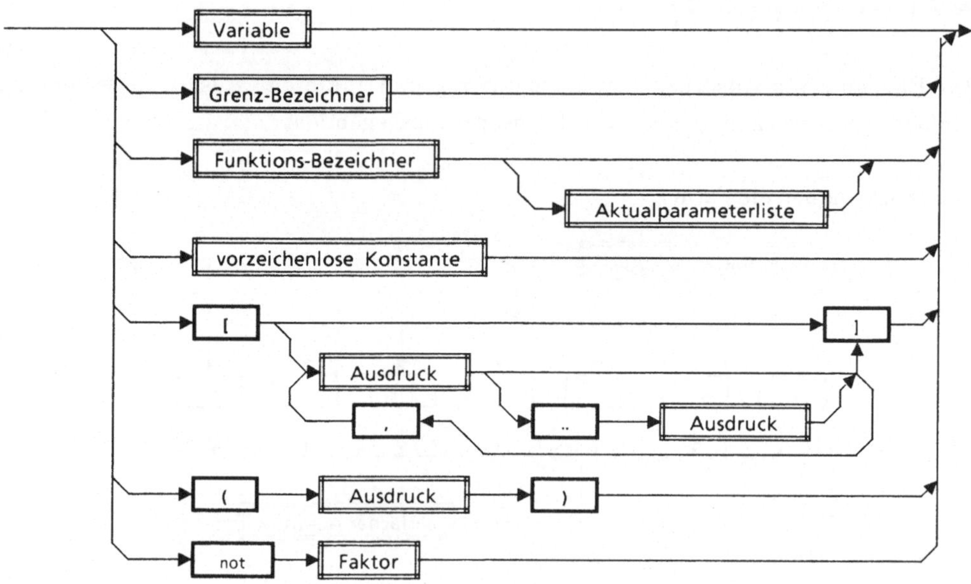

vorzeichenlose Konstante haben die Form:

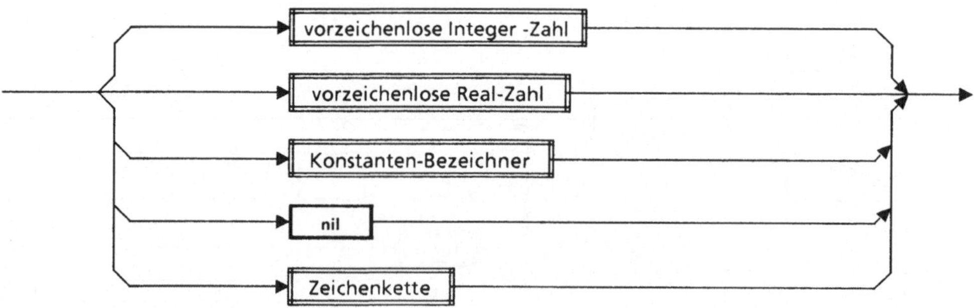

Beispiele für Ausdrücke sind:

```
x = 1.5      p <= q      p = q and r      (i<j) = (j<k)      c in huel
```

Beispiel für einfache Ausdrücke sind:

```
x + y       -x       huel + hue2       i * j + 1
```

Beispiele für Terme sind:

```
x * y      i/(j-i)      (x<=y) and (y<z)
```

Beispiele für Faktoren sind

-	Variable	`x oder r.v oder a[1]`
-	Vorzeichenlose Konstanten	siehe unten
-	Funktionsaufrufe	`sin(x+y)`
-	Mengenbildner	`[1,5,x..y*z,23]`
-	Geklammerte Ausdrücke	`(x+y+z)`
-	negierte Faktoren	`not p`

Beispiele vorzeichenloser Konstanten sind:

-	Zahlen ohne Vorzeichen	`15 oder 3.14`
-	Stringkonstanten	`'PASCAL'`
-	Konstanten-Bezeichner	`rot oder pi`
-	nil	

Durch die angegebenen Definitionen werden Präzedenzregeln (Vorrangregeln) festgelegt. Die höchste Präzedenz hat "`not`", es folgen die Multiplikationsoperatoren (`*` `/` `div` `mod` `and`), die Additionsoperatoren (`+` `-` `or`), die Vorzeichen (`+` `-`) und mit niedrigster Präzedenz die Vergleichsoperatoren (`= <> < > <= >= in`).

▸ Dyadische Arithmetische Operationen

Operator	Operation	Typ der Operanden	Typ des Ergebnisses
`+`	Addition	Integer	Integer, wenn beide
`-`	Subtraktion	oder	Operanden Integer
`*`	Multiplikation	Real	sind, sonst Real
`/`	Division		Real
`div`	ganzzahlige Division	Integer	Integer
`mod`	Modulo	Integer	Integer

`I div J` ist für $J > 0$ definiert als der ganzzahlige Anteil der Division I/J.
`I mod J` ist für $J > 0$ als der (positive) ganzzahlige Divisionsrest definiert.

Beispiele:

```
 5 div 3    ergibt   1
-5 div 3    ergibt  -1
 5 mod 3    ergibt   2
 4 mod 3    ergibt   1
 3 mod 3    ergibt   0
 2 mod 3    ergibt   2   usw.
-5 mod 3    ergibt   1   ( Der Rest wird bis zum nächstkleineren
                          Vielfachen des Divisors bestimmt. )
```

Monadische arithmetische Operationen sind:

+   die identische Operation
-     die Änderung des Vorzeichens

Beide sind für `Integer` und `Real` definiert.

▸ Boolesche Operationen

Operator	Operation	Typ der/des Operanden	Typ des Ergebnisses
or	logisches oder	Boolean	Boolean
and	logisches und	Boolean	Boolean
not	logische Negation	Boolean	Boolean

Eine "Bedingung" ist ein Ausdruck, dessen Ergebnis den Typ Boolean hat, also einen der Werte `True` oder `False` ergibt.

▸ Set-Operationen

Operator	Operation	Typ der Operanden	Typ des Ergebnisses
+	Mengen-Vereinigung		
-	Mengen-Differenz		Set-Typ
*	Mengen-Durchschnitt		

▸ Relationen

Operator	Operation	Typ der Operanden	Typ des Ergebnisses
= < >	gleich ungleich	Set-Typ, einfacher Typ, Zeiger, Zeichenkettentyp.	Boolean
< >	kleiner größer	einfacher Typ, Zeichenkettentyp.	Boolean
< = > =	Mengeninklusion, kleiner gleich Mengeninklusion, größer gleich	Set-Typ, einfacher Typ, Zeichenkettentyp.	Boolean
in	enhalten in	Der Typ des Rechtsoperanden muß ein Set-Typ sein, z.B. set of T. Der Typ des Linksoperanden muß T sein.	Boolean

Die Operanden von =, < >, <, >, < =, > = müssen entweder typverträglich sein, oder
aber Integer und Real gemischt. Gleichlange Zeichenketten werden Zeichen für Zeichen
von links nach rechts gemäß der Ordnungszahlen der Zeichen verglichen, wobei der
Stellenwert von links nach rechts abnimmt.

● Anweisungen (›6.8)

Mit Hilfe von Anweisungen werden die auszuführenden Aktionen eines Programmes beschrieben. Vor Anweisungen können Sprungmarken stehen. Das folgende Bild gibt einen Überblick über *einfache* und *strukturierte* Anweisungen.

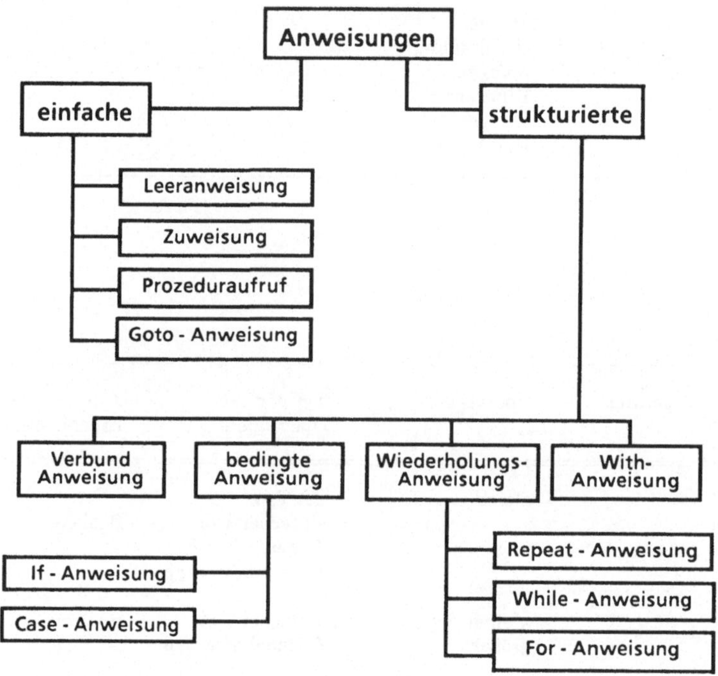

● Die Leeranweisung

Die Leeranweisung ist eine Anweisung ohne jede Wirkung. Als solche ist sie z.B. in strukturierten Anweisungen sinnvoll, die Alternativen ohne Aktionen besitzen sollen.

● Zuweisungen (›6.8.2.2)

Zuweisungen haben die Form :

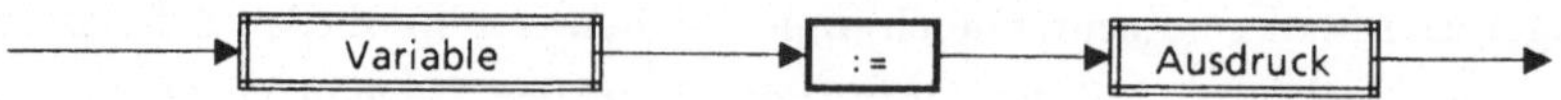

Der Wert des Ausdrucks muß zuweisungsverträglich zum Typ der (verallgemeinerten) Variablen sein. Die verallgemeinerte Variable kann z.B. eine indizierte Variable sein und die Auswertung von Ausdrücken veranlassen. In solchen Fällen ist es implementierungsabhängig , ob die linke oder rechte Seite der Zuweisung zuerst ausgewertet wird.

Zuweisungen können auch folgende Form haben :

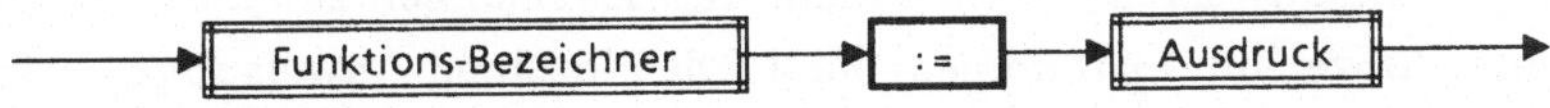

Diese Form der Zuweisung sollte im Anweisungsteil einer Funktionsdeklaration stehen, kann aber auch im Anweisungsteil einer darin eingeschachtelt deklarierten Prozedur oder Funktion stehen. Sie muß pro Funktion mindestens einmal vorkommen. Sie wird benutzt, um das Ergebnis der Abarbeitung der Funktion zu definieren. Wird bei der Abarbeitung einer Funktion eine solche Form der Zuweisung nicht durchlaufen, dann handelt es sich um einen Laufzeitfehler.

Beispiele :

```
a[17]  := 1.0
a[x+y]  := pi
i  := 0
pl↑.alter  := 3
fakultaet := 1
```

●Prozeduraufrufe

Siehe Abschnitt I.7

● Goto - Anweisung (,6.8.2.4)

Eine **goto**-Anweisung veranlaßt die Fortsetzung der Ausführung von Anweisungen an dem Programmpunkt, der durch die Marke in der **goto**-Anweisung markiert ist.

Beispiel :

```
goto   4711
```

Die Sprungmarke einer **goto**-Anweisung ist nur zulässig, wenn sie in einem Marken-deklarationsteil vereinbart wurde, und wenn die Marke vor einer Anweisung auf gleichem oder höherem Anweisungsniveau steht. D.h. es darf nicht von außen in das Innere einer strukturierten Anweisung oder einer Prozedur/Funktion gesprungen werden.

● Verbundanweisung (▸6.8.3.2)

Mit einer Verbundanweisung werden mehrere Anweisungen zu einer Einheit (syntaktisch zu einer Anweisung) zusammengefaßt. Die einzelnen Anweisungen werden durch Semikolon voneinander getrennt und mit **begin** und **end** geklammert. Vor dem **end** braucht kein Semikolon zu stehen, da **end** keine Anweisung ist. Wenn man doch eines schreibt, so entspricht es einer leeren Anweisung. Es ist oft ratsam, eines zu schreiben, da man es sonst beim späteren Einfügen einer weiteren Anweisung garantiert vergißt.

Beispiel :

```
begin
    z := x;
    x := y;
    y := z
end
```

● Bedingte Anweisungen

Bedingte Anweisungen sind **if** - Anweisungen und **case** - Anweisungen.

▸ If - Anweisung (▸6.8.3.4)

If - Anweisungen haben die Form

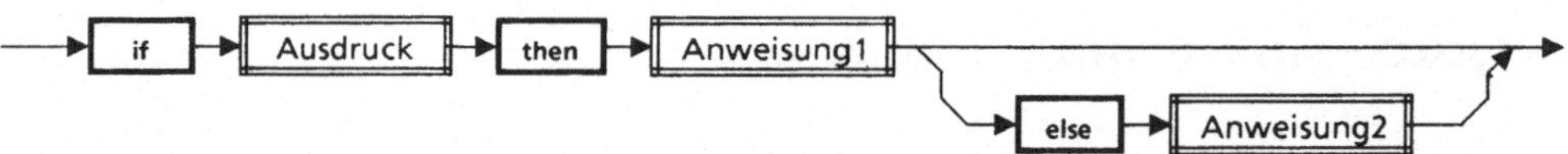

Falls die Bedingung (der boolesche Ausdruck) den Wert True ergibt, wird Anweisung1 abgearbeitet. Falls die Bedingung den Wert False ergibt, wird Anweisung1 nicht abgearbeitet - stattdessen wird Anweisung2 (falls vorhanden) abgearbeitet. Falls mehrere Anweisungen bedingt abgearbeitet werden sollen, müssen diese zu einer Verbundanweisung zusammengefasst werden. Auf keinen Fall darf vor dem else einer If-Anweisung ein Semikolon stehen - dies ist ein sehr häufig zu findender Syntaxfehler.

If-Anweisungen dürfen beliebig ineinander geschachtelt werden. Es werden dann else-Teile den nächstliegenden vorhergehenden If- Anweisungen zugeordnet. Keinesfalls darf jedoch auf eine If-Anweisung ohne else-Teil das Wortsymbol else (einer äußeren If-Anweisung) unmittelbar folgen.

Beispiele :

```
if  A[i] > Maximum   then
    Maximum := A[i]; (* Bestimme größtes Vektorelement *)

if  A[i] > Maximum  (* Bestimme Maximum und Minimum *)
    then Maximum := A[i]
    else if A[i] < Minimum then
            Minimum := A[i];
```

▸ Case - Anweisung (▸6.8.3.5)

Case - Anweisungen haben die Form

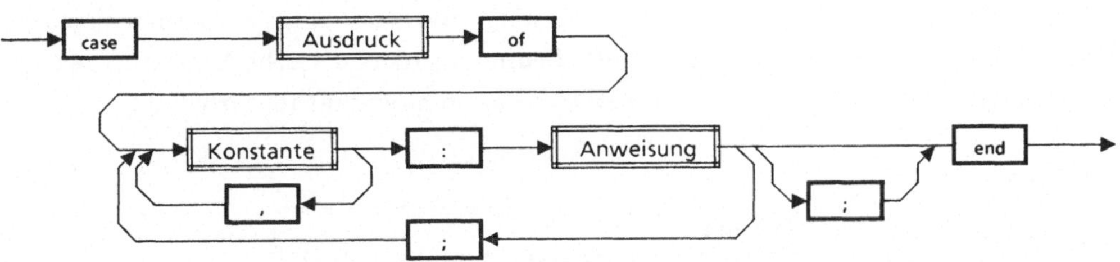

Bei Eintritt in die Case-Anweisung wird zunächst der Wert des Ausdrucks (der Fall-Index) berechnet. Dieser muß ganzzahlig darstellbar sein. Damit kein Laufzeitfehler auftritt, muß dieser Wert gleich einer der Konstanten sein, die (eventuell in einer Liste von mehreren Fallkonstanten) mit einer der Anweisungen im Inneren der Case-Anweisung verknüpft ist. Diese Anweisung wird dann ausgeführt.

Fast alle realen Implementierungen gestatten jedoch einen Notausgang, wenn der ermittelte Wert des Fall-Index nicht durch eine Fallkonstante abgedeckt ist, und zwar durch Einführung einer zusätzlichen universellen Fallkonstante. Siehe hierzu auch Abschnitt I.10 - Erweiterungen!

Beispiel:

```
case Zeichen of
    '+'     : z := x + y;
    '-'     : z := x - y;
    '*', '/':writeln('noch nicht implementiert');
    'E', 'e':writeln('Auf Wiedersehen');
end;
```

● Wiederholungsanweisungen

Hierzu zählen Repeat-Anweisungen und While-Anweisungen, die ereignisgesteuert sind, und For-Anweisungen, die mittels einer Zählvariablen mit vorher bestimmtem Anfangs- und Endwert gesteuert werden.

▸ Repeat - Anweisung (▸6.8.3.7)

Repeat- Anweisungen haben die Form

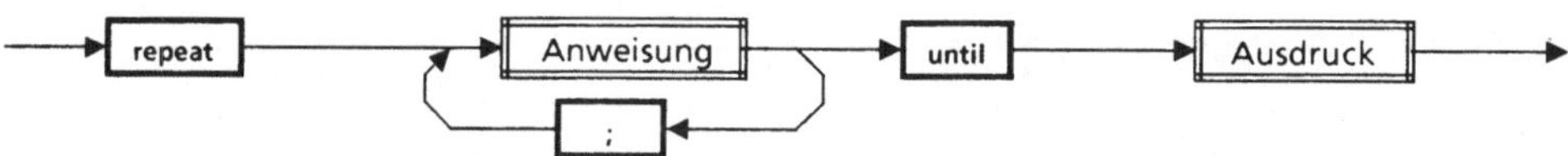

Die einzelnen Anweisungen der Anweisungsfolge werden solange wiederholt abgearbeitet, bis die nach der Abarbeitung geprüfte Bedingung (der boolesche Ausdruck) den Wert True ergibt. Die Anweisungsfolge wird also mindestens einmal abgearbeitet.

Beispiel:

```
repeat
   Zinsen := Kapital * Zinssatz/100;
   Tilgung := Annuitaet - Zinsen;
   Jahre := Jahre + 1;
   Kapital := Kapital - Tilgung
until Kapital = 0;
```

Diese Anweisung läßt sich gut zur Verwirklichung eines benutzergesteuerten Bearbeitungsendes in einem Zyklus verwenden; etwa so:

```
repeat
   (* Bearbeitung findet statt *)
   writeln('Weiter? (J/N)');
   readln;
   read(Zeichen);
until Zeichen in ['N','n'];
```

Wenn von vornherein noch gar nicht klar ist, ob überhaupt eine Bearbeitung stattfinden soll, so ist die ▸While-Anweisung besser geeignet.

▸ While - Anweisung (▸6.8.3.8)

While-Anweisungen haben die Form

Falls bzw. solange die Bedingung den Wert True liefert, wird die Anweisung wiederholt abgearbeitet, bis die Abarbeitung den Wert False ergibt. Falls mehrere Anweisungen wiederholt werden sollen, müssen diese zu einer Verbundanweisung zusammengefasst werden.

Das folgende Beispiel realisiert den Euklidischen Algorithmus zur Berechnung des größten gemeinsamen Teilers zweier ganzer Zahlen I und J mittels des Modulo-Operators (Abschnitt 1.5) in einer While-Anweisung, wobei I nicht kleiner J sein soll. Der "Divisor" von **mod** darf niemals kleiner gleich Null sein. Dies wird durch "while" sichergestellt. Nach dem letzten Durchlauf steht in I der GGT der Ausgangswerte I,J.

Beispiel :

```
while J > 0 do
   begin
        K := I mod J;    (* J darf bei mod nicht <= 0 sein! *)
        I := J;
        J := K
   end;
```

Die While-Anweisung ist z.B.besonders geeignet, um aus Dateien wiederholt Sätze zu lesen und zu verarbeiten, bis schließlich das Dateiende erreicht ist (Funktion eof). Wenn überhaupt kein Satz da ist, und eine versuchte Bearbeitung eines solchen zu einem Laufzeitfehler führen müßte, läßt die While-Anweisung die Bearbeitung nicht zu.

```
readln;                 (* hole erste Zeile bzw. erkenne das Ende *)
while not eof do
   begin
      read(I);read(K);(* versorge I und K  aus der laufenden Zeile *)
      ...;             (* Verarbeitung *)
      readln;          (* hole neue Zeile bzw. erkenne das Ende *)
   end;
```

Voraussetzung ist hier, daß in jeder Zeile wirklich ein I und ein K zu konsumieren sind.

▸For - Anweisung (▸6.8.3.9)

For - Anweisungen haben die Form

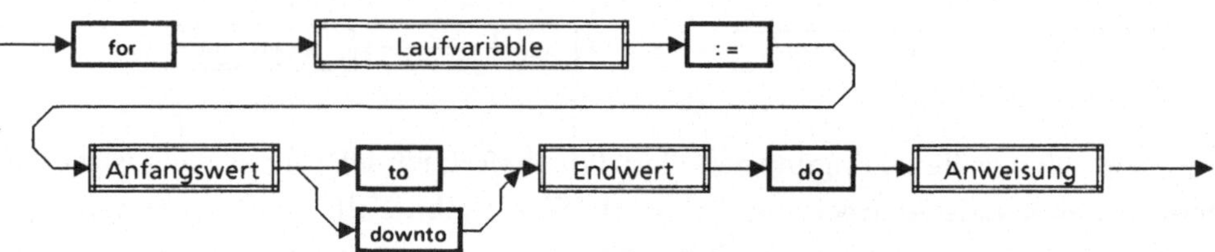

Anfangswert und Endwert sind Ausdrücke. Ihr Ergebnistyp muß mit dem Typ der Laufvariablen verträglich sein. Die Laufvariable muß eine Ganzvariable sein, deren Typ ein Ordinaltyp, also ganzzahlig darstellbar, ist. Sie muß in dem Block definiert sein, der die For-Anweisung unmittelbar umgibt. Der Wert der Laufvariablen nach Verlassen der For-Anweisung ist undefiniert - es sei denn, die For-Anweisung wurde mit einer Goto-Anweisung verlassen. Dann ist es der gerade aktuelle Wert.

For-Anweisungen sind besonders gut geeignet, um Arrays (Abschnitt I.3) zu bearbeiten, da bei diesen die Anzahl der Elemente einer Zeile, Spalte usw. von vornherein bekannt ist. Am Beispiel erkennt man, daß Anfangs- und Endwert der Laufvariablen nicht konstant sein, jedoch vor Beginn des Durchlaufs vorliegen müssen.

Beispiel :

```
for I := 1 to 10 do
   for J := 1 to I do
   begin
      X := 0;
      for K := J to I+J do
         X := X + A1[I,K] * A2[K,J];
      A[I,J] := X;
   end;
```

▸ With - Anweisung (▸6.8.3.10)

With - Anweisungen haben die Form :

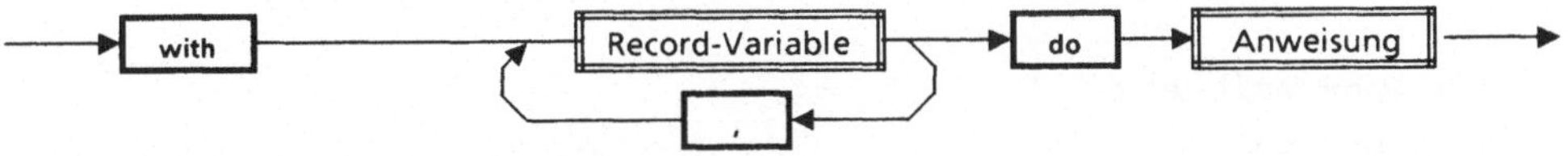

Im Bereich der Anweisung werden die Felder der Record-Variablen so behandelt, als ob sie als Ganzvariable deklariert worden seien. With-Anweisungen werden verwendet, um den Schreibaufwand zu verringern, allerdings auf Kosten der eindeutigen Lesbarkeit. Insbesondere bei geschachtelten With-Anweisungen mit teilweise gleichen Feldnamen kann es leicht zu Programmierfehlern kommen. Die Record-Variablen können auch verallgemeinerte Variablen sein. Erfordert deren Auswertung Operationen wie Indizierung, Feldauswahl, oder handelt es sich um dynamische Variable bzw. Puffervariable, so müssen diese Operationen bzw. Zugriffe vor der Ausführung der Anweisung erfolgen. Für geschachtelte Anweisungen

```
with v1 do with v2 do  ...  with vn do Anweisung
```
gibt es die abgekürzte Schreibweise:
```
with v1 , v2 ,  ...    vn do Anweisung
```
v1, v2, ...vn können sowohl ineinander geschachtelte, als auch parallel zu bearbeitende Record-Variablen sein. Sind sie ineinander geschachtelt, so ist die eingeschachtelte Komponente erst dann ansprechbar, wenn die umgebende Komponente durch with aufgespannt wurde; die Reihenfolge ist also hier wesentlich.

Mit einer With - Anweisung kann die Anweisung

```
if Datum.Monat = 12 then begin
   Datum.Monat := 1;
   Datum.Jahr := Datum.Jahr + 1;
   end
else
   Datum.Monat := Datum.Monat + 1
```

wie folgt verkürzt werden

```
with Datum do
   if Monat = 12 then begin
      Monat := 1;
      Jahr := Jahr + 1;
      end
   else
      Monat := Monat + 1
```

I.6 Ein- und Ausgabe (▸ 6.6.5.2, 6.9)

Mit Hilfe von Pascal-Programmen können

- allgemeine Dateien
- Textdateien
- die Standarddateien `Input` und `Output`

bearbeitet werden. Wenn Pascal-Files Dateien der jeweiligen Systemumgebung zugeordnet werden sollen, müssen die Namen der Pascal-Files in der Programmparameterliste aufgeführt werden. Zur Bearbeitung einer Datei ist in der Regel folgendes notwendig:

- die Deklaration eines entsprechenden expliziten File-Datentyps (nicht bei Textdateien; für diese gibt es den vordefinierten Datentyp `text`)
- die Deklaration einer Variablen vom gewünschten File-Datentyp (nicht für `Input` und `Output`, diese werden ggf. implizit deklariert)
- die Auflistung in der Programmparameterliste (nicht für lokale Dateien)

Das Eröffnen, Schreiben, Lesen etc. von Dateien erfolgt mittels Standardprozeduren / funktionen.

● Eröffnen von Dateien

Die Standard-Textdateien `Input` und `Output` werden bei Bedarf automatisch eröffnet. Alle anderen Dateien müssen explizit eröffnet werden. Das Eröffnen einer Datei f erfolgt mit den Standardprozeduren:

- `Reset(f)`
- `Rewrite(f)`

Die Anwendung dieser Prozeduren auf eine bereits offene Datei führt dazu, daß diese zunächst geschlossen wird, dann erneut eröffnet wird. Nach dem Anwenden von `Reset(f)` zeigt f ↑ auf das erste Element der Datei. Falls dieses nicht vorhanden ist, ist `Eof(f)` `True`. Nach `Rewrite(f)` zeigt f ↑ auf den Anfang der Datei, von dem aus sie neu beschrieben werden kann. Ein etwaiger alter Dateiinhalt ist verloren. Dateien werden implizit bei Programmende geschlossen.

● Bearbeiten allgemeiner Dateien

Die Prozedur `Get(f)` ist anwendbar auf Variable f von einem File-Datentyp, die durch `Reset(f)` eröffnet wurden und für die `Eof(f)` False ist. Falls ein weiteres Element der bearbeiteten Datei existiert, zeigt f ↑ nach `Get(f)` auf dieses, andernfalls wird `Eof(f)` True.

Die Prozedur `Put(f)` ist anwendbar auf Variable f von einem File-Datentyp, die durch `Rewrite(f)` eröffnet wurden. Der Inhalt des aktuellen Werts f ↑ wird am Ende der bearbeiteten Datei angehängt. Nach Anwendung von `Put(f)` zeigt f ↑ auf eine neue aktuelle Position, die zum Beschreiben genutzt werden kann.

Die Funktion `Eof(f)` ist anwendbar auf Variable f von einem File-Datentyp und ergibt `True` oder `False`, je nachdem, ob die bearbeitete Datei den Zustand "Ende der Datei" hat oder nicht.

Zur Abkürzung von Lese- und Schreiboperationen sind folgende Prozeduren definiert: `Read` und `Write`.

Für eine Variable f von einem File-Datentyp gilt (sei f zum Lesen eröffnet) :

$Read(f, v_1, \ldots, v_n)$ für die verallgemeinerten Variablen $v_1 .. v_n$ ist definiert durch

```
begin read(f,v₁); ... read(f,vₙ); end
```

und jedes

`Read(f,v)` ist definiert durch

```
begin   v := f↑;  Get(f); end
```

ebenso gilt (f sei zum Schreiben eröffnet)

$Write(f, e_1, \ldots, e_n)$ für die Ausdrücke $e_1 .. e_n$ ist definiert durch

```
begin Write(f,e₁); ... Write(f,eₙ); end
```

und jedes

`Write(f,e)` ist definiert durch

begin   f↑ := e; Put(f); **end**

Äquivalente Beispiele sind also:

```
program Kopiere (f,g);           program Kopiere (f,g);

var                              var
    f, g: file of Real;              f, g: file of Real;
                                     r   : Real;
begin
    Reset(f);                    begin
    Rewrite(g);                      Reset(f);
    while not Eof(f) do begin        Rewrite(g);
       g↑ := f↑;                     while not Eof(f) do begin
       Put(g);                          Read(f,r);
       Get(f);                          Write(g,r);
       end                           end
end.                             end.
```

Kopieren einer Datei mit   Kopieren einer Datei mit
Get- und Put-Anweisungen   Read und Write

● Bearbeitung von Textdateien (↗6.9)

Zur Bearbeitung von Dateien aus Elementen des Typs `Char` mit einer Zeilenstruktur steht der vordefinierte File-Typ `Text` zur Verfügung. `Input` und `Output` sind vordefinierte File-Variablen vom Typ `Text`. `Input` und `Output` werden automatisch eröffnet, andere Textdateien müssen durch `Reset(f)` bzw. `Rewrite(f)` eröffnet werden. Zur einfacheren Handhabung von Ein-/Ausgabe-Operationen auf Textdateien sind `Read`, `ReadLn`, `Write`, `WriteLn` und `EoLn` definiert. Ist f eine File-Variable vom Typ `Text`, dann sind definiert:

```
ReadLn,  ReadLn(f),  ReadLn(f,Liste),  ReadLn(Liste),  Read(f,Liste),
Read(Liste),  EoLn,  EoLn(f),  Eof,  Eof(f),  WriteLn,  WriteLn(f),
WriteLn(f,Liste),  WriteLn(Liste),  Write(f,Liste),  Write(Liste),
Page, Page(f).
```

Falls die Variable `f` angegeben ist, bezieht sich die Operation auf diese Datei, andernfalls bei `ReadLn`, `Read`, `EoLn`, `Eof` auf die Standard-Textdatei `Input`, bei `WriteLn`, `Write` und `Page` auf die Standard-Textdatei `Output`.
`Liste` enthält bei `ReadLn` und `Read` eine durch Komma getrennte Liste von Leseparamtern, bei `WriteLn` und `Write` eine solche von Schreibparametern.

```
ReadLn(f,Liste)    ist definiert durch
begin  Read(f,Liste);   ReadLn;  end


ReadLn(Liste)      ist definiert durch
begin  Read(Liste);   ReadLn;  end


Writeln(f,Liste)  ist definiert durch
begin  Write(f,Liste);   WriteLn;  end


WriteLn(Liste)      ist definiert durch
begin  Write(Liste);   WriteLn;  end
```

Textdateien haben eine Zeilenstruktur. Ist f eine durch `Reset(f)` zum Lesen eröffnete Textdatei und ist `Eof(f)` False, dann ist `EoLn(f)` True, wenn das aktuelle Element von f ein Zeilenendeelement ist. Die Implementierung des Zeilenendeelementes ist nicht vorgeschrieben. Es kann nur durch `WriteLn(f)` erzeugt werden. Wenn beim Lesen einer Datei das aktuelle Element ein Zeilenendeelement ist, dann enthält es ein Blank. Wird eine Textdatei ohne Beachtung der Zeilenstruktur gelesen, wird also jeweils an Stelle der Zeilenenden ein Blank gelesen.
Bei Programmanfang hat `EoLn(Input)` den Wert `True`, und `Input`↑ zeigt dementsprechend auf ein Blank. Alle anderen Textdateien müssen zum Lesen durch `Reset(f)` eröffnet werden. Nach `Reset(f)` zeigt f↑ auf das erste Element der ersten Zeile von f, falls eine solche vorhanden ist.

```
ReadLn(f) ist definiert durch:
begin
   while not EoLn(f) do Get(f);
   Get(f);
end


WriteLn(f)    ist definiert durch:
begin  f↑ := "Zeilenendeelement";   Put(f)  end
```

Der Effekt von `ReadLn(f)` ist es, das aktuelle Dateielement auf das erste Element der nächsten Zeile zu positionieren. Ist ein solches nicht vorhanden, wird `Eof(f)` True.
Der Effekt von `WriteLn(f)` ist es, die aktuelle Zeile durch ein implementierungsabhängiges Zeilenendeelement abzuschließen.

● Leseparameter (,6.9.1)

Ist $v_1, \ldots, v_n$ eine Liste von Leseparametern, dann ist

```
Read(f,v1,...,vn) definiert durch
begin  Read(f,v1); ... ; Read(f,vn);  end
```

f muß eine zum Lesen eröffnete Textdatei und `Eof(f)` muß `False` sein. Die verallgemeinerten Variablen $v_1, \ldots, v_n$ müssen müssen typverträglich zu einem der Datentypen `Char`, `Integer` oder `Real` sein. Manche Implementierungen erlauben zusätzlich Zeichenketten. Dies entspricht jedoch nicht der Norm.

Ist v eine Variable vom Typ `Char`, dann ist

```
Read(f,v) definiert durch:
begin  v := f↑; Get(f);  end
```

Ist v eine Variable vom Typ `Integer`, so wird eine Folge von Zeichen gelesen und zu einer ganzen Zahl verarbeitet. Führende Blanks werden ignoriert. Unmittelbar vor der Zahl kann ein Vorzeichen stehen. Der Lesevorgang wird beendet, wenn f↑ kein Teil der zu lesenden Zahl sein kann.

Ist v eine Variable vom Typ `Real`, wird analog verfahren, jedoch entsprechend den Regeln für `Real`-Zahlen mit Vorzeichen.

● Schreibparameter (,6.9.3.1)

Ist $p_1, \ldots, p_n$ eine Liste von Schreibparametern, dann ist

```
Write(f,p1,...,pn)  definiert durch:
begin  Write(f,p1); ... ; write(f,pn);  end
```

f muß eine zum Schreiben eröffnete Textdatei sein.

Die einzelnen Schreibparameter können die Form

```
a,      a:al,      oder      a:al:a2
```

haben.

a muß ein Ausdruck sein, dessen Ergebnistyp mit einem der Typen `Char`, `Integer`, `Real`, `Boolean` oder einem `Zeichenkettentyp` verträglich ist. Falls vorhanden, müssen a1 und a2 Ausdrücke mit ganzzahligem Ergebnistyp sein.

Ist a ein Ausdruck vom Typ Char, dann ist

```
Write(f,a)    definiert durch:
begin  f↑ := a;  put(f);  end
```

Die Wirkung von `Write(f,a:al)` ist die gleiche, falls der Wert von al $<= 1$ ist, andernfalls wird vor der Ausgabe von `Write(f,a)` zusätzlich (k-1) mal ein Blank ausgegeben, falls k der Wert von al ist.

Beispiel:

Programm	Ausgabe des Programms

<pre>program D(Output);
 	
const
   Grenze = 5;
   Stern = '*';
 	
var
   I, K : 1..Grenze;
 	
begin
   for I := 1 to Grenze do begin
      Write(Stern : (Grenze - I + 1));
      for K := 1 to 2 * (I - 1) do
         Write(Stern);
      WriteLn;
      end
end.</pre>
	5 Zeilen
	
	1. Zeile *
	2. Zeile * * *
	3. Zeile * * * * *
	4. Zeile * * * * * * *
	5. Zeile * * * * * * * * *

▸ Ausgabe von Integerwerten

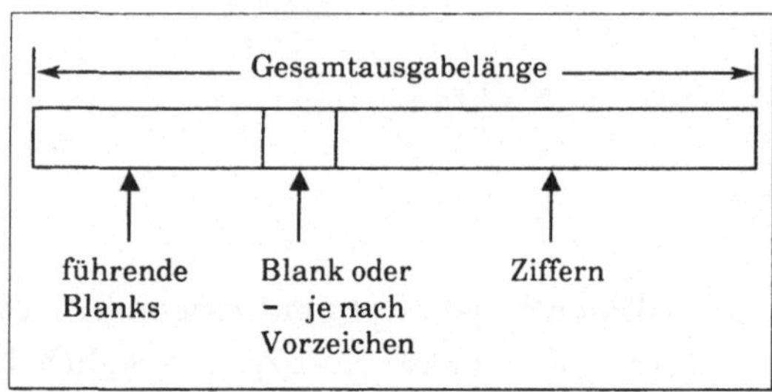

Ist a ein Ausdruck vom Typ `Integer`, dann wird ausgegeben

- eine Folge von Leerzeichen (Blanks)
- der Wert des Ausdrucks in dezimaler Notation, versehen mit einem führenden Minuszeichen (`'-'`), falls der Ausdruck negativ ist.

Die Anzahl der so ausgegebenen Zeichen ist implementierungsspezifisch definiert, oder wird durch den Ausdruck `al` bestimmt, falls die Form `Write(f,a:al)` gewählt wurde. Die ausgegebene Zahl wird rechtsbündig im Ausgabefeld ausgegeben.

Wird mit einer Anweisung `Write(f,a:al)` ein Ausgabefeld definiert, dessen Länge nicht ausreichend ist, den Wert des Ausdrucks in dezimaler Notation auszugeben, wird `al` durch einen Wert notwendiger Größe ersetzt. Ist `al` größer, als zur Ausgabe der Zahl notwendig ist, so wird die angegebene Länge mit führenden Leerzeichen aufgefüllt.

Beispiele			Ausgabelänge
`Write (1325:8)`	→	☐☐☐☐1325	8
`Write(-1325:8)`	→	☐☐☐-1325	8
`Write (9876:2)`	→	9876	4
`Write(-9876:2)`	→	-9876	5

▸ Ausgabe von Realwerten in Gleitpunkt-Darstellung

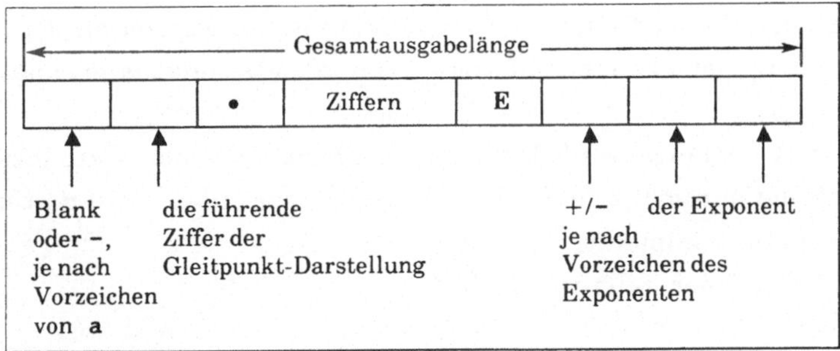

Ist a ein Ausdruck vom Typ `Real`, dann wird eine Ausgabe von a in Gleitpunkt-Darstellung veranlaßt, falls die Form `Write(f,a)` oder `Write(f,a:al)` gewählt wurde. Dabei bestimmt der Ausdruck `al` die Gesamtausgabelänge. Ist `al` nicht angegeben, wird ein implementierungsspezifischer Wert von `al` angenommen. Ist `al` kleiner, als zur Ausgabe mit maximaler Genauigkeit nötig ist, so werden Dezimalstellen weggerundet, solange noch mindestens eine übrig ist. Ist `al` größer als nötig, so werden an die Dezimalstellen Nullen angehängt.

Beispiele			Ausgabelänge
`Write(8.12231E17:12)`	→	□8.12231E+17	12
`Write(-10.052173:14)`	→	-1.0052173E+01	14
`Write(5.0123E-60:11)`	→	□5.0123E-60	11
`Write(0.5:13)`	→	□0.500000E+00	13
`Write(12.3:9)`	→	□1.23E+01	9
`Write(2.3128143561231E11:20)`	→	□2.3128143561231E+11	20

▸ Ausgabe von Realwerten in Festpunkt-Darstellung

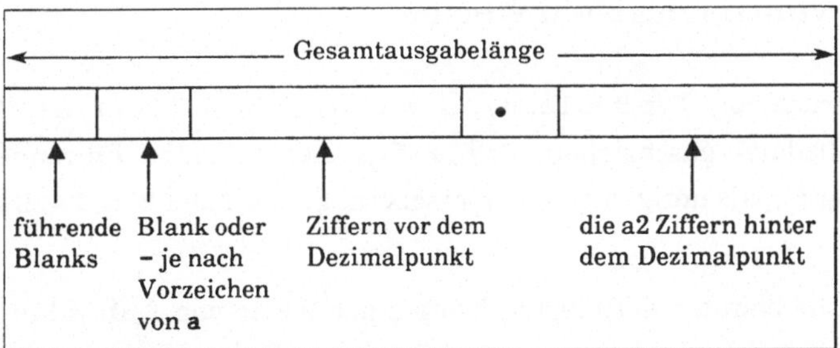

Ist a ein Ausdruck mit `Real` als Ergebnistyp, wird die Form `Write(f,a:al:a2)` der Schreibanweisung in Festpunkt-Darstellung ausgegeben. Diese ist analog definiert wie die Ausgabe ganzer Zahlen. Zusätzlich bestimmt a2 (falls der Wert > 0 ist) einen zusätzlichen Ausgabeteil: den "Anteil hinter dem Dezimalpunkt". Ist a2 größer, als zur Ausgabe mit maximaler Genauigkeit notwendig ist, so werden an die Dezimalstellen Nullen angehängt. Ist a2 kleiner, als nötig, so werden Dezimalstellen abgeschnitten.

Die Gesamtausgabelänge wird durch a1 bestimmt, falls der Wert dieses Ausdrucks größer ist als die minimal erforderliche Ausgabelänge. Diese wird bestimmt durch die Ziffern vor dem Dezimalpunkt

+ evtl. ein "-"-Zeichen, falls erforderlich

+ ein Zeichen "."

+ die a2-Ziffern hinter dem Dezimalpunkt

Beispiele			Ausgabelänge
`Write(12219.378:10:2)`	→	□□12219.38	10
`Write(12219.378:10:3)`	→	□12219.378	10
`Write(-12219.378:10:3)`	→	-12219.378	10
`Write(-12219.378:1:6)`	→	-12219.4	8

▶ Ausgabe von Zeichenketten

Ist a ein Ausdruck vom Typ Zeichenkette mit n Elementen, dann führt
`Write(f,a)` zu einer Ausgabe der n Elemente der Zeichenkette,
`Write(f,a:a1)`, falls a1 $>$ n, zu einer Ausgabe von a1-n führenden Blanks, gefolgt von den n Zeichenkettenelementen; falls 0 $<$ a1 $\leq$ n, zu einer Ausgabe von a1 Zeichenkettenelementen, beginnend beim ersten Zeichen der Zeichenkette.

▶ Ausgabe von booleschen Werten

Ist a ein Ausdruck vom Typ `Boolean`, so wird im Falle `Write(f,a)` TRUE bzw. FALSE in die Ausgabedatei geschrieben. `Write(f,a:a1)` führt zu führenden Leerzeichen, wenn a1 größer ist, als nötig, ansonsten erscheint genau TRUE bzw. FALSE.

Anmerkung: Die benutzerdefinierten Namen der Werte von Aufzählungstypen können nicht über Textdateien ein- oder ausgegeben werden. Will man dies, so schreibt man sich eine eigene kleine Konversionsroutine.

● Kopieren von Textdateien

Anmerkung: Um die Zeilenstruktur zu erhalten, kann nicht einfach bis Eof Zeichen für Zeichen von Input nach Output übertragen werden, sondern es muß bei Erkennen des Zeilenendes (EoLn liefert true) mittels WriteLn die aktuelle Ausgabezeile beendet und mittels ReadLn eine neue Eingabezeile geholt werden, wodurch das Zeilenende als Zeichen überlesen wird.

Beispiel: Zeichenweises Kopieren einer Datei

```
program KopiereText (Input, Output);

var
    Ch : Char;

begin
    while not Eof do begin
        while not EoLn do begin
            Read(Ch);
            Write(Ch)
        end
        ReadLn;
        WriteLn
    end
end.
```

● Fortschreiben von Textdateien

Anmerkung: In Norm-Pascal ist nur sequentielles Bearbeiten von Dateien möglich. Schreiben kann man immer nur fortlaufend ab Dateibeginn. Um neue Zeilen hinten an eine Textdatei anhängen zu können, muß man diese also kopieren, um anschließend (nach der letzten kopierten Zeile) fortzuschreiben. Die meisten Implementierungen bieten deshalb (nicht normgemäße) Erweiterungen zum nichtsequentiellen Bearbeiten von Dateien an.

I.7 Prozeduren und Funktionen

Prozeduren und Funktionen sind Unterprogramme.

Es gibt vordefinierte Prozeduren und Funktionen (Standardprozeduren und Standardfunktionen) sowie die in den entsprechenden Vereinbarungsteilen vom Benutzer definierten Prozeduren und Funktionen.

Prozeduren werden mit Prozeduraufrufanweisungen aufgerufen, Funktionsaufrufe sind Teile von Ausdrücken. Eine Prozeduraufrufanweisung ist das simple Hinschreiben des Namens der Prozedur, eventuell mit einer Parameterliste, an einer Stelle, wo eine Anweisung stehen kann. Ein Funktionsaufruf steht dort, wo auch ein Wert des Ergebnistyps der Funktion stehen könnte.

Prozeduren und Funktionen werden benutzt, um Programme zu strukturieren. Sie teilen ein Programm in Hauptprogramm und Unterprogramme auf, gliedern das Programm, verbessern seine Lesbarkeit und ermöglichen seine schrittweise Verfeinerung.

● Prozedurdeklarationen (›6.6.1)

Sie haben die Form

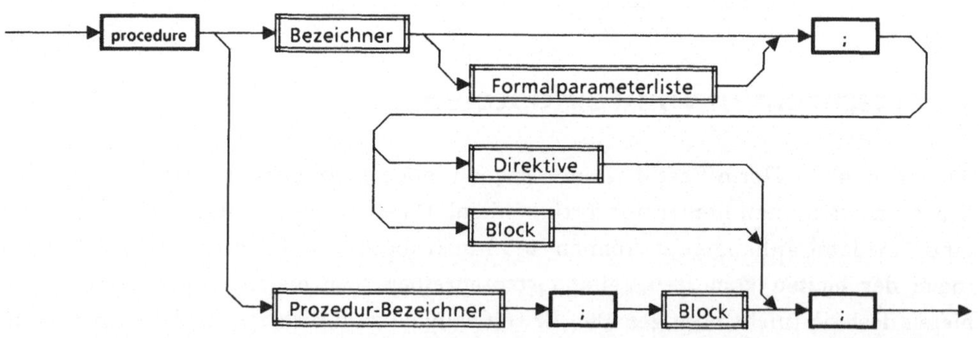

"Block" steht für einen Vereinbarungsteil zusammen mit einem Anweisungsteil. Ein Anweisungsteil ist eine Verbundanweisung.

"Formalparameterliste" ist eine in Klammern eingeschlossene Liste von formalen Parametern, die als Platzhalter für die aktuellen Parameter beim Prozeduraufruf dienen.

"Direktive" ist ein Hinweis an den Übersetzer, daß der Block eine Sonderbehandlung erfährt, z.B. Forward: Block kommt zu einem späteren Zeitpunkt.

Beispiel für eine Prozedurdeklaration:

```
procedure Tausch (var X, Y : Integer);

var
   Hilf : Integer;

begin
   Hilf := X;
   X := Y;
   Y := Hilf;
end;
```

Zwischen den Teilen eines Vereinbarungsteils, zwischen verschiedenen Prozedur- und Funktionsvereinbarungen sowie zwischen dem Vereinbarungs- und Anweisungsteil eines Blocks muß jeweils ein Semikolon stehen.

Beispiel für Verwendung einer Forward-Prozedur:

```
program Example (Output);

var
   K1, K2 : Integer;

procedure A (var Ins: Integer; Out: Integer); Forward;

procedure B (var Trans: Integer; Ex: Integer);
var
   L1, L2 : Integer;
begin
   .
   .
   A(L1,L2);
   .
   .
end;   (* B *)

procedure A; (* keine Parameterliste *)
begin
   B(K2,K1);
   .
   .
end; (* A *)

begin
   A(K2,K1);
   .
   .
end. (* Example *)
```

● Funktionsdeklarationen (›6.6.2)

Funktionsdeklarationen sind analog zu Prozedurdeklarationen aufgebaut. Funktionen haben jedoch Ergebnisse, die in Ausdrücken verwendet werden. Der Typ des Ergebnisses muß bei einer Funktionsdeklaration nach dem Funktionsnamen bzw. nach der Parameterliste angeben werden, also

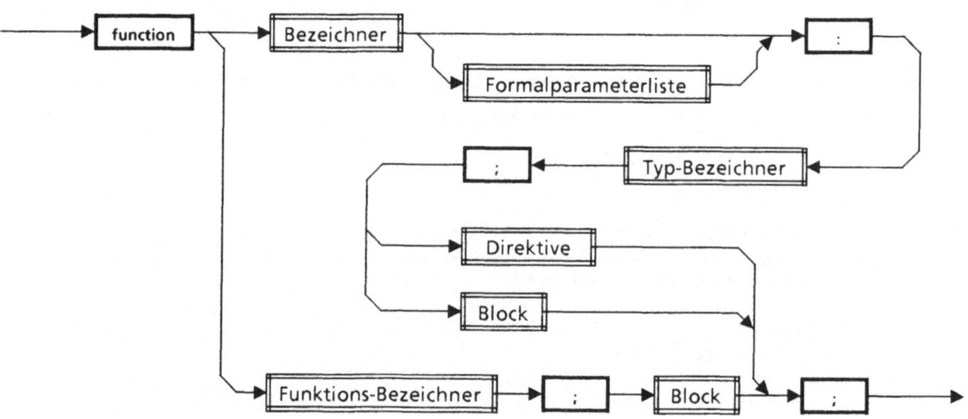

Mindestens eine der Anweisungen des Anweisungsteils einer Funktionsdeklaration oder einer innerhalb dieser Funktion deklarierten Prozedur/Funktion muß eine Zuweisung an den Namen der Funktion sein. Beim Abarbeiten der Funktion muß mindestens eine solche Zuweisung durchlaufen werden. Auf diese Weise wird das Ergebnis der Funktion bestimmt. Der Ergebnistyp einer Funktion muß ein einfacher Typ oder ein Zeigertyp sein. Viele Implementierungen erlauben allerdings in Abweichung von der Norm beliebige Typen als Funktionsergebnis.

Beispiel einer Funktion:

```
function Summe (A, B: Integer) : Integer;

   begin
      Summe := A + B;
   end;
```

● Beispiel für
Deklaration und Aufruf von Unterprogrammen

```
.
.
.
procedure Tausch(var x, y: Integer);
var
    Hilf: Integer;
begin
    hilf := x;
    x := y;
    y := Hilf;
end;
.
.
.
function Summe(a, b: Integer) : Integer;
begin
    Summe := a + b;
end;
.
.
.
```

formale

Parameter

i, k und s seien Integer-Variable des Hauptprogramms

```
.
.
.
i := 5;
k := 8;
Tausch(i, k);
.
.
.
s := Summe(i, k);
.
.
.
```

i und k erhalten Werte

Tausch wird mit den aktuellen Parametern
i und k aufgerufen

Summe wird mit den aktuellen Parametern
aufgerufen

● Parameter (›6.6.3)

Prozeduren und Funktionen kommunizieren mit ihrer Umgebung über Parameter und globale (d.h. außerhalb des Unterprogramms vereinbarte) Variable . Parameter müssen in der Formalparameterliste der Prozedur- oder Funktionsdeklaration vereinbart sein. Sie werden beim Aufruf durch aktuelle Werte, Ausdrücke, Variable etc. ersetzt. Eine Formalparameterliste besteht aus einzelnen, durch Semikolon getrennten Formalparameterabschnitten. In jedem Formalparameterabschnitt werden ein oder mehrere durch Komma getrennte gleichartige Parameter deklariert. Es gibt vier Arten von Parametern:

- Wertparameter (Value-Parameter)
- Variablenparameter (Var-Parameter)
- Parameterprozeduren
- Parameterfunktionen

Die Formalparameterliste hat also folgende Form:

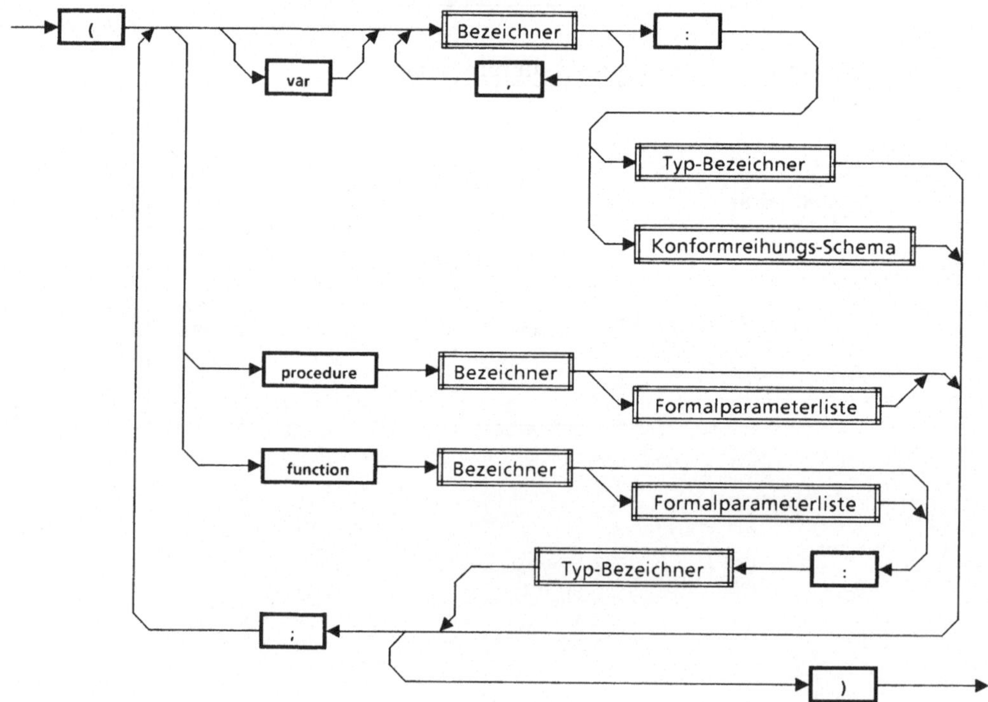

▸ Wertparameter (▸6.6.3.2)

werden definiert durch

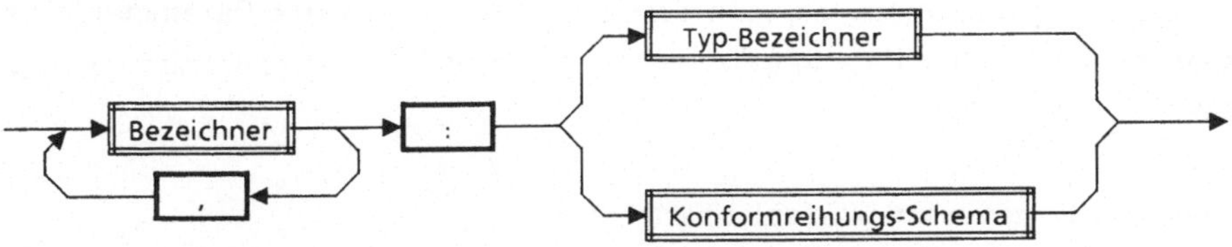

Beim Aufruf muß für jeden Wertparameter ein Ausdruck angegeben werden. Dessen Ergebnistyp muß zuweisungsverträglich sein zum Typ des Parameters. Wertparameter wirken wie Variable, denen bei der Prozedur- bzw. Funktions-Aktivierung der Wert dieses Ausdrucks zugewiesen wurde. Wertparameter werden verwendet, um Prozeduren und Funktionen Werte mitzuteilen.

Beispiel einer Prozedur mit Wertparametern:

```
procedure Summe (A, B : Integer);

    begin
        .
    writeln(A+B);
        .
    end;
```

▸ Variablenparameter (▸6.6.3.3)

werden definiert durch

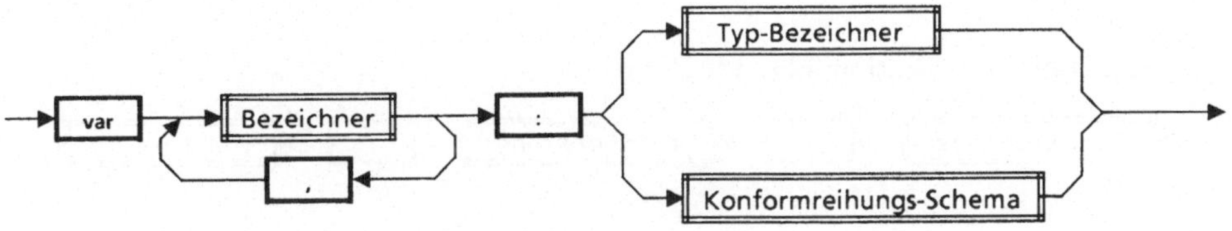

Beim Aufruf muß für jeden Variablenparameter eine verallgemeinerte Variable angegeben sein. Der Typ dieser Variablen muß gleich dem Typ des Parameters sein bzw. konform zum angegebenen Konformreihungs-Schema. Bei der verallgemeinerten Variablen werden die eventuell notwendigen Indexrechnungen etc. vor der Prozedur- bzw. Funktionsaktivierung durchgeführt.

Variablenparameter verhalten sich wie die Variablen, mit denen sie beim Aufruf identifiziert wurden. Sie werden verwendet, um Variable der Umgebung der Prozedur bzw. Funktion zu manipulieren, und deshalb auch Ein/Ausgabe-Parameter genannt. Komponenten gepackter Datenobjekte dürfen nicht als Variablenparameter übergeben werden.

Beispiel einer Prozedur mit Variablenparametern:

```
procedure Swap (var X, Y : Integer);
var Hilf: integer;
begin
   Hilf := X;
   X := Y;
   Y := Hilf;
end;
```

Konformreihungs-Schemata haben die Form

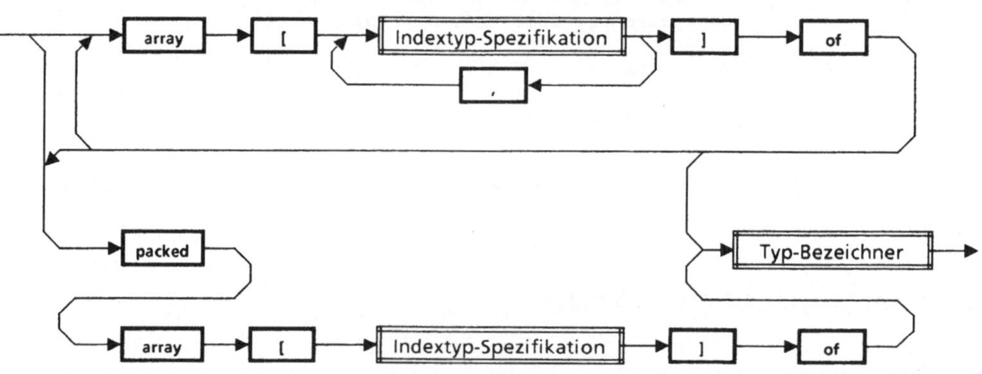

wobei Indextyp-Spezifikation folgende Form hat

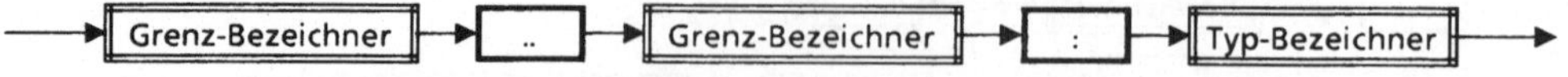

Als Typ-Bezeichner in der Indextyp-Spezifikation sind nur Namen ganzzahlig darstellbarer Typen zulässig.

Für Konformreihungs-Schemata der Form

```
array[Indexart1] of array[Indexart2] of ...
```

ist die Abkürzung

```
array[Indexart1, Indexart2, ...] of ...
```

zulässig.
Ein Array-Typ T1 der Form

```
array[T11] of T12
```

ist konform zu dem Schema

```
array[U..O: T21] of T22
```

wenn gilt:

- T11 ist typverträglich zu T21.
- T11 ist enthalten in T21.
- T12 = T22 oder T12 ist konform zu T22.
- T1 ist kein gepackter Array-Typ.

Während der Ausführung einer Prozedur oder einer Funktion mit einem Konformreihungs-Schema bezeichnen die beiden Bezeichner der Indextyp-Definition die Unter- bzw. Obergrenze des aktuellen Array-Parameters.

Beispiel:

```
program Konform(Output);

var
   A: array[1..10] of Real;
   B: array[-100..100] of Real;

   procedure Koko(var Param: array[U..O: Integer] of Real);

      var
         I: Integer;

      begin
         WriteLn('UNTERGRENZE VON PARAM IST: ', U:3);
         WriteLn('OBERGRENZE VON PARAM IST: ', O:3);
         for I := U to O do
            Write(Param[I];
         WriteLn
      end;

begin
   {Initialisierung von A und B}
   {ist zu ergaenzen          }
   ...
   ...
   Koko(A);
   Koko(B);
end.
```

▸ Parameterprozeduren bzw. -funktionen (▸6.6.3.4-5)

werden definiert durch

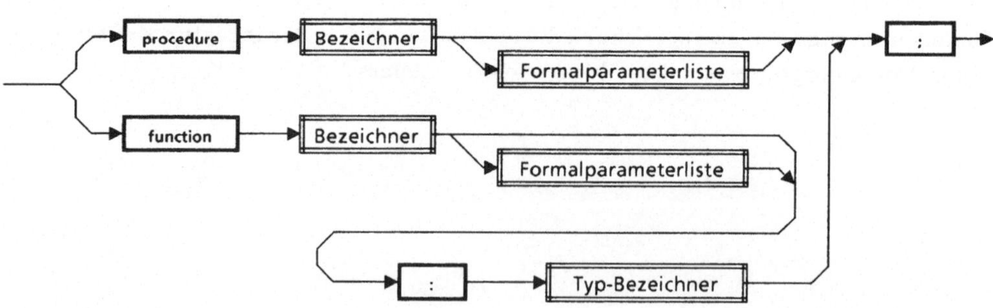

Parameterprozeduren bzw. -funktionen werden bei der Deklaration in Form einer Prozedur- bzw. Funktionsdeklaration ohne Block (oder Direktive) in der Parameterliste einer Prozedur/Funktion angegeben.

Beispiel:

```pascal
program Test(Output);

var
   A, B, R: Real;

function Kurve1 (X: Real) : Real;

   begin
      Kurve1 := 2 * X * 5;
   end;

procedure Bisect (function F(X:Real):Real;
                  A,B:Real; var Result:Real);

   var
      Mitte: Real;

   begin
      if (F(A)>0) or (F(B)<0) then
         WriteLn('ERROR')
      else while Abs(A-B)>1E-10*ABS(A) do begin
         Mitte := (A+B)/2;
         if F(Mitte)<0 then
            A := Mitte
         else B := Mitte;
         end;
      Result := Mitte;
   end;

function Kurve2 (Y: Real) : Real;

   var
      H: Real;

   begin
      H := Y - 3;
      Kurve2 := H * H * H;
   end;

begin
   A := 10;
   B := 10;
   Bisect(Kurve1, A, B, R);
   WriteLn(A, B, R);
   Bisect(Kurve2, A, B, R);
   WriteLn(A, B, R);
end.
```

● Prozedur- und Funktionsaufrufe (›6.8.2.3, 6.7.3)

Prozeduraufrufe sind selbständige Anweisungen, Funktionsaufrufe sind Teile von Ausdrücken. Beide bestehen aus

- dem Namen der Prozedur bzw. Funktion
- gefolgt von einer Aktualparameterliste, falls vorhanden.

Eine Aktualparameterliste ist eine in Klammern eingeschlossene, durch Komma getrennte Liste der einzelnen Parameter. Zu jedem Parameter der Formalparameterliste in der Deklaration muß genau ein Aktualparameter angegeben werden. Die Zuordung erfolgt gemäß der Reihenfolge in der Liste.

Für jeden Wertparameter muß ein Ausdruck angegeben werden, für jeden Variablenparameter eine verallgemeinerte Variable, für jede Parameterprozedur/Funktion der Name einer Prozedur bzw. Funktion, deren Parameterliste zu der Parameterdeklaration paßt.

Ein Prozedur- bzw. Funktionsaufruf führt zu folgenden Aktivitäten

- Auswertung der Aktualparameterliste
- Bereitstellung eines Speicherbereichs für die lokalen Variablen und Parameter der Prozedur bzw. Funktion
- Ausführung der Anweisungen
- Übergabe der Ergebnisse im Falle einer Funktion
- Freigabe des zugewiesenen Speicherbereiches.

● Standardprozeduren und -Funktionen (›6.6.4)

Standardprozeduren und -Funktionen sind vordefiniert und können wie benutzerdefinierte verwendet werden, mit Ausnahme der Übergabe als Parameter. Neben den Standardprozeduren zur Ein- und Ausgabe sind noch
- Prozdeduren zur Haldenverwaltung und
- Umwandlungsprozeduren
definiert. Als Funktionen stehen
- arithmetische Funktionen und
- Umwandlungsfunktionen
zur Verfügung.

▸ Prozeduren zur Haldenverwaltung (▸6.6.5.3)

p und q seien verallgemeinerte Variable eines Zeigerdatentyps.

New(p)

reseviert auf der Halde Platz für eine neue dynamische Variable vom Basistyp von p. Der Wert von p $\uparrow$ ist undefiniert, p zeigt auf die dynamische Variable.

New(p,c_1,c_2,...,c_n)

Analog zu New(p). Zusätzlich muß der Basistyp von p ein Recordtyp mit ineinandergeschachtelten Varianten sein, deren mögliche Fallkonstantenlisten c_1,c_2,...,c_n lückenlos enthalten. Für die so definierte Variantenkombination wird eine dynamische Variable mit genau dieser Platzanforderung erzeugt. Die Variantenkombination einer solcherart erzeugten Variablen darf nicht geändert werden. Diese Form von "New" kann dazu verwendet werden, um Speicherplatz zu sparen. Die Verwendung führt allerdings häufig zu schwer auffindbaren Programmfehlern.

Dispose(q)

Ist eine Mitteilung an das PASCAL-System (Prozessor), daß die dynamische Variable q $\uparrow$ nicht länger benötigt wird. Alle Zeiger, die auf q $\uparrow$ zeigten, werden damit ungültig und dürfen nicht mehr benutzt werden. Das PASCAL-System kann den freigewordenen Speicherplatz anderweitig nutzen - muß dies aber nicht tun.

Dispose(q,k_1,k_2,...,k_m)

Analog zu Dispose(q). Allerdings muß q auf eine dynamische Variable q $\uparrow$ zeigen, die durch ein New der Form New(p,c_1,c_2,...,c_n) entstanden ist. Dabei dürfen die Listen c_1,c_2,...,c_n und k_1,k_2,...,k_m nicht im Widerspruch sein. D.h. m darf nicht kleiner als n sein, und es muß c_i = k_i für i = 1,...,n gelten.
Für einen Zeiger q eines Dispose-Aufrufs muß gelten:

- er muß auf eine gültige dynamische Variable zeigen, darf also nicht den Wert nil haben oder undefiniert sein.
- er darf nicht zur Zeit des Dispose in einer aktiven Parameter- oder With-Liste verwendet sein.

Für dynamische Variable, die mittels $New(p, c_1, c_2, \ldots, c_n)$ entstanden sind, gilt:

- sie dürfen nicht als ganzes in Ausdrücken vorkommen oder als Parameter übergeben werden.

▸ Umwandlungsprozeduren (▸6.6.5.4)

Ist

a eine Variable vom Typ **array** [*S1*] *of T*,

z eine Variable vom Typ **packed array** [*S2*] *of T*,

u und v kleinstes bzw. größtes Element des Indexbereiches *S2*,

i ein Ausdruck, der typverträglich mit *S1* ist,

j und k geeignete Hilfsvariable vom Typ *S2* bzw. *S1*,

dann sind die Standardprozeduren Pack und Unpack wie folgt definiert:

<table>
<tr><td align="center">Pack(a,i,z)</td><td align="center">Unpack(z,a,i)</td></tr>
<tr><td colspan="2" align="center">sind äquivalent zu</td></tr>
<tr><td>

```
begin
   k := 0;
   for j := u to v do begin
      z[j] := a[k];
      if j <> v then
         k := Succ(k)
   end
end
```

</td><td>

```
begin
   k := i;
   for j := u to v do begin
      a[k] := z[j];
      if j <> v then
         k := Succ(k)
   end
end
```

</td></tr>
</table>

Pack und Unpack können verwendet werden,

- um gepackte Felder in entsprechende nicht gepackte umzuwandeln
- bzw. umgekehrt
- um aus einem Feld einen Teilbereich herauszuholen
- einem Teil eines Feldes einen Wert zuzuweisen

Beispiel:

```
program Test;

var
   String12      : packed array [1..12] of Char;
   String3       : packed array [1..3] of Char;
   Intermediate : array [1..12] of Char;

begin
   String12 := '   TAR SAUCE';
   Unpack(String12,Intermediate,1); (* kopiert String12 nach Intermediate *)
   Pack(Intermediate,4,String3);    (* 'TAR' aus Intermediate nach String3 *)
   Unpack(String3,Intermediate,1);  (* 'TAR' an Anfang von Intermediate *)
   Pack(Intermediate,1,String12);   (* kopiert Intermediate nach String12 *)
end.
```

▸ Standardfunktionen

Arithmetische Funktionen (▸6.6.6.2)

Funktion	Typ des Argumentes x	Typ des Ergebnisses	Bedeutung
Abs(x)	Integer oder Real	wie Argumententyp	if x<0 then Abs(x):=-x else Abs(x):=x
Sqr(x)	Integer oder Real	wie Argumenttyp	Sqr(x) := x * x
Sqrt(x)	Integer oder Real	Real	if x >= 0 then positive Quadratwurzel else Error
Sin(x) Cos(x) Arctan(x)	Integer oder Real im Bogenmaß	Real	Sinus(x) Cosinus(x) Hauptwert des Arcustangens(x)
Exp(x) Ln(x)	Integer oder Real	Real	Exponentialfunktion e^x für x > 0 Logarithmus naturalis

x kann jeweils ein Ausdruck sein

Umwandlungsfunktionen (▸6.6.6.3)

Funktion	Typ des Argumentes x	Typ des Ergebnisses	Bedeutung
`Trunc(x)`	Real	Integer	`Trunc` berechnet den ganzzahligen Anteil von **x**

`Round(x)`	Real	Integer	`if x >= 0 then`
			`Round(x) := Trunc(x+0.5)`
			`else`
			`Round(x) := Trunc(x-0.5)`

`Ord(x)`	einfacher,ganzzahlig darstellbarer Typ	Integer	Die ganzzahlige Darstellung von x, z.B. `Ord('0'):=240`
`Chr(x)`	Integer	Char	Das Zeichen, das durch **x** codiert ist, z.B. `Chr(240)='0'`

Andere Funktionen (▸6.6.6.4)

Funktion	Typ des Argumentes x	Typ des Ergebnisses	Bedeutung

`Succ(x)`
 	
`Pred(x)`
	einfacher,ganzzahlig darstellbarer Typ	wie der Argumententyp	Der Nachfolger von **x**, falls dieser existiert
			Der Vorgänger von **x**, falls dieser existiert

`Odd(x)`	Integer	Boolean	`True`, falls **x** ungerade `False`, falls **x** gerade

I.8 Rekursive Datenstrukturen und Prozeduren

Eines der wichtigsten Sprachmittel von Pascal ist die Rekursion. Datenstrukturen, die inhärent rekursiv sind und auf ihnen definierte rekursive Prozeduren finden bei vielen Algorithmen Verwendung. Typische Anwendungen sind Listen- und Tabellenverarbeitung, Datenbanken, Compiler etc.

Im Folgenden werden diese Sprachmittel anhand von Beispielen verdeutlicht. Aus Platzgründen wird auf die Standardbeispiele der Bearbeitung linearer und baumförmig strukturierter Listen zurückgegriffen. Die Aufgabe sei die Bearbeitung einer Liste von Namen und Telephonnummern, bei der die Namen alphabetisch (Zeichenkettenvergleich, vgl. Abschn. I.5) geordnet sein sollen:

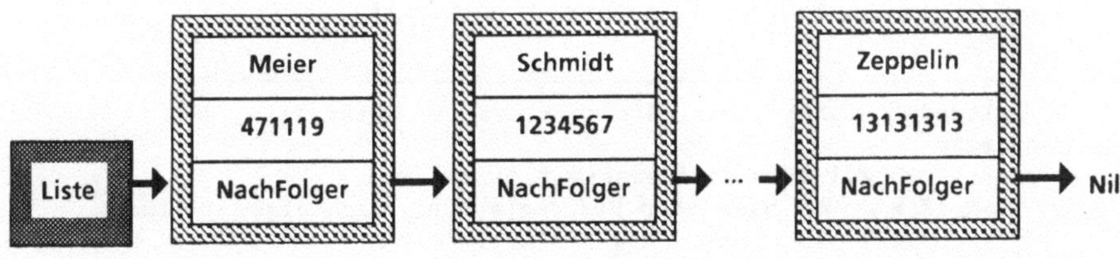

Eine für die Bearbeitung einer solchen Liste typische Datenstruktur ist in dem folgenden Vereinbarungsteil zu finden:

```pascal
type
   String16   = packed array [1..16] of Char;
   PListe     = ↑ListenTyp;
   ListenTyp  = record
                   Name,TelephonNr : String16;
                   NachFolger : PListe
                end;
var
   Liste : PListe;
```

Die Definition des Zeigertyps PListe ist hier vor der Definition von ListenTyp nötig, da dieser Zeigertyp für das Feld NachFolger benötigt wird. Diese Situation ist typisch für rekursive Datenstrukturen. Während in Pascal sonst Bezeichner vor ihrer Anwendung definiert sein müssen, ist im Falle von Zeigertypen eine Ausnahme von dieser Regel zulässig - eben um rekursive Datenstrukturen zu ermöglichen. In einem Typdefinitionsteil kann ein Basisdatentyp (Domänentyp) für die Definition eines Zeigertyps verwendet werden, bevor er selbst (im selben Typdefinitionsteil) definiert worden ist.

Die Variable `Liste` sollte mit `Liste:=Nil` vor der Bearbeitung durch die folgenden Prozeduren initialisiert worden sein. Typische Operationen auf einer Liste sind das Einfügen am Anfang einer Liste bzw. an einer bestimmten Stelle der Liste. Zum Einfügen an einer bestimmten Stelle der Liste könnte die folgende Prozedur dienen:

```
procedure Einfuegen(N,T: String16; var P: PListe);
var Q : PListe;
begin
  New(Q);
  Q↑.Name := N;   Q↑.TelephonNr := T;
  Q↑.NachFolger := P;
  P := Q;
end {Einfuegen};
```

Mit Hilfe dieser Prozedur kann man eine weitere Prozedur formulieren, die in eine aufsteigend sortierte Liste einen neuen Eintrag an der richtigen Stelle deponiert:

```
procedure Eintrag(N,T: String16; var P: PListe);
begin
  if P = Nil then Einfuegen(N,T,P) else
    if N > P↑.Name then Eintrag(N,T,P↑.NachFolger ) else
      if N < P↑.Name then Einfuegen(N,T,P) else
        P↑.TelephonNr := T;{neue Telephonnummer}
end {Eintrag};
```

Im Falle der Prozedur `Eintrag` ist Verwendung der Rekursion nicht zwingend. Mit Hilfe einer Wiederholungsanweisung wäre das Problem sogar effizienter zu lösen. In beiden Fällen wird jedoch durch Aufruf der Prozedur `Eintrag` eine lineare Suche in der Liste der vorhandenen Einträge veranlaßt. Die Zahl der Suchschritte für einen beliebigen Eintrag wächst hier proportional zur Anzahl der schon vorhandenen Elemente.
Effizientere Algorithmen sind bei Verwendung baumförmiger Strukturen möglich. Statt eines Zeigers `NachFolger`, wie im Falle der Liste, werden jetzt zwei Zeiger `LBaum` und `RBaum` verwendet. Für jeden Knoten des Baumes ergibt sich dann folgende Situation: Der eine Zeiger verweist auf einen linken Teilbaum, der andere auf einen rechten Teilbaum. Alle Teilbäume haben dieselbe Datenstruktur wie der ganze Baum. Beim Erstellen des Baumes kann dafür gesorgt werden, daß für jeden Baumknoten folgende Regel gilt: Alle Namen im linken Teilbaum sind kleiner und alle Namen im rechten Teilbaum sind größer als der Name im aktuellen Knoten. Der Vorteil dieser Datenstruktur besteht an den im allgemeinen kurzen Wegen bis zu einem Knoten mit einem bestimmten Namen. Das Einfügen neuer bzw. das Suchen vorhandener Knoten verkürzt sich so erheblich aufgrund der Verzweigungen.

Beispiel für einen binären, alphabetisch geordneten Baum:

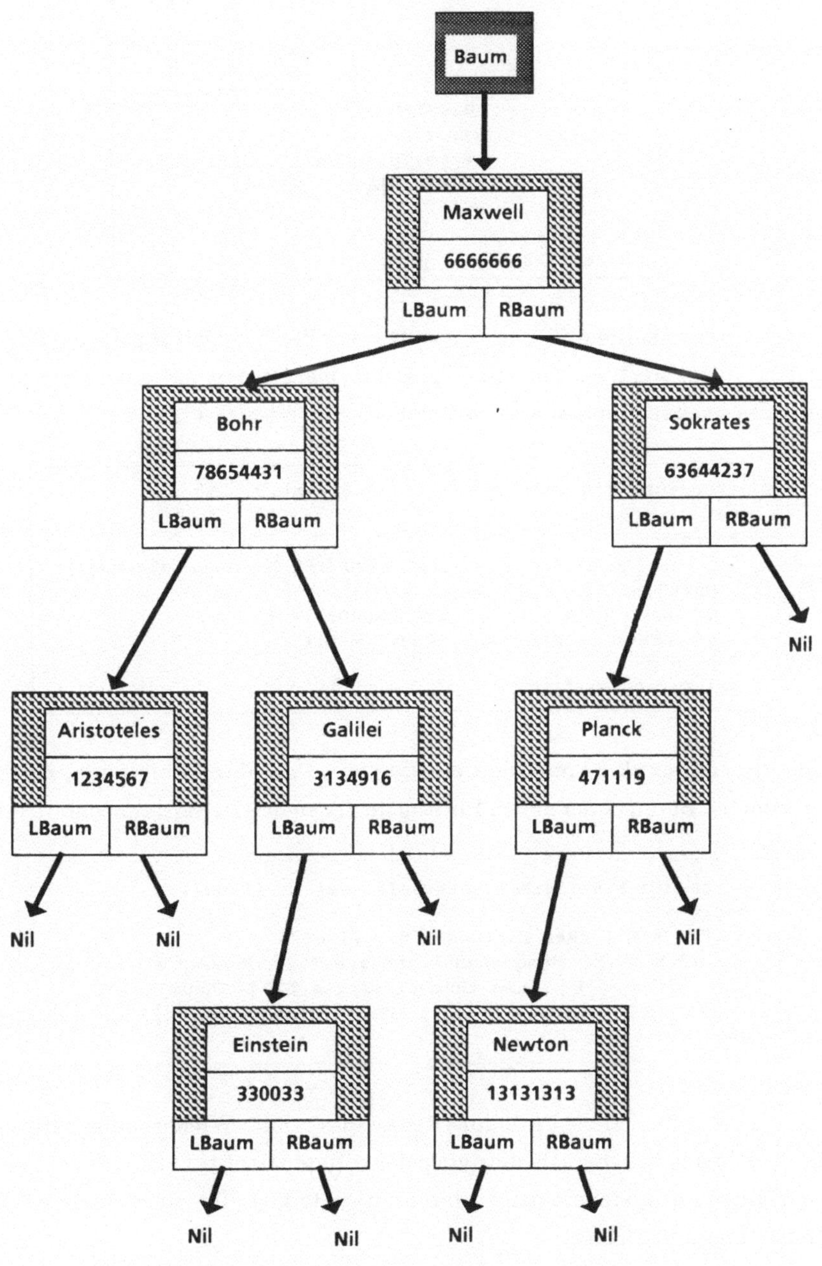

Eine für die Bearbeitung solcher Bäume typische Datenstruktur ist in dem folgenden Vereinbarungsteil zu finden:

```pascal
type
  String16 = packed array [1..16] of Char;
  PBaum    = ↑BaumTyp;
  BaumTyp  =  record
                Name,TelephonNr : String16;
                LBaum,RBaum : PBaum
              end;
var
  Baum : PBaum;
```

Die Variable `Baum` sollte mit `Baum := Nil` vor der Bearbeitung durch die folgenden Prozeduren initialisiert worden sein. Typische Operationen auf einem Baum sind das Einfügen eines neuen Knotens an einem mit Nil endenden Zweig:

```pascal
procedure Einfuegen(N,T: String16; var P: PBaum);
var Q : PBaum;
begin
  {P sollte Nil sein - sonst wird ein Teilbaum abgesägt}
  New(Q);
  Q↑.Name := N;      Q↑.TelephonNr := T;
  Q↑.LBaum := Nil;   Q↑.RBaum := Nil;
  P := Q;
end {Einfuegen};
```

Mit Hilfe dieser Prozedur kann man eine weitere Prozedur formulieren, die in einem binär geordneten Baum einen neuen Eintrag an der richtigen Stelle deponiert:

```pascal
procedure Eintrag(N,T: String16; var P: PBaum);
begin
  if P = Nil then Einfuegen(N,T,P) else
    if N > P↑.Name then Eintrag(N,T,P↑.RBaum) else
      if N < P↑.Name then Eintrag(N,T,P↑.LBaum) else
        P↑.TelephonNr := T; {neue Telephonnummer}
end {Eintrag};
```

In diesem Fall wäre eine Prozedur `Eintrag` mit Wiederholungsanweisungen wesentlich unübersichtlicher. Da die angegebene Datenstruktur rekursiv ist (sie besteht aus einem Baum mit gleichartigen Unterbäumen etc.) ist eine Verwendung rekursiver Algorithmen hier natürlicher.

Ein weiteres Beispiel für die Verwendung von Rekursion ist die folgende Prozedur, die einen Baum der angegebenen Datenstruktur nach Namen sortiert ausgibt:

```
procedure Druckebaum(P: PBaum);
begin
  if P <> Nil then begin
    Druckebaum(P↑.LBaum);
    WriteLn(P↑.Name, P↑.TelephonNr);
    Druckebaum(P↑.RBaum);
  end
end {DruckeBaum};
```

Diese Prozedur definiert eine Wanderung auf einem bestimmten Weg durch den Baum. An bestimmten Punkten dieser Wanderung wird eine Ausgabe gemacht. In diesem Fall immer dann, wenn der linke Teilbaum leer bzw. bereits vollständig durchwandert ist. Dadurch ergibt sich eine alphabetisch geordnete Ausgabe der Namen mit zugehörigen Telephonnummern. Werden die drei mittleren Zeilen in anderer Reihenfolge angegeben, ergibt sich eine andere Reihenfolge in der die einzelnen Knoten des Baumes bei der Wanderung besucht werden bzw. andere Zeitpunkte an denen die Ausgabe erfolgt. So würde beispielsweise ein Vertauschen der beiden Zeilen Druckebaum(P↑.LBaum) und Druckebaum(P↑.RBaum) eine Ausgabe in umgekehrter alphabetischer Reihenfolge bewirken.

I.9 Programmstruktur

Anmerkung: In Standard-Pascal sind nur Hauptprogramme sebständige Übersetzungseinheiten. Die meisten Pascal-Programmiersysteme sehen jedoch in Abweichung von der Norm auch getrennt übersetzbare Module, Prozeduren und/oder Funktionen als Übersetzungseinheiten vor.

▸ Pascal-Hauptprogramme

Pascal-Hauptprogramme haben die Form:

- Programmkopf
- Vereinbarungsteil
- Anweisungsteil
- abschließender ".".

Der Programmkopf hat die Form

```
program Programmname(Programmparameter);
```

Der Programmname ist ein Bezeichner und hat im Inneren des Programms keinerlei Bedeutung.

Die Programmparameter bilden eine durch Komma getrennte Liste von Bezeichnern, welche die Namen von Variablen (meist vom File-Typ) anmelden. Jeder dieser Bezeichner (außer `Input` und `Output`) muß im Variablendeklarationsteil des Hauptprogrammes vereinbart sein.

▸ Unterprogramme

Im Vereinbarungsteil eines Hauptprogrammes können Prozeduren und Funktionen vereinbart werden. Diese können selbst wieder Vereinbarungsteile enthalten, in denen lokal Prozeduren und Funktionen deklariert werden. So entsteht eine Unterprogrammstruktur aus Hauptprogramm, Prozeduren und Funktionen, die nebeneinander und ineinander geschachtelt vereinbart werden können. Es ist sinnvoll, Unterprogramme mit lokalen Aufgaben auch so lokal wie möglich zu vereinbaren, um größere Zusammenhänge nicht zu verwischen.

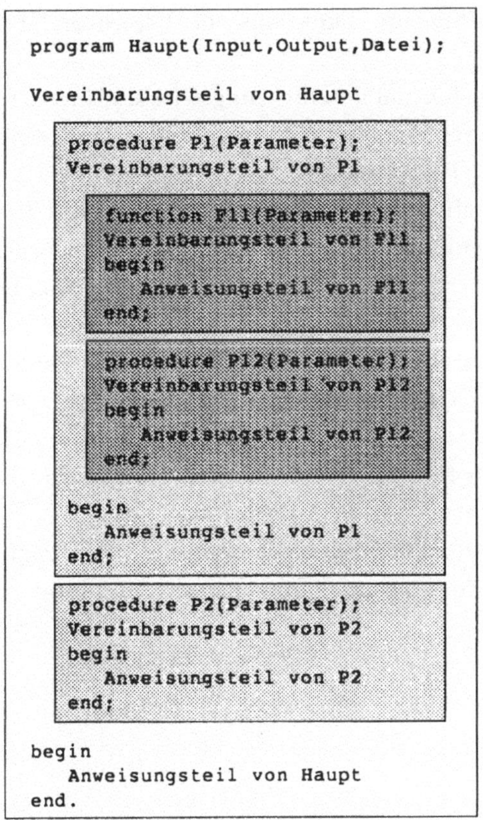

Die Prozeduren *P1* und *P2* sind im Hauptprogramm geschachtelt deklariert.

Die Prozedur *P12* und die Funktion *F11* sind in *P1* geschachtelt deklariert.

F11 und *P12* bzw. *P1* und *P2* sind jeweils nebeneinander deklariert.

P12 kann *F11* bzw. *P2* kann *P1* aufrufen, aber nicht umgekehrt.

Durch die verschiedenen Vereinbarungsteile, Parameterlisten, Prozedur- und Funktionsnamen ergibt sich die Notwendigkeit für Regeln über den Gültigkeitsbereich von Deklarationen.

Hierfür gelten folgende Regeln:

- Durch eine Prozedur-, Funktions- oder Recordvereinbarung werden Blöcke definiert.
- Parameterlisten und Vereinbarungsteile sind in solchen Blöcken wirksam.
- Die Namen von Prozeduren und Funktionen sind in dem unmittelbar umgebenden Block bekannt.
- Der Gültigkeitsbereich eines Namens ist der Block, in dem er deklariert ist, abzüglich der inneren Blöcke, in denen er wiederum deklariert ist. In einem Gültigkeitsbereich darf ein Name nur in genau einer Bedeutung verwendet werden.
- Die Vereinbarung eines Namens muß vor seiner Verwendung erfolgen. Ausnahme: Ist $\uparrow T$ ein Zeigertyp, dann kann T an irgendeiner Stelle des Typvereinbarungsteiles stehen, der $\uparrow T$ enthält.
- Vordefinierte Namen verhalten sich so, als ob sie in einem Block, der dasProgramm umgibt, deklariert sind.
- Input und Output verhalten sich, wenn sie in der Programmparameterliste stehen, als wären sie im Vereinbarungsteil des Programms deklariert.

I.10 Erweiterungen zu Standard-Pascal

Im Interesse einer weitgehenden Verträglichkeit mit der ursprünglichen Wirth'schen Sprachdefinition von Pascal wurde der Sprachumfang von Standard-Pascal so klein wie möglich gehalten. Praktisch alle Implementierungen bieten daher eine Obermenge von Standard-Pascal an. Im Folgenden werden einige der wichtigen Spracherweiterungen vorgestellt, die von den meisten Anbietern bereitgestellt werden. Andere Konstrukte, wie z.B. Ausnahmebehandlung, Direktzugriff auf Dateien und getrennte Übersetzbarkeit von Moduln, werden nicht diskutiert, weil hier sehr unterschiedliche Implementierungen bekannt sind.

● In Standard-Pascal müssen in einer case-Anweisung alle erwarteten Fallkonstanten explizit angegeben werden. Diese Regel führt in einigen Fällen zu lästiger Schreibarbeit bzw. zu unerwünschten Programmabbrüchen. Die folgenden Erweiterungen lösen dieses Problem:

- In den Fallkonstantenlisten sind Bereiche zulässig.
- Eine zusätzliche „universelle" Fallkonstante ist anwendbar, um den Fall abzudecken, daß die Auswertung des Fall - Indexes einen unerwarteten Wert ergibt. Für diese Fallkonstante ist die Bezeichnung **else** häufig zu finden. Andere Möglichkeiten sind **others** und **otherwise**. Damit würde jedoch ein zusätzliches Wortsymbol eingeführt.

Beispiel:

```
case Ch of
  'a'..'z' : Write(' Kleiner Buchstabe ');
  'A'..'Z' : Write(' Grosser Buchstabe ');
  '1'..'9' : Write(' Ziffer ');
  else     : Write(' Sonstiges Zeichen ');
end;
```

● Standard-Pascal schreibt vor, daß der Typ des Ergebnisses eines Funktionsaufrufes ein einfacher Typ oder ein Zeigertyp sein muß. Diese Einschränkung entfällt bei den meisten Implementierungen ersatzlos: der Ergebnistyp einer Funktion kann beliebig sein.

● Häufig findet man konstante Werte, die von anderen abhängig sind. Dies ist vor allem bei Konstantendefinitionen und in Array-Typen der Fall. Eine naheliegende, Standard-Pascal erweiternde Möglichkeit ist es, überall, wo konstante Werte gefordert sind, Ausdrücke mit einem zur Übersetzungszeit berechenbaren konstanten Ergebnis zuzulassen.

Beispiel:

```
const
  n =10;  m=20;
  nplusm = n+m;
type
  feld1 = array [n .. m] of Char;
  feld2 = array [n-1 .. m+1] of Char;
```

● Die ursprüngliche Wirth'sche Definition von Pascal sieht das Eröffnen der Datei Input - mit gleichzeitigem Einlesen der ersten Zeile - bei Programmbeginn vor. Diese Regelung ist zwar bei Stapelverarbeitung unerheblich, bei Dialogverarbeitung führt sie jedoch meist zu dem unerwünschten Effekt, daß bei Programmstart eine unangekündigte Eingabeaufforderung vom Terminal erfolgt. Standard-Pascal läßt aus Kompatibilitätsgründen die ursprüngliche Regelung zu. Jedoch ist mit Standard-Pascal <u>auch</u> folgende für interaktive Programme sinnvollere Regelung verträglich: Beim Programmbeginn wird Input so eröffnet, daß EoLn True ist und die Puffervariable auf das Zeilenendeelement einer fiktiven Nullten Zeile zeigt. Eine andere Möglichkeit ist es, einen zusätzlichen vordefinierten Typbezeichner (Interactive ??) einzuführen, der die normale Bearbeitung von Dialog-Eingaben zulässt.

● Standard-Pascal sieht die Bearbeitung von Zeichenketten mit Hilfe von Datentypen der Form **packed array** [1..n] **of** char vor. Diese Datentypen haben als Werte Zeichenketten mit einer konstanten Zahl von Elementen. Sehr häufig benötigt man jedoch Zeichenketten mit einer sich dynamisch ändernden Anzahl von Elementen und abfragbarer aktueller Anzahl. Dabei kann sich die Anzahl der Elemente dynamisch von 0 bis zu einer vorgegebenen Maximalzahl ändern.

Die Bearbeitung solcher Zeichenketten mit sich dynamisch ändernder Anzahl von Elementen ist ein wesentliches Element der nichtnumerischen Datenverarbeitung und ist daher in vielen Pascal-Systemen implementiert. Die syntaktische Form orientiert sich dabei gewöhnlich an UCSD™ Pascal.

Zur Vereinbarung solcher variabler String-Datentypen dient der vordefinierte Typbezeichner String. Wird er verwendet, so wird eine vorvereinbarte Maximalzahl von Zeichen angenommen. Diese ist implementierungsabhängig. Typische Werte sind 80, 100, 150, 252, 255, 1000 , ...

Wird eine bestimmte Maximalzahl vom Benutzer gewünscht, kann er den Typbezeichner auch in der Form String[n] benutzen. Dann wird der (konstante) Wert von n als Maximalzahl der Zeichen verwendet.

Ausdrücke mit einem Ergebnistyp des Zeichenkettentyps von Standard-Pascal sind zuweisungsverträglich zu Variablen des variablen String-Datentyps, sofern die Anzahl der Elemente dies zulässt. Ausdrücke mit einem Ergebnistyp des variablen String-Datentyps sind zuweisungsverträglich zu Variablen von Zeichenkettentypen von Standard-Pascal, sofern die Anzahl der Elemente dies zuläßt.

Bei Vergleichen von Zeichenketten mit unterschiedlicher Anzahl von Elementen (solche Vergleiche läßt die Norm nicht zu) gilt folgende Regelung: Verglichen wird bis zur Anzahl der Elemente der kürzeren Zeichenkette. Wird bis dahin Gleichheit festgestellt, gilt die kürzere Zeichenkette als kleiner.

Typische Standardfunktionen für variable Zeichenketten:

`Length(s)` liefert als Resultat die aktuelle Länge der variablen Zeichenkette s.

`Position(s1,s2)` liefert die Position von s_1 in s_2 sofern s_1 Teilzeichenkette von s_2 ist bzw. 0 sonst.

`Concat(s1,s2,.,sn)` liefert als Ergebnis die aus s_1, s_2, ... , s_n konkatenierte Zeichenkette.

`Substring(s,i,l)` liefert als Ergebnis eine Teilzeichenkette der Länge l von s von der Position i an - falls eine solche überhaupt existiert.

Standardprozeduren für variable Zeichenketten:

`Delete(s,i,l)` entfernt aus s eine Teilzeichenkette der Länge l von s von der Position i an - falls eine solche überhaupt existiert.

`Insertstring(s1,s2,i)` s_1 wird an der Position i in s_2 eingesetzt, wenn das überhaupt möglich ist.

Die Standardprozedur Read ist auch auf Variablen vom variablen Zeichenkettentyp anwendbar. Gelesen wird in die Variable ab der aktuellen Position in der Textdatei, bis entweder das Zeilenende oder die maximale Länge der Zeichenkettenvariablen erreicht ist.

Die Standardprozedur Write ist auch auf Ausdrücke anwendbar, deren Ergebnis eine variable Zeichenkette ist. Ausgegeben wird die Zeichenkette in der aktuellen Länge.

Beispiel 1 (Kopieren einer Datei):

```pascal
program KopiereText(Input,Output);
const
  MaxLineLength = 256;
var
  Zeile : String[MaxLineLength];
begin
  while not Eof do begin
    ReadLn (Zeile);
    WriteLn(Zeile);
  end
end.
```

Beispiel 2 (Einlesen einer Zeile und Ausgeben in umgekehrter Reihenfolge):

```pascal
program Umkehren (Input,Output);
const
  MaxLineLength = 256;
var
  Zeile : String[MaxLineLength] ;
  L     : 0..MaxLineLength ;
begin
  ReadLn;
  Read (Zeile);
  for L:= Length(Zeile) downto 1 do
    Write(Zeile[L]);
  WriteLn;
end.
```

Bei diesem Beispiel wird die Variable Zeile indiziert, wie eine normale Variable vom Array-Datentyp. Dies sollte möglich sein, kann aber zu Fehlern führen, wenn die aktuelle Länge undefiniert ist.

Beispiel 3 (Ändern einer variablen Zeichenkette):

```
program Aendern (Output);
var
  S9  : String[9]  ;
  S12 : String[12] ;
begin
  s9 := 'Tar Sauce';

s12:=Concat(Substring(s9,1,3),s9);
  WriteLn(s9);
  WriteLn(s12);
end.
```

Beispiel 4 (Testen und ggf. Ändern einer variablen Zeichenkette):

```
program Aendern (Input,Output);
const
  MaxLineLength = 256;
var
  Zeile : String[MaxLineLength+4]  ;
  L     : 0..MaxLineLength ;
begin
  ReadLn;
  Read (Zeile);
  L:= Length(Zeile);
  if L<4
  then
    Zeile := Concat(Zeile,'.Pas')
  else
    if Substring(Zeile,L-3,4) <> '.Pas'
    then
      Zeile := Concat(Zeile,'.Pas');
  WriteLn(Zeile);
end.
```

TEIL II

DIN-NORM FÜR PASCAL

ANHÄNGE

ERLÄUTERUNGEN

SYNTAXDIAGRAMME

VORSPANN: AUFBAU UND HANDHABUNG DER NORM

V1: AUFBAU DES NORMENTEILS

Die DIN-Norm Pascal ist aus einer Übersetzung der ISO 7185 Pascal-Norm
entstanden, die zum 1. Dezember 1983 von ISO nach einer mehrjährigen
Entwurfsphase verabschiedet wurde.
Ebenso wie in Frankreich entschlossen sich die verantwortlichen
deutschen Normgremien bei DIN, eine nationale Version dieser Norm
herauszubringen, welche nun nach einer halbjährigen Einspruchsfrist
als DIN-Norm vorliegt.
Der Kern der DIN-Norm ist eine Übersetzung von ISO 7185. Hinweise
darauf, was man beim Lesen der Norm beachten sollte, gibt der folgende
Vorspann V2.
Die DIN-Norm beginnt mit dem Normendeckblatt (Seite 1). Auf Seite 2
beginnt mit dem Inhaltsverzeichnis der Text, der der ISO-Norm
entspricht. Die Anhänge A bis D sind Bestandteil der ISO-Vorlage,
jedoch nicht Bestandteil der Normanforderungen. Anhänge E und F sind
nicht in der ISO-Vorlage enthalten. Im Anhang E werden deutsche
Sprechweisen für die nicht eingedeutschten Pascal-Eigennamen und
Spezialsymbole vorgeschlagen. Anhang F dient dazu, die Entsprechungen
zwischen der deutschen Begriffswelt der vorliegenden Norm und der
englischen Begriffswelt der ISO-Norm herzustellen.
Anhänge A1 und A2 sind nicht Bestandteil der DIN-Norm. Anhang A1
enthält Erläuterungen zu schwer verständlichen Textstellen der Norm.
Die einzelnen Anmerkungen werden durch Indizes im Normentext
adressiert. Demgemäß sind auch diese Indizes nicht Bestandteil der
Norm.
Anhang A2 schließlich gibt für die Syntax von DIN-Pascal graphische
Syntaxdiagramme an, die eine komprimierte Wiedergabe der zusammenge-
faßten Syntax im Normenanhang A darstellen.

INHALT TEIL II

V2: HINWEISE ZUM LESEN DER NORM

Die ISO-Normvorlage ist teilweise in sehr schwer verständlichem Eng-
lisch abgefaßt. Das ist sicher darauf zurückzuführen, daß eine inter-
nationale Norm höchsten Anforderungen an die Genauigkeit genügen muß,
die die Verständlichkeit beeinträchtigen. Beim Übersetzen in die
teilweise begriffsreichere deutsche Sprache mußte also die Gefahr noch
größerer Unlesbarkeit gemeistert werden. Da die Norm einem großen
Kreis von Pascal-Programmierern und -Implementierern zugänglich
gemacht werden soll, haben wir uns (auch im DIN-Arbeitskreis Pascal)
darum bemüht, in der Sprechweise vereinfachend, jedoch im inhaltlichen
Gehalt mindestens genauso exakt zu übersetzen. Trotz aller Bemühungen
ist das Ergebnis immer noch recht schwer verständlich. Deshalb geben
wir hier einige Anregungen, die dem Leser helfen sollen, Fallgruben zu
umgehen.

(1)   <u>Kapitelaufteilung der Norm</u>
        Die Kapitel 2 bis 5 sind "Durchführungsbestimmungen". Die
        eigentliche Sprachdefinition findet man in Kapitel 6. Die
        Kapitel 3 und 4 braucht man aber unbedingt, um Kapitel 6 zu
        verstehen. Die anderen Kapitel enthalten vorwiegend Formalia für
        Pascal-Implementierer.

(2)   <u>Zwei Welten: Syntax und Semantik</u>
        Die Sprachdefinition geht von der Syntax der Sprache aus. Meist
        steht im Abschnitt über jede Sprachkonstruktion zunächst eine
        Syntaxformel. Dann folgt eine natürlichsprachliche Erläuterung
        der Syntaxformel, wobei schon gewisse semantische Aspekte
        einfließen. Schließlich kommen Erläuterungen zur Bedeutung der
        Konstruktionen und einige Beispiele. Häufig wird auf
        Konstruktionen an anderer Stelle Bezug genommen.

        <u>Beispiel</u>: (aus RECORD-TYPEN, Abschn. 6.4.3.3, S.27/28)

        ...Das Auftreten eines Bezeichners in der Bezeichnerliste in
            einem Record-Abschnitt in einer Feldliste...
        bezieht sich auf die Syntaxformeln

        Record-Typ   = "record" Feldliste "end".
        Feldliste   = [(Festteil [";" Variantteil] | Variantteil)
                                              [";"]].
        Festteil   = Record-Abschnitt {";" Record-Abschnitt}.
        Record-Abschnitt = Bezeichnerliste ":" Typangabe.

        und die Syntaxformel aus Abschnitt 6.4.2.3:

                Bezeichnerliste   = Bezeichner {"," Bezeichner }.

        Zum schnellen Aufsuchen benötigter Formeln gibt es in Anhang A
        die alphabetische Zusammenfassung aller Syntaxformeln, und das
        Stichwortverzeichnis in Anhang B. Mit der Redeweise "Die
        Konstruktion A in der Konstruktion B..." ist immer das
        syntaktische Enthaltensein einer Konstruktion in einer anderen
        (einer Syntaxformel in einer anderen durch Ersetzen der

V2

nichtterminalen Symbole) gemeint, wobei die entsprechenden
Formeln an ganz anderer Stelle auftreten können. Wo eindeutige
Abkürzungen der "in-Folge" möglich waren, wurden diese verwendet
(hier das Umgehen von Festteil).

(3)   <u>Zwei Welten: Bezeichner und Pascal-Objekte</u>
      Für jedes benötigte Pascal-Objekt führt der Programmierer einen
      Bezeichner ein, sofern er nicht schon vordefiniert ist. Diese
      Einführung heißt Definition und wird mit dem nichtterminalen
      Symbol "Bezeichner" in den Syntaxformeln charakterisiert.
      Nach seiner Definition hat der Bezeichner eine gewisse
      Bedeutung, die fortan durch einen Präfix vor "Bezeichner" (z.B.
      Typ-Bezeichner) charakterisiert wird. Ein solches Auftreten
      heißt Anwendung. Der Bezeichner muß hier also schon bekannt
      sein.
      Diese Definition hat nichts mit definierten oder undefinierten
      Variablen zu tun, denn sie gehört zur Welt der Bezeichner. Die
      Variablen stammen aus der Welt der Pascal-Objekte, die über die
      Redeweise "steht für" (nämlich der Bezeichner für das Objekt)
      bzw. "repräsentiert" (nämlich der Bezeichner das Objekt) mit der
      Bezeichnerwelt verknüpft wird. Die Objekte existieren, wenn der
      "Prozessor" arbeitet (Abschn. 3.5).
      Die Sprechweisen "steht für" und "repräsentiert" durchziehen die
      gesamte Norm in dieser Bedeutung.

(4)   <u>Englische Eigennamen in der deutschen Norm</u>
      Da Pascal eine international verbreitete und nun normierte
      Programmiersprache ist, sind u.E. Versuche wenig sinnvoll, ein
      Deutsch-Pascal zu erfinden. Entsprechende Bestrebungen haben
      denn auch wenig Erfolg gehabt. Da der Programmierer mit den
      originalen Spracheigennamen programmiert (sie heißen Wortsymbole
      und vordefinierte Bezeichner), werden diese auch durchgehend in
      der Norm verwendet. Eine Ausnahme macht der Terminus File
      (Datei). Da sich dieser im Deutschen sehr schlecht handhabt,
      wird im umfangreichen Komplex der Ein/Ausgabe der Begriff Datei
      alternativ verwendet, wenn die Präzision dies zuläßt.

(5)   <u>Mischworte</u>
      Die oben beschriebene Vorgehensweise hat das Entstehen deutsch-
      englischer Mischworte zur Folge. Die Wortteile sind dann durch
      Bindestrich als Sprach-Trenner verbunden, während bei rein
      deutschen Wortkomplexen möglichst auf Zusammenschreiben geachtet
      wurde.

(6)   <u>Unterstrich</u>
      Die Syntaxkonstruktionen erfordern häufig ein Verknüpfen
      mehrerer Begriffe zu Worten, die eine syntaktische Einheit
      darstellen sollen. In der ISO-Normvorlage wurde hierzu
      ausschließlich der Bindestrich verwendet. Damit wird die
      stärkere oder schwächere Bindung benachbarter Wortteile
      verwischt, was zu semantischen Fehlinterpretationen führen kann.
      Deshalb wurde der Unterstrich eingeführt, der die schwächere
      Bindung signalisiert und im begleitenden Text weggelassen werden
      kann.

<table>
<tr><td rowspan="2"></td><td>Informationsverarbeitung</td><td>---
DIN
---</td></tr>
<tr><td>Programmiersprache Pascal</td><td>66256</td></tr>
</table>

Information processing
programming language Pascal

Diese Norm stimmt überein mit der von der International Organi-
zation for Standardization (ISO) herausgegebenen Norm ISO 7185,
Ausgabe 1983-12-01.

Mit dieser Norm wird ISO 7185 in das deutsche Normenwerk übernommen. ISO 7185 besteht aus einer Bezugnahme auf den Britischen
Standard BS 6192-1982 und die französische Norm NF Z 65-300.

Bei der Übersetzung des Britischen Standards wurde u.a. größte
Sorgfalt darauf verwendet, die Normanforderungen genau gleichbedeutend im Deutschen wiederzugeben. Gerade um die Gleichbedeu-
tung zu erreichen, war es gelegentlich notwendig, von der wörtli-
chen Wiedergabe stärker abzuweichen. Insbesondere wurde in der
deutschen Übersetzung von Metabezeichnern der Unterstrich zusätzlich verwendet. Er entspricht dem Bindestrich in BS 6192.

Folgende Anhänge sind im Britischen Standard nicht enthalten:

Anhang   Seite

     E   Eigennamen und Symbole der Sprache.......114
     F   Deutsch-englische Fachwörterliste.......117

Zu der im Abschnitt 2 zitierten Norm ISO 646 siehe DIN 66 003

Normenausschuß Informationsverarbeitungssysteme (NI) im DIN
     Deutsches Institut für Normung e.V.

DIN 66 256

<u>Deutsche Übersetzung</u>

Falls in Verhandlungen mit englisch- oder französischsprechenden Partnern Zweifelsfälle auftreten, ist die entsprechende Originalform der Internationalen Norm heranzuziehen.

INHALT

VORWORT

Die Programmiersprache Pascal wurde von Professor Niklaus Wirth in
Hinblick auf zwei Hauptziele entwickelt:

(a) Bereitstellung einer Sprache, mit der das Programmieren als
systematische Disziplin auf der Grundlage bestimmter fundamen-
taler Konzepte gelehrt werden kann, die klar und zwanglos
durch die Sprache wiedergegeben werden.

(b) Definition einer Sprache, die auf den zur Zeit verfügbaren
Rechnern sichere und effiziente Implementierungen erlaubt.

Es zeigte sich jedoch, daß die Eigenschaften von Pascal diese
ursprünglichen Ziele weit übertreffen. Die Sprache wird im zunehmendem
Maße kommerziell zum Schreiben von System- und Anwendersoftware genutzt. Diese Norm ist vorwiegend eine Konsequenz des wachsenden kom-
merziellen Interesses an Pascal und der Notwendigkeit, die Über-
tragbarkeit von Pascal-Programmen zwischen verschiedenen Datenver-
arbeitungssystemen zu fördern.

Bei Erarbeitung dieser Norm war es ein Hauptanliegen, Pascal möglichst
in seiner ursprünglichen Form zu belassen. Jedoch wurden, abgesehen
von Änderungen, die die Klarheit der Spezifikation erhöhen sollen,
zwei wesentliche Erweiterungen eingeführt.

(1) Die Syntax der Spezifikation von Prozeduren und Funktionen
als Formalparameter wurde dahingehend verändert, daß der entsprechende Prozedur-/Funktionskopf vollständig angegeben
werden muß (siehe 6.6.3.1); diese Erweiterung wurde eingeführt, um eine unsichere Stelle der Sprache zu überwinden.

(2) Eine fünfte Art von Parameter, der Konformreihungs-Parameter,
wurde eingeführt (siehe 6.6.3.7). Bei dieser Parameterart
sind die Grenzen des Indextyps eines Aktualparameters nicht
fixiert, sondern können innerhalb eines bestimmten
Wertebereiches variieren.

<u>Anmerkung der Herausgeber:</u> Es ist üblich, algebraische Größen kursiv
zu schreiben. Diese Konvention wurde in dieser Norm nicht verwendet,
da hier mit solchen Größen nicht ausschließlich Variable gemeint sind.

Spezifikation für die

PROGRAMMIERSPRACHE PASCAL

---

0 EINFÜHRUNG

Die Anhänge sollen das Lesen dieser Norm erleichtern. Sie sind nicht Bestandteil der Normanforderungen.

1 ANWENDUNGSBEREICH DER NORM

1.1 DIESE NORM BESTIMMT

Semantik und Syntax der Programmiersprache Pascal, indem sie Anforderungen an ein Pascal – Verarbeitungssystem (im folgenden Prozessor genannt) und an ein normerfüllendes Programm festlegt. Zwei Stufen der Erfüllung der Norm sind für Prozessoren und Programme definiert.

1.2 DIESE NORM BESTIMMT NICHT

(a) die Größe oder Komplexität eines Programms und seiner Daten, bei der die Kapazität eines speziellen Datenverarbeitungssystems oder die Kapazität eines bestimmten Prozessors überschritten wird, ebenso nicht die zu ergreifenden Maßnahmen, wenn die entsprechenden Grenzen überschritten werden;

(b) die Minimalanforderungen an ein Datenverarbeitungssystem, das in der Lage sein soll, die Implementierung eines (Pascal-) Prozessors zu tragen;

(c) die Methode, einen Programmblock auszuführen, oder den notwendigen Kommandovorrat zum Steuern der Umgebung, in der ein Pascal-Programm umgesetzt und abgearbeitet wird;

(d)   den Mechanismus, durch welchen Pascal-Programme umgesetzt werden,
      um auf einer Datenverarbeitungsanlage abzulaufen;

(e)   die Methoden zur Meldung von Fehlern und Warnungen;

(f)   die typographische Darstellung eines Programms, das zum Lesen für
      Menschen bestimmt ist.

2 BEZUGNAHME AUF VERWENDETE NORMEN

ISO 646:   7-Bit-Code für den Informationsaustausch in der
           Informationsverarbeitung.

3   DEFINITIONEN

Für diese Norm gelten die folgenden Definitionen.

> **Anmerkung**

Um das Augenmerk auf Sprachkonzepte zu lenken, sind einige Begriffe
beim ersten Erscheinen in der Norm unterstrichen.

3.1 FEHLER

Ein _Fehler_ ist eine Verletzung von Normanforderungen durch ein
Programm, bei der die Entdeckung von einem Prozessor nicht zwingend
verlangt wird.[1]

> **Anmerkungen**

1. Müssen die Eingabedaten eines Programms oder die implementierungsdefinierten Eigenschaften des Prozessors, der das Programm
bearbeitet, bekannt sein, um festzustellen, ob durch dieses
Programm die Norm verletzt wird, so wird diese Verletzung in dieser
Norm als Fehler bezeichnet. Prozessoren mögen imstande sein, solche
Verletzungen ohne diese Kenntnis zu melden; es verbleiben aber
immer Fälle, die Abarbeitung, simulierte Abarbeitung oder Beweis-
prozeduren unter Zuhilfenahme dieser Kenntnis verlangen.
Abweichungen von der Norm, die prinzipiell ohne diese Kenntnis
entdeckt werden können, werden nicht als Fehler bezeichnet.

2. Prozessoren sollten versuchen, soviele Fehler wie möglich mit so
hohem Vollständigkeitsgrad wie möglich zu entdecken.
Verzicht auf Entdeckung wird solchen Implementierungen erlaubt, für
die dies eine ungerechtfertigte Belastung darstellen würde bzw. die
nicht den Anspruch höchster Qualität stellen.

3.2 ERWEITERUNG

Eine _Erweiterung_ ist eine Modifikation zu Abschnitt 6 dieser Norm, die
weder ein Programm ungültig macht, das die Anforderungen dieser Norm
im Sinne von 5.2 erfüllt, außer daß die Benutzung eines oder mehrerer
Bezeichner bestimmter Schreibweise verboten wird, noch den Zustand von
implementierungsabhängigen Eigenschaften oder Fehlern verändert.

3.3 IMPLEMENTIERUNGSDEFINIERT

Eine implementierungsdefinierte Eigenschaft kann für einen Prozessor
spezifisch sein, ist aber auf jeden Fall definiert.

3.4 IMPLEMENTIERUNGSABHÄNGIG

Eine implementierungsabhängige Eigenschaft kann für einen Prozessor
spezifisch sein, ist jedoch nicht notwendig definiert.

3.5 PROZESSOR

Ein Prozessor ist ein System, das, oder ein Mechanismus, der ein
Programm als Eingabe akzeptiert, es zur Abarbeitung aufbereitet und
den so entstandenen Prozess mit Daten abarbeitet, um Ergebnisse zu er-
zeugen.

| Anmerkung |

  Ein Prozessor kann aus einem Interpretierer, einem Kompilierer mit
  Laufzeitsystem oder einem anderen Mechanismus auf einem zugrundeliegenden Rechner samt Betriebssystem oder anderen Mechanismen zum
  Erreichen desselben Effekts bestehen. Ein Kompilierer allein stellt
  beispielsweise noch keinen Prozessor dar.

4 DEFINITIONS-KONVENTIONEN

Die in dieser Norm verwendete Metasprache zur Angabe der Syntax der
Konstrukte beruht auf der Backus-Naur-Form. Die Notation wurde zwecks
leichterer Beschreibung, und um rekursive Produktionen in iterative
überführen zu können, abgewandelt. Tabelle 1 zeigt die Bedeutung der
verschiedenen Metasymbole.
Eine weitergehende Spezifikation der Konstrukte erfolgt im Text und in
einigen Fällen durch äquivalente Programmfragmente.
Jeder Bezeichner, der in Abschnitt 6 als vordefinierter Bezeichner
definiert ist, steht bei seinem Auftreten in solch einem Programm-
fragment für die entsprechende vordefinierte Größe. In allen anderen
Aspekten sind diese Programmfragmente als Teile von Programmen zu
interpretieren, die nicht im Widerspruch zu den Anforderungen dieser
Norm stehen.

Tabelle 1 Metasprachliche Symbole

Metasymbol	Bedeutung
=	ist definiert als
>	hat als alternative Definition
|	alternativ
.	Ende der Definition
[x]	kein oder ein Auftreten von x
{ x }	kein, ein- oder mehrfaches Auftreten von x
(x | y)	Auswahl: entweder x oder y
"xyz"	das terminale Symbol xyz
Metabezeichner	ein nichtterminales Symbol

Ein Metabezeichner ist eine Folge von Buchstaben und Bindestrichen,
die mit einem Buchstaben beginnt.

Eine Folge von terminalen und nichtterminalen Symbolen in einer Produktion bedeutet die Verkettung des Textes, den die Symbole letztendlich darstellen. In 6.1 ist diese Verkettung direkt; kein Zeichen darf dazwischen stehen. In allen anderen Teilen dieser Norm richtet sich die Verkettung nach den Regeln in 6.1 .

Der Zeichensatz, der zur Erstellung von Pascal-Programmen benötigt wird, ist der implizit definierte Zeichensatz zur Bildung der in 6.1 definierten lexikalischen Elemente und Trenner.

Die Worte _aus_ <of>, _in_ <in>, _enthaltend_ <containing> und _unmittelbar enthaltend_ <closest-containing> besitzen, wenn sie einen Zusammenhang zwischen terminalen oder nichtterminalen Symbolen ausdrücken, folgende Bedeutung:

    das x aus einem y: bezieht sich auf jenes x, das unmittelbar in einer Produktion zur Definition von y auftritt.

    das x in einem y: ist synonym zu 'das x aus einem y'.

    ein y, das ein x enthält: bezieht sich auf jedes y, von welchem ein x unmittelbar oder mittelbar abgeleitet werden kann.

    das y, das ein x unmittelbar enthält: dasjenige y, das ein x enthält, aber kein anderes y enthält, welches dasselbe x enthält.

Diese Konventionen zur Syntax dienen in Abschnitt 6 zur Darlegung von bestimmten Syntax-Anforderungen und des Kontexts, in dem bestimmte semantische Regeln gelten.

5 NORMKONFORMITÄT

> Anmerkung

Es gibt zwei Erfüllungsstufen der Norm, Stufe 1 und Stufe 0.
Stufe 1 enthält Konformreihungs-Parameter, Stufe 0 nicht.

5.1 PROZESSOREN

Ein Prozessor, der die Anforderungen dieser Norm erfüllt, muß:

(a) wenn er sie auf Stufe 0 erfüllt, alle Sprachkonstrukte mit den
     entsprechenden Bedeutungen gemäß Abschnitt 6 akzeptieren, mit
     Ausnahme der Punkte 6.6.3.6 (e), 6.6.3.7 und 6.6.3.8;

(b) wenn er sie auf Stufe 1 erfüllt, alle Sprachkonstrukte mit den
     entsprechenden Bedeutungen gemäß Abschnitt 6 akzeptieren;

(c) ohne Substitution oder Einfügung fremder Sprachelemente in
     einem Programm auskommen, um irgendeine Sprachanforderung von
     Abschnitt 6 erfüllen zu können;

(d) durch ein Handbuch begleitet werden, das alle implemen-
     tierungsdefinierten Eigenschaften definiert;

(e) imstande sein zu bestimmen, ob ein Programm eine Anforderung
     dieser Norm verletzt oder nicht, wenn diese Verletzung nicht
     als Fehler bezeichnet ist, und das Ergebnis dieser Bestimmung
     dem Benutzer des Prozessors zu melden. Wenn der Prozessor
     nicht das gesamte Programm untersucht, muß der Benutzer infor-
     miert werden, daß die Analyse unvollständig ist, auch wenn
     keine Verletzungen in dem untersuchten Programmtext festge-
     stellt wurden;

(f) jede Verletzung, die als Fehler angegeben ist, auf mindestens
     eine der folgenden Arten behandeln:

     (1) Es gibt einen Hinweis im Handbuch, daß dieser Fehler
          nicht gemeldet wird;

     (2) Der Prozessor meldet während der Vorbereitung des
          Programms für die Abarbeitung, daß das Auftreten
          dieses Fehlers möglich ist;

     (3) Der Prozessor meldet den Fehler während der
          Vorbereitung des Programms für die Abarbeitung;

     (4) Der Prozessor meldet den Fehler bei der Abarbeitung
          des Programms und beendet diese;

und wenn bestimmte, als Fehler bezeichnete Verletzungen behandelt werden, wie in 5.1 (f)(1) beschrieben, muß dies in einem separaten Abschnitt des Handbuchs für alle so behandelten Fehler angegeben werden.

(g) im begleitenden Handbuch eine separate Beschreibung aller durch den Prozessor akzeptierten Eigenschaften besitzen, die in Abschnitt 6 entweder verboten oder nicht definiert sind. Die Erweiterungen müssen beschrieben werden als:

"Erweiterungen zu DIN 66 256 Pascal";

(h) imstande sein, die Benutzung solcher Erweiterungen in einer ähnlichen Weise wie einen Fehler zu melden;

(i) imstande sein, die Benutzung einer implementierungsabhängigen Eigenschaft in ähnlicher Weise wie einen Fehler zu melden.

Anmerkungen

1. Die Formulierung "imstande sein" in 5.1 soll der Implementierung gestatten, die Meldung auf Wunsch des Benutzers ein- bzw. auszuschalten.

2. In den Fällen, wo Beschränkung der Betriebsmittel, z.B. Platzmangel für gewisse Tabellen, zum Abbruch der Übersetzung geführt hat, erfüllt ein Hinweis folgender Art die Anforderung 5.1(e):
Keine Verletzung der Norm entdeckt, aber die Analyse ist unvollständig.
In ähnlicher Weise kann ein interpretierender oder ein direkt abarbeitender Prozessor die unvollständige Analyse eines Programms melden, das nicht in jeder Hinsicht untersucht wurde.

Ein Prozessor, der beansprucht, die Norm teilweise oder ganz zu erfüllen, muß dies genau in folgender Weise zum Ausdruck bringen:
Eine <u>Erfüllungsaussage</u> muß beim Lauf des Prozessors generiert werden oder Bestandteil der begleitenden Dokumentation sein. Wenn der Prozessor in jeder Hinsicht die Normanforderungen erfüllt, muß diese Erfüllungsaussage lauten:

<Dieser Prozessor> erfüllt die Anforderungen der Stufe <Nummer> von DIN 66 256.

Wenn der Prozessor nur einige, aber nicht alle Normanforderungen erfüllt, so darf obige Aussage nicht benutzt werden. Vielmehr hat die Erfüllungsaussage zu lauten:

<Dieser Prozessor> erfüllt die Anforderungen der Stufe <Nummer> von DIN 66 256 mit folgenden Ausnahmen:
<Es folgt eine vollständige Liste der Normanforderungen, die der Prozessor nicht erfüllt, oder ein Verweis darauf.>

In beiden Fällen steht <Dieser Prozessor> für eine eindeutige Kennzeichnung des Prozessors und <Nummer> für die entsprechende Erfüllungsstufe der Norm.

Anmerkung

3. Prozessoren, die die Normanforderungen nicht völlig erfüllen, müssen dies nicht vollständig in ihrer Erfüllungsaussage dokumentieren; es genügt ein kurzer Verweis auf das Handbuch, das die vollständige Liste der hinreichend präzise beschriebenen Abweichungen enthält.

5.2 PROGRAMME

Ein Programm, das die Normanforderungen erfüllt, darf:

(a) wenn es sie auf Stufe 0 erfüllt, nur die in Abschnitt 6 unter Weglassen der Punkte 6.6.3.6(e), 6.6.3.7 und 6.6.3.8 angegebenen Spracheigenschaften verwenden;

(b) wenn es sie auf Stufe 1 erfüllt, nur die in Abschnitt 6 angegebenen Spracheigenschaften verwenden;

(c) sich auf keine bestimmte Interpretation implementierungsabhängiger Eigenschaften stützen.

Anmerkungen

1. Ein Programm, das die Norm erfüllt, kann sich auf spezielle implementierungsdefinierte Werte oder Eigenschaften stützen.

2. Die Anforderungen an normerfüllende Programme und normerfüllende Prozessoren bedeuten nicht, daß die Ergebnisse eines normerfüllenden Programms stets dieselben sind, wenn es auf verschiedenen normerfüllenden Prozessoren läuft. Dies ist vielmehr vom Inhalt des Programms abhängig. Ein einfaches Demonstrationsprogramm dafür ist:

```
program x(output);
begin writeln(maxint) end.
```

6 ANFORDERUNGEN

6.1 LEXIKALISCHE ELEMENTE

Anmerkung

Die Syntax in diesem Abschnitt (6.1) beschreibt die Bildung
lexikalischer Elemente aus Zeichen und die Abgrenzung dieser Elemente voneinander. Deshalb gehorcht sie nicht denselben Regeln wie
die Syntax im übrigen Teil dieser Norm.

6.1.1 ALLGEMEINES

Die lexikalischen Elemente zur Bildung von Pascal - Programmen sind:

- Spezialsymbole,
- Bezeichner,
- Direktiven,
- vorzeichenlose Zahlen,
- Marken,
- Zeichenketten.

Die typographische Darstellung eines Buchstabens
(Groß/Kleinschreibung, Schriftart usw.)
außerhalb von Zeichenketten (siehe 6.1.7)
hat keinen Einfluß auf die Bedeutung des Programms,
in dem er auftritt.


```
Buchstabe   = "a"|"b"|"c"|"d"|"e"|"f"|"g"|"h"|"i"|"j"|
              "k"|"l"|"m"|"n"|"o"|"p"|"q"|"r"|"s"|"t"|
              "u"|"v"|"w"|"x"|"y"|"z".

Ziffer      = "0"|"1"|"2"|"3"|"4"|"5"|"6"|"7"|"8"|"9".
```

6.1.2 SPEZIALSYMBOLE

Die Spezialsymbole haben bestimmte Bedeutungen in Pascal und begrenzen
gleichzeitig die syntaktischen Einheiten der Sprache.

```
Spezialsymbol = "+"|"-"|"*"|"/"|"="|"<"|">"|"["|"]"|
                "."|","|":"|";"|"↑"|"("|")"|"<>"|
                "<="|">="|":="|".."| Wortsymbol.

Wortsymbol    = "and"|"array"|"begin"|"case"|"const"|"div"|
                "do"|"downto"|"else"|"end"|"file"|"for"|
                "function"|"goto"|"if"|"in"|"label"|"mod"|
                "nil"|"not"|"of"|"or"|"packed"|"procedure"|
                "program"|"record"|"repeat"|"set"|"then"|
                "to"|"type"|"until"|"var"|"while"|"with".
```

6.1.3 BEZEICHNER

Bezeichner dürfen beliebig lang sein. Alle Zeichen in einem Bezeichner
sind signifikant zur Unterscheidung von anderen Bezeichnern. Kein
Bezeichner darf genauso wie ein Wortsymbol geschrieben werden.
Bezeichner, die als _vordefiniert_ angegeben sind, besitzen von
vornherein eine bestimmte Bedeutung (siehe 6.2.2.10 und 6.10).

```
    Bezeichner = Buchstabe {Buchstabe | Ziffer}.
```

Beispiele:

```
    X
    time
    readinteger
    WG4
    AlterHeatSetting
    InquireWorkstationTransformation
    InquireWorkstationIdentification
```

6.1.4 DIREKTIVEN

Eine Direktive tritt nur in einer Prozedurdeklaration oder in einer
Funktionsdeklaration auf. _forward_ ist die einzige normgemäß
vordefinierte Direktive (siehe 6.6.1 und 6.6.2). Keine Direktive darf
genauso wie ein Wortsymbol geschrieben sein.

Direktive = Buchstabe {Buchstabe | Ziffer}.

Anmerkung

Viele Prozessoren bieten als Erweiterung die Direktive _external_ an,
die besagt, daß sich der zu einem Prozedurkopf oder Funktionskopf
gehörige Prozedurblock oder Funktionsblock außerhalb des Programm-
blockes befindet, und zwar üblicherweise in einer Bibliothek, wo er
dem Prozessor in geeigneter Form zur Verfügung steht.

6.1.5 ZAHLEN

Eine vorzeichenlose Integer-Zahl in Dezimalschreibweise steht für
einen Wert des Integer-Typs (siehe 6.4.2.2). Eine vorzeichenlose
Real-Zahl in Dezimalschreibweise steht für einen Wert des Real-Typs
(siehe 6.4.2.2). Der Buchstabe "e" in einer Zahl, gefolgt von einer
ganzen Zahl (Exponent) bedeutet _mal 10 hoch_. Der Wert einer
vorzeichenlosen Integer-Zahl liegt in dem abgeschlossenen Intervall
von 0 bis _maxint_ (siehe 6.4.2.2 und 6.7.2.2).

```
Zahl               = Integer-Zahl | Real-Zahl.
Real-Zahl          = [Vorzeichen] vorzeichenlose_Real-Zahl.
Integer-Zahl       = [Vorzeichen] vorzeichenlose_Integer-Zahl.
vorzeichenlose_Zahl = vorzeichenlose_Integer-Zahl |
                      vorzeichenlose_Real-Zahl.
Vorzeichen         = "+" | "-".
vorzeichenlose_Real-Zahl = vorzeichenlose_Integer-Zahl "."
                           Bruchteil ["e" Exponent]   |
                      vorzeichenlose_Integer-Zahl "e" Exponent.
vorzeichenlose_Integer-Zahl = Ziffernfolge.
Bruchteil          = Ziffernfolge.
Exponent           = Integer-Zahl.
Ziffernfolge       = Ziffer {Ziffer}.
```

Beispiele:[2]

```
1e10
1
+100
-0.1
5e-3
87.35E+8
```

6.1.6 MARKEN

Marken sind Ziffernfolgen. Sie unterscheiden sich voneinander durch
ihren ganzzahligen Wert, der sich bei einer Interpretation als
Integer-Zahl ergäbe. Dieser Wert muß im abgeschlossenen Intervall von
0..9999 liegen.[3]

    Marke = Ziffernfolge.

6.1.7 ZEICHENKETTEN

Eine nur ein Zeichenkettenelement enthaltende Zeichenkette steht für
einen Wert des vordefinierten Char-Typs (siehe 6.4.2.2).
Eine mehr als ein Zeichenkettenelement enthaltende Zeichenkette steht
für einen Wert eines Zeichenkettentyps (siehe 6.4.3.2) mit soviel
Komponenten, wie die Zeichenkette Elemente enthält. Jedes Element einer Zeichenkette repräsentiert einen implementierungsdefinierten Wert
des vordefinierten Char-Typs, wobei jeder dieser Werte durch höchstens
ein Zeichen bzw. genau die Apostrophdarstellung benannt werden darf.

    Zeichenkette = "'" Zeichenkettenelement {Zeichenkettenelement} "'".
    Zeichenkettenelement = Apostrophdarstellung | Zeichen.
    Apostrophdarstellung = "''".
    Zeichen = Element_der_Menge_der_implementierungsdefinierten_Zeichen.

Anmerkung

    Vereinbarungsgemäß dient die Apostrophdarstellung als Ersatz für
    das Zeichen Apostroph, das ja nicht als Element einer Zeichenkette
    verwendet werden kann.

Beispiele:

    'A'
    ';'
    ''''
    'Pascal'
    'THIS IS A STRING'

6.1.8 TRENNUNG LEXIKALISCHER EINHEITEN

Die Konstruktion

"{"Folge_von_Zeichen_und_Zeilenenden_ohne_schließende_geschweifte_
    Klammer"}"

ist ein Kommentar, wenn { nicht selbst innerhalb eines Kommentars
oder einer Zeichenkette steht. Das Ersetzen des Kommentars durch ein
Leerzeichen ändert die Bedeutung des Programms nicht.

Kommentare, Leerzeichen (außer in Zeichenketten) und Zeilenenden dienen als Trenner für lexikalische Elemente. Null, ein oder mehrere
Trenner können zwischen zwei aufeinanderfolgenden lexikalischen Elementen oder vor dem Beginn des Programmtexts auftreten. Zwischen zwei
aufeinanderfolgenden lexikalischen Elementen, die Bezeichner, Wortsymbol, Marke oder vorzeichenlose Zahl sind, muß mindestens ein
Trenner stehen. Innerhalb lexikalischer Elemente darf kein Trenner
auftreten.

6.1.9 LEXIKALISCHE ERSATZDARSTELLUNGEN

Die Darstellung der lexikalischen Elemente und Trenner, wie in 6.1.1
bis 6.1.8 beschrieben, ist eine <u>Normaldarstellung</u>. Diese wird für den
Austausch von Programmen benutzt.
Um die Verwendung von Pascal auch auf Anlagen zu ermöglichen, die die
Normaldarstellung nicht unterstützen, sind die nachfolgenden Ersatz-
darstellungen erlaubt. Prozessoren, die die nötigen Zeichen im
Zeichensatz haben, müssen sowohl Normaldarstellung als auch Ersatz-
darstellungen unterstützen, wobei einander entsprechende lexikalische
Elemente oder Trenner nicht unterschieden werden dürfen.

Ersatzdarstellungen sind:

Normaldarstellung	Ersatzdarstellung
↑	@
[	(.
]	.)

| Anmerkung |

1. Das Zeichen ↑, das in einigen nationalen Varianten von ISO 646
vorkommt, ist identisch mit dem Zeichen ^. In dieser Norm wird ↑
wegen der besseren Lesbarkeit benutzt.

Alternative Formen des Kommentars sind solche, bei denen eine oder
beide der folgenden Ersetzungen vorgenommen wurden:

Begrenzendes Zeichen	Ersatzdarstellung durch begrenzendes Zeichenpaar
{	(*
}	*)

| Anmerkungen |

2. Ein Kommentar kann also auch mit { beginnen und mit *) enden
oder mit (* beginnen und mit } enden.

3. Wenn die Folge (*) in einem Kommentar vorkommt, so ist sie
äquivalent zu (} und bedeutet das Kommentarende, da im Kommentar
kein neuer Kommentar beginnen kann.

4. Siehe auch 1.2(f).

6.2 BLÖCKE, GÜLTIGKEITSBEREICHE, AUSFÜHRUNGEN

6.2.1 BLOCK

Ein Block[4], der einen Markendeklarationsteil unmittelbar enthält, in dem eine Marke definiert wird, muß genau eine Anweisung unmittelbar enthalten, die mit dieser Marke markiert ist. Das Auftreten einer Marke im Markendeklarationsteil eines Blockes ist deren Definitionspunkt als Marke für das Gebiet[5], das dieser Block ist.

```
Block = Markendeklarationsteil
        Konstantendefinitionsteil
        Typdefinitionsteil
        Variablendeklarationsteil
        Prozedur-und_Funktionsdeklarationsteil
        Anweisungsteil.

Markendeklarationsteil      = ["label" Marke {"," Marke } ";"].

Konstantendefinitionsteil = ["const" Konstantendefinition ";"
                                    {Konstantendefinition ";"}].
Typdefinitionsteil          = ["type" Typdefinition ";"
                                    {Typdefinition ";" }].
Variablendeklarationsteil = ["var" Variablendeklaration ";"
                                    {Variablendeklaration ";"}].
Prozedur-und_Funktionsdeklarationsteil =
            { (Prozedurdeklaration | Funktionsdeklaration) ";"}.
```

Der Anweisungsteil bestimmt die algorithmischen Aktionen, die während einer Ausführung des Blocks abgearbeitet werden.

```
Anweisungsteil = Verbundanweisung.
```

6.2.2 GÜLTIGKEITSBEREICH

<u>6.2.2.1</u> Jeder Bezeichner und jede Marke innerhalb eines Programmblocks muß einen Definitionspunkt haben.

<u>6.2.2.2</u> Zu jedem Definitionspunkt gibt es ein Gebiet[5], das Teil des Programmtexts ist, und einen Gültigkeitsbereich, der das gesamte Gebiet oder einen Teil desselben umfaßt.

<u>6.2.2.3</u> Das Gebiet für jeden Definitionspunkt ist an anderer Stelle definiert. (Siehe 6.2.1, 6.2.2.10, 6.3, 6.4.1, 6.4.2.3, 6.4.3.3, 6.5.1, 6.5.3.3, 6.6.1, 6.6.2, 6.6.3.1, 6.8.3.10, 6.10).

<u>6.2.2.4</u> Der Gültigkeitsbereich jedes Definitionspunktes ist sein Gebiet (einschließlich aller darin enthaltenen Gebiete) vorbehaltlich der Punkte 6.2.2.5 und 6.2.2.6 .

6.2.2.5 Wenn ein Bezeichner oder eine Marke einen Definitionspunkt für das Gebiet A hat und ein Bezeichner gleicher Schreibweise bzw. eine Marke mit gleichem Wert einen Definitionspunkt für ein Gebiet B hat, das in A enthalten ist, so werden Gebiet B und alle darin enthaltenen Gebiete aus dem Gültigkeitsbereich des Definitionspunktes für Gebiet A ausgeschlossen.

6.2.2.6 Ein Feldspezifikator in einer Feldauswahl ist als Gebiet aus den umgebenden Gültigkeitsbereichen ausgeschlossen.

6.2.2.7 Wenn ein Bezeichner oder eine Marke einen Definitionspunkt für ein Gebiet besitzt, dürfen andere Bezeichner gleicher Schreibweise oder Marken gleichen Wertes keinen Definitionspunkt für dieses Gebiet haben.

6.2.2.8 Das Auftreten eines Bezeichners oder einer Marke wird genau am Definitionspunkt Definition, innerhalb des Gültigkeitsbereiches des Definitionspunktes Anwendung genannt. Außerhalb des Gültigkeitsbereiches darf es keine Anwendung geben.

Anmerkung

Also bezieht sich jede Anwendung einer Marke bzw. eines Bezeichners in einem Gültigkeitsbereich auf die dazugehörige Definition, nicht aber auf Definitionen von Bezeichnern gleicher Schreibweise oder Marken gleichen Wertes für ein Gebiet, welches diesen Gültigkeitsbereich umfaßt.

6.2.2.9 Die Definition eines Bezeichners oder einer Marke muß allen dazugehörigen im Programmblock enthaltenen Anwendungen vorausgehen, mit einer Ausnahme: Neue Zeigertypen dürfen einen Typ-Bezeichner als Anwendung vor seiner Definition enthalten, sofern die Anwendungen und der Definitionspunkt im gleichen Typdefinitionsteil enthalten sind.

6.2.2.10 Bezeichner für vordefinierte Konstanten, Typen, Prozeduren und Funktionen besitzen (vor dem Programm) einen imaginären Definitionspunkt, dessen Gebiet das gesamte Programm umschließt (siehe 6.1.3, 6.4.1 und 6.6.4.1).[6]

Anmerkung

Die vordefinierten Bezeichner input und output gehören nicht dazu, da sie für Variablen stehen.[7]

6.2.2.11 Die Bedeutung eines Bezeichners oder einer Marke am Definitionspunkt gilt für alle Anwendungen dieses Bezeichners bzw. dieser Marke.

Anmerkung

In den Syntaxdefinitionen wird die Anwendung eines Bezeichners im Gegensatz zu seiner Definition mit einem Präfix qualifiziert (z.B.Typ-Bezeichner).[8]

6.2.3 AUSFÜHRUNGEN

6.2.3.1 Ein Prozedur- oder Funktions-Bezeichner heißt _Lokal_ zu einem Block, wenn sein Definitionspunkt innerhalb des Prozedur- und Funktionsdeklarationsteils dieses Blockes liegt und das Gebiet seines Definitionspunktes dieser Block ist.

6.2.3.2 Die _Ausführung_[9] eines Blockes enthält:

(a) für den Anweisungsteil des Blockes einen Algorithmus, dessen vollständige Abarbeitung die Ausführung beendet (siehe auch 6.8.2.4);

(b) für jede Marke in einer Anweisung, die einen Definitionspunkt im Markendeklarationsteil im Block besitzt, einen Programmpunkt im Algorithmus der Ausführung dieser Anweisung;

(c) für jeden Variablen-Bezeichner, der einen Definitionspunkt mit einem Gebiet gleich diesem Block hat, eine Variable von jenem Typ, der mit dem Variablen-Bezeichner verknüpft wurde;

(d) für jeden zum Block lokalen Prozedur-Bezeichner eine Prozedur mit dem Prozedurblock, der dem Prozedur-Bezeichner entspricht, und mit den formalen Parametern dieses Prozedurblocks;

(e) für jeden zum Block lokalen Funktions-Bezeichner eine Funktion mit dem Funktionsblock, der dem Funktions-Bezeichner entspricht, mit dem Ergebnistyp, der mit dem Funktions-Bezeichner verknüpft ist, sowie den formalen Parametern dieses Funktionsblocks.

(f) Wenn der Block ein Funktionsblock ist, ein Ergebnis vom dazugehörigen Ergebnistyp.

> **Anmerkung**
>
> Jede Ausführung (Inkarnation) eines Blockes enthält jeweils einen eigenen Algorithmus und eine eigene Menge von Programmpunkten, Variablen, Prozeduren und Funktionen, im Unterschied zu jeder anderen Ausführung desselben Blockes.

6.2.3.3 Die Ausführung einer Prozedur bzw. Funktion ist die Ausführung des Blocks, der ihr Prozedurblock bzw. Funktionsblock ist. Sie heißt _umschlossen von_

(a) der Ausführung, die die Funktion bzw. Prozedur enthält;

(b) allen Ausführungen, von denen diese (sie enthaltende) Ausführung umschlossen ist.

> **Anmerkung**
>
> Eine Ausführung eines Blockes B kann nur von der Ausführung von Blöcken umschlossen sein, die B enthalten. Eine Ausführung kann also nicht von einer Ausführung desselben Blockes umschlossen sein.[10]

Innerhalb einer Ausführung steht jede Anwendung einer Marke oder eines Variablen-Bezeichners oder eines zum Block der Ausführung lokalen Prozedur- oder Funktions-Bezeichners für den entsprechenden Programmpunkt bzw. die entsprechende Variable, Prozedur oder Funktion dieser Ausführung mit Ausnahme des Funktions-Bezeichners (auf der linken Seite) in einer Zuweisung: Innerhalb der Ausführung der durch ihn repräsentierten Funktion steht er für das Ergebnis der Ausführung.[11]

<u>6.2.3.4</u> Ein Prozeduraufruf bzw. ein Funktionsaufruf, der im Algorithmus einer Ausführung enthalten ist und der die Ausführung eines Blockes bedeutet, heißt Aktivierungspunkt der Ausführung dieses Blockes.

<u>6.2.3.5</u> Alle Variablen, die in einer Ausführung enthalten sind, außer den Programmparametern, und ein etwaiges Ergebnis der Ausführung sind an ihrem Aktivierungspunkt vollständig undefiniert.
Algorithmus, Programmpunkte, Variablen, Prozeduren und Funktionen müssen, soweit vorhanden, bis zur Beendigung der Ausführung existieren.

6.3 KONSTANTENDEFINITIONEN

Eine Konstantendefinition führt einen Bezeichner ein, der für einen festen Wert steht.

```
Konstantendefinition  =  Bezeichner "=" Konstante.
Konstante =[Vorzeichen](vorzeichenlose_Zahl | Konstanten-Bezeichner)
          | Zeichenkette.
Konstanten-Bezeichner  = Bezeichner.
```

Das Auftreten eines Bezeichners in einer Konstantendefinition im Konstantendefinitionsteil in einem Block ist sein Definitionspunkt für ein Gebiet, das dieser Block ist.
Die Konstante in einer Konstantendefinition darf keine Anwendung des Bezeichners in der Konstantendefinition enthalten.
Jede Anwendung dieses Bezeichners ist ein Konstanten-Bezeichner und steht dann für den Wert, mit dem er in der Konstantendefinition verknüpft wurde.
Steht in einer Konstante ein Vorzeichen vor einem Konstantenbezeichner, so muß dieser Konstanten-Bezeichner mit dem Integer-Typ oder dem Real-Typ verknüpft worden sein. Vordefinierte Konstanten-Bezeichner sind in 6.4.2.2 und 6.7.2.2 spezifiziert.[12]

6.4 TYPDEFINITIONEN

6.4.1 ALLGEMEINES

Eine Typdefinition führt einen Bezeichner ein, der für einen Typ
steht. Ein Typ ist ein Attribut, das jeder Wert und jede Variable
besitzt. Jeder neue Typ unterscheidet sich von jedem anderen neuen
Typ.[13]

```
Typdefinition      = Bezeichner "=" Typangabe.
Typangabe          = Typ-Bezeichner | neuer_Typ.
neuer_Typ          = neuer_Ordinaltyp | neuer_strukturierter_Typ |
                     neuer_Zeigertyp.
```

Das Auftreten eines Bezeichners in einer Typdefinition in einem Typ-
definitionsteil in einem Block ist sein Definitionspunkt für das
Gebiet, das dieser Block ist. Jede Anwendung dieses Bezeichners ist
ein Typ-Bezeichner und steht für den Typ, mit dem er in der
Typdefinition verknüpft wurde.
Die Typangabe in der Typdefinition darf keine Anwendung dieses Typ-Be-
zeichners enthalten, außer als Domänentyp in einem neuen Zeigertyp,
der in einem neuen strukturierten Typ enthalten ist.[14]
Typen werden eingeteilt in einfache, strukturierte und Zeigertypen.
Die vordefinierten Typ-Bezeichner und dazugehörigen vordefinierten
Typen sind in 6.4.2.2 und 6.4.3.5 angegeben.

```
einfacher-Typ-Bezeichner        = Typ-Bezeichner.
strukturierter-Typ-Bezeichner   = Typ-Bezeichner.
Zeigertyp-Bezeichner            = Typ-Bezeichner.
Typ-Bezeichner                  = Bezeichner.
```

Ein Typ-Bezeichner ist entweder ein einfacher-Typ-Bezeichner, ein
strukturierter-Typ-Bezeichner oder ein Zeigertyp-Bezeichner, je nach
dem Typ, für den er steht.

6.4.2 EINFACHE TYPEN

6.4.2.1 ALLGEMEINES

Ein einfacher Typ definiert eine geordnete Menge von Werten. Die Werte
eines Ordinaltyps lassen sich eineindeutig ganzen Ordinalzahlen
zuordnen. Ein Ordinaltyp-Bezeichner steht für einen Ordinaltyp.

```
einfacher_Typ             = Ordinaltyp | Real-Typ-Bezeichner.
Ordinaltyp                = neuer_Ordinaltyp | Ordinaltyp-Bezeichner.
neuer_Ordinaltyp          = Aufzählungstyp | Teilbereichstyp.
Ordinaltyp-Bezeichner     = Typ-Bezeichner.
Real-Typ-Bezeichner       = Typ-Bezeichner.
```

6.4.2.2 VORDEFINIERTE EINFACHE TYPEN

Es gibt folgende vordefinierte Typen:

(a) <u>Integer-Typ</u>

Der vordefinierte Ordinaltyp-Bezeichner <u>integer</u> steht für den Integer-Typ. Die Werte sind eine Untermenge der ganzen Zahlen und werden gemäß 6.1.5 durch Integer-Zahlen benannt (siehe auch 6.7.2.2). Die Ordinalzahl eines Wertes vom Integer-Typ ist der Wert selbst.

(b) <u>Real-Typ</u>

Der vordefinierte Real-Typ-Bezeichner <u>real</u> steht für den Real-Typ. Seine Werte sind eine implementierungsdefinierte Untermenge der reellen Zahlen und werden gemäß 6.1.5 durch Real-Zahlen benannt.

(c) <u>Boolean-Typ</u>

Der vordefinierte Ordinaltyp-Bezeichner <u>Boolean</u> steht für den Boolean-Typ. Die Werte ergeben sich aus der Aufzählung der Wahrheitswerte, die durch die vordefinierten Konstanten-Bezeichner <u>false</u> und <u>true</u> benannt werden, so daß false der Vorgänger von true ist. Die Ordinalzahlen der durch false und true benannten Wahrheitswerte sind entsprechend die ganzzahligen Werte 0 und 1.

(d) <u>Char-Typ</u>

Der vordefinierte Ordinaltyp-Bezeichner <u>char</u> steht für den Char-Typ. Die Werte ergeben sich durch Aufzählung der implementierungsdefinierten Zeichen, von denen einige möglicherweise nicht abdruckbar sind. Den Zeichenwerten sind, bei 0 beginnend und lückenlos aufsteigend, Ordinalzahlen vom Integer-Typ zugeordnet, wobei die Zuordnung implementierungsdefiniert ist und die Reihenfolge erhalten bleibt. Es gelten folgende Beziehungen:

(1) Die Untermenge der Zeichenwerte zur Darstellung der Ziffern 0 bis 9 muß numerisch geordnet und lückenlos sein.

(2) Die Untermenge der Zeichenwerte zur Darstellung der Großbuchstaben A bis Z muß, wenn vorhanden, alphabetisch geordnet, aber nicht unbedingt lückenlos sein.

(3) Die Untermenge der Zeichenwerte zur Darstellung der Kleinbuchstaben a bis z muß, wenn vorhanden, alphabetisch geordnet, aber nicht unbedingt lückenlos sein.

(4) Die Ordnungsrelation zwischen zwei beliebigen Zeichenwerten muß dieselbe wie zwischen den entsprechenden Ordinalzahlen sein.

| Anmerkung |

Operatoren, die auf die vordefinierten einfachen Typen anwendbar sind, werden in 6.7.2 angegeben.

6.4.2.3 AUFZÄHLUNGSTYPEN

Ein Aufzählungstyp bestimmt eine geordnete Menge von Werten durch Aufzählung der Bezeichner, die für diese Werte stehen. Die Ordnung dieser Werte wird durch die Reihenfolge bestimmt, in der ihre Bezeichner aufgezählt werden, d.h. wenn x vor y kommt, ist x kleiner als y. Die Ordinalzahl jedes Wertes eines Aufzählungstyps ergibt sich aus der Abbildung aller Werte dieses Typs auf die aufeinanderfolgenden nichtnegativen Werte des Integer-Typs, beginnend bei 0. Die Ordnungsrelation in beiden Wertemengen bleibt dabei erhalten.

```
Aufzählungstyp     = "(" Bezeichnerliste ")".
Bezeichnerliste    = Bezeichner {"," Bezeichner }.
```

Das Auftreten eines Bezeichners in der Bezeichnerliste in einem Aufzählungstyp ist sein Definitionspunkt als Konstanten-Bezeichner für das Gebiet, das der Block ist, der den Aufzählungstyp unmittelbar enthält.

Beispiele:

```
(red, yellow, green, blue, tartan)
(club, diamond, heart, spade)
(married, divorced, widowed, single)
(scanning, found, notpresent)
(Busy, InterruptEnable, ParityError, OutOfPaper, LineBreak)
```

6.4.2.4 TEILBEREICHSTYPEN

Ein Teilbereichstyp wird durch Angabe des kleinsten und des größten Wertes im Teilbereich angegeben. Die erste Konstante des Teilbereichs gibt den kleinsten Wert an. Dieser muß kleiner oder gleich dem größten Wert sein, der durch die zweite Konstante angegeben wird. Beide Konstanten müssen vom selben Ordinaltyp sein. Dieser heißt Wirtstyp des Teilbereichstyps.

```
Teilbereichstyp = Konstante ".." Konstante.
```

Beispiele:[15]

```
1..100
-10..+10
red..green
'0'..'9'
```

6.4.3 STRUKTURIERTE TYPEN

6.4.3.1 ALLGEMEINES

Ein neuer strukturierter Typ kann sein:
ein Array-Typ,
    ein Record-Typ,
        ein Set-Typ
            oder ein File-Typ,
je nachdem, welcher ungepackte strukturierte Typ unmittelbar in seiner
Definition enthalten ist.
Eine Komponente eines Wertes eines strukturierten Typs ist wieder ein
Wert.

```
strukturierter_Typ        = neuer_strukturierter_Typ |
                            strukturierter-Typ-Bezeichner.
neuer_strukturierter_Typ = ["packed"]ungepackter_strukturierter_Typ.
ungepackter_strukturierter_Typ =  Array-Typ | Record-Typ |
                                   Set-Typ  | File-Typ.
```

Das Auftreten des Wortsymbols <u>packed</u> in einem neuen strukturierten Typ
qualifiziert diesen Typ als gepackt. Die Qualifizierung eines
strukturierten Typs als gepackt zeigt dem Prozessor an, daß Werte
dieses Typs im Rechensystem platzsparend dargestellt werden sollten,
auch wenn sich die Effizienz, was Platz oder Zeit betrifft, beim
Arbeiten mit Variablen dieses gepackten Typs oder ihren Komponenten
verringert.
Die Festlegung eines strukturierten Typs als gepackt bezieht sich nur
auf die Darstellung dieses Typs selbst, nicht aber auf etwaige
Komponenten von wiederum strukturiertem Typ; diese sollen nur dann
gepackt dargestellt werden, wenn ihr Typ selbst gepackt ist.

> Anmerkung

    Die Unterschiede in der Behandlung von Größen je nach gepacktem
    oder ungepacktem Typ werden in 6.4.3.2, 6.4.5, 6.6.3.3, 6.6.3.8,
    6.6.5.4 und 6.7.1 angegeben.

6.4.3.2 ARRAY-TYPEN

Die Struktur eines Array-Typs[16] ist eine Abbildung, die jedem Werte seines Indextyps eine eigene Komponente zuordnet. Der Typ jeder Komponente wird durch die Typangabe[17] im Komponententyp in dem Array-Typ bestimmt.

```
Array-Typ = "array" "[" Indextyp {"," Indextyp }"]"
                        "of" Komponententyp.
Indextyp = Ordinaltyp .
Komponententyp = Typangabe.
```

<u>Beispiele 1:</u>

```
array[1..100] of real
array[Boolean] of colour
```

Ein Array-Typ, der eine Folge von zwei oder mehreren Indextypen hat, verkörpert eine abgekürzte Schreibweise (Kurzform) für einen Array-Typ, der als Indextyp den ersten angegebenen Indextyp in dieser Folge und als Komponententyp wiederum einen Array-Typ hat. Dieser hat als Indextyp die restliche Folge von Indextypen und als Komponententyp denjenigen des ursprünglichen Array-Typs. Genau dann, wenn der ursprüngliche Array-Typ als gepackt qualifiziert ist, sind es auch alle inneren Array-Typen, die durch Auflösen der Kurzform entstehen. Die Kurzform ist der expliziten Schreibweise (Langform) äquivalent.[18]

<u>Anmerkung 1</u>

Jedes der folgenden zwei Beispiele enthält mehrere Darstellungsweisen ein und desselben Array-Typs.

<u>Beispiel 2:</u>

```
array [Boolean] of array [1..10] of array [size] of real
array [Boolean] of array [1..10, size] of real
array [Boolean, 1..10, size] of real
array [Boolean, 1..10] of array [size] of real
```

<u>Beispiel 3:</u>

```
packed array [1..10, 1..8] of Boolean
packed array [1..10] of packed array [1..8] of Boolean
```

Es seien
i ein Wert des Indextyps;
w[i] der Wert der Komponente, die gemäß Struktur des Array-Typs dem Indexwert i entspricht;
m,n kleinster bzw. größter Wert des Indextyps;
k = (ord(n) - ord(m) + 1) die Anzahl der Werte des Indextyps;
dann sind die Werte des Array-Typs alle verschiedenen k-Tupel der Form
(w[m],...,w[n]).

> **Anmerkung 2**

Ein Wert eines Array-Typs existiert demzufolge nur, wenn Werte für alle seine Komponenten definiert sind. Wenn der Komponententyp c Werte annehmen kann, ist die Mächtigkeit der Menge der Werte des Array-Typs gleich c^k.

Ein <u>Zeichenkettentyp</u> ist ein als gepackt qualifizierter Array-Typ mit folgenden Eigenschaften:

- sein Indextyp ist ein Teilbereichstyp, dessen kleinster Wert 1 und dessen größter Wert >1 ist;
- seine Komponenten sind vom Char-Typ.

Die Zuordnung von Zeichenketten zu Werten von Zeichenkettentypen geschieht folgendermaßen: Die einzelnen Zeichenkettenelemente in der Zeichenkette werden in textueller Reihenfolge den Komponenten der Werte des Zeichenkettentyps in aufsteigender Reihenfolge der Indizes zugeordnet.

> **Anmerkung 3**

Die Werte eines Zeichenkettentyps haben zusätzliche Eigenschaften, die es erlauben, sie auf Textdateien zu schreiben (siehe 6.9.3.6) und sie mittels Vergleichsoperatoren zu vergleichen (siehe 6.7.2.5).

6.4.3.3 RECORD-TYPEN

Struktur und Werte eines Record-Typs[19] werden durch Struktur und Werte der Feldliste in dem Record-Typ definiert.

```
Record-Typ   = "record" Feldliste "end".
Feldliste    = [(Festteil [";" Variantteil] | Variantteil)
                                [";"]].
Festteil     = Record-Abschnitt {";" Record-Abschnitt}.
Record-Abschnitt = Bezeichnerliste ":" Typangabe.
Variantteil ="case" Variantenselektor "of" Variante{";"Variante}.
Variantenselektor = [Kennungsfeld ":" ] Kennungstyp.
Kennungsfeld = Bezeichner.
Variante     = Selektorkonstanten-Liste ":" "(" Feldliste ")".
Kennungstyp  =   Ordinaltyp-Bezeichner.
Selektorkonstanten-Liste = Selektorkonstante{"," Selektorkonstante}.
Selektorkonstante =  Konstante.
```

Eine FeldListe, die weder Festteil noch Variantteil enthält, besitzt somit keine Komponenten, sie definiert einen einzelnen Nullwert und wird leere FeldListe genannt.

Das Auftreten eines Bezeichners in der Bezeichnerliste in einem Record-Abschnitt in einer FeldListe ist sein Definitionspunkt als Feld-Bezeichner für das Gebiet, das der Record-Typ ist, der diese FeldListe unmittelbar enthält. Dadurch wird der Feld-Bezeichner mit einer bestimmten Komponente der FeldListe und damit des Records verknüpft. Diese Komponente heißt _Feld_ und besitzt den Typ, der durch die Typangabe in dem Record-Abschnitt angegeben ist.

Wenn eine FeldListe einen Variantteil unmittelbar enthält, besitzt sie damit eine bestimmte Komponente, deren Werte und Struktur durch den Variantteil definiert sind.
Es sei W_i der Wert der i-ten Komponente einer nicht leeren FeldListe mit m Komponenten. Dann sind die Werte der FeldListe alle verschiedenen m-Tupel der Form
$$(W_1, W_2, W_3, \ldots W_m).$$

Anmerkung 1

    Wenn der Typ der i-ten Komponente F_i Werte annehmen kann, dann ist die Mächtigkeit der Wertemenge der FeldListe
$$(F_1 * F_2 * F_3 * \ldots * F_m)$$

Ein Kennungstyp steht für den Typ, der durch den Ordinaltyp-Bezeichner im Kennungstyp bestimmt wird.
Eine Selektorkonstante steht für den Wert, der durch die Konstante in der Selektorkonstante bestimmt wird.

Der Typ jeder Selektorkonstante, die ein Variantteil unmittelbar enthält, muß in folgendem Sinn kompatibel mit dem Kennungstyp im Variantenselektor in dem Variantteil sein:
Er wird durch die von allen Selektorkonstanten angegebenen Werte gebildet, diese Werte müssen paarweise verschieden sein, und ihre Menge muß gleich der Menge der Werte des Kennungstyps sein.
Die Werte der Selektorkonstanten in der Selektorkonstanten-Liste in einer Variante gehören zu genau dieser Variante.[20]

Mit jedem Variantteil ist ein eigener Typ verknüpft, und dieser Typ heißt Selektortyp des Variantteils. Enthält der Variantenselektor im Variantteil ein Kennungsfeld, oder enthält die Selektorkonstantenliste in jeder Variante im Variantteil nur genau eine Selektorkonstante, dann steht der Kennungstyp für den Selektortyp, und dann ist jede Variante im Variantteil mit jenen Werten des Selektortyps verknüpft, die von den Selektorkonstanten in der Selektorkonstantenliste in der Variante angegeben werden.
Im anderen Fall (wenn also der Variantenselektor im Variantteil kein Kennungsfeld enthält und die Selektorkonstantenliste in mindestens einer Variante im Variantteil mehr als eine Selektorkonstante enthält), ist der Selektortyp des Variantteiles ein neuer Ordinaltyp, der folgendermaßen konstruiert wird: Zum neuen Typ gibt es für jede Variante im Variantteil genau einen Wert und keinen Wert sonst, und jede Variante ist mit einem verschiedenen Wert dieses Typs verknüpft.

Jeder Variantteil hat eine Komponente, die Selektor des Variantteils heißt; sie besitzt den Selektortyp des Variantteils. Enthält der Variantenselektor im Variantteil ein Kennungsfeld, dann ist das Auftreten des Bezeichners im Kennungsfeld der Definitionspunkt als Feldbezeichner für das Gebiet, das der Record-Typ ist, der den Variantteil unmittelbar enthält. Dadurch wird der Feldbezeichner mit dem Selektor des Variantteils verknüpft. Der Selektor heißt genau dann ein Feld des Record-Typs, wenn er mit einem Feld-Bezeichner verknüpft ist.

Jede Variante in einem Variantteil steht für eine bestimmte Komponente desselben; diese besitzt Struktur und Werte der Feldliste in der Variante und ist mit denjenigen Werten des Selektortyps des Variantteils verknüpft, die mit der Variante verknüpft sind. Der jeweilige Wert des Selektors des Variantteils versetzt die mit ihm verknüpfte Variante und damit die Komponente des Variantteils in den <u>aktiven</u> Zustand.
Die Werte eines Variantteils sind die jeweils verschiedenen Paare
$$(k, X_k),$$
wobei k einen Wert des Selektors und X_k einen Wert der Feldliste der aktiven Variante des Variantteils darstellt.

<u>Anmerkungen</u>

2. Wenn der Selektortyp n Werte besitzt, und die Feldliste der zum Wert i gehörigen Variante T_i Werte hat, so ist die Mächtigkeit der Menge der Werte des Variantteils $(T_1+T_2+...+T_n)$.
Es gibt keine Komponente eines Wertes eines Variantteiles, die einer nicht aktiven Variante in dem Variantteil entspricht.

3. Beschränkungen für den Gebrauch von Feldern einer Record-Variablen, die den Variantteil betreffen, sind in 6.5.3.3, 6.6.3.3 und 6.6.5.3 angegeben.

<u>Beispiele:</u>

```
record
   year  : 0..2000;
   month :   1..12;
   day   :   1..31
end

record
   name, firstname : string;
   age : 0..99;
   case married : Boolean of
      true : (Spousesname : string);
      false : ()
end

record
   x,y  : real;
   area : real;
   case shape of
      triangle  : ( side : real; inclination, angle1, angle2 : angle);
      rectangle : ( side1, side2 : real; skew : angle);
      circle    : ( diameter : real);
end
```

6.4.3.4 SET-TYPEN

Struktur und Werte eines Set-Typs[21] werden durch die Potenzmenge der Wertemenge des Basistyps in dem Set-Typ bestimmt. Somit ist jeder Wert eines Set-Typs eine Menge, deren Elemente paarweise verschiedene Werte des Basistyps sind.

```
Set-Typ  = "set" "of" Basistyp.
Basistyp = Ordinaltyp.
```

Anmerkung 1

   Operatoren für Werte von Set-Typen werden in 6.7.2.4 angegeben.

Beispiele

```
set of char
set of (club, diamond, heart, spade)
```

Anmerkung 2

   Wenn der Basistyp eines Set-Typs i Werte hat, so ist die Mächtigkeit der Wertemenge des Set-Typs 2^i.

Für jeden Ordinaltyp T existiert ein ungepackter Set-Typ, genannt der ungepackte umfassende Set-of-W-Typ und ein gepackter Set-Typ, genannt der gepackte umfassende Set-of-W-Typ. Wenn T ein Teilbereichstyp ist, so ist W der Wirtstyp von T, sonst ist W gleich T.
Jeder Wert des Typs set of T ist auch ein Wert des ungepackten umfassenden Set-of-W-Typs und jeder Wert des Typs packed set of T ist auch ein Wert des gepackten umfassenden Set-of-W-Typs.[22]

6.4.3.5 FILE-TYPEN

Anmerkung 1

   Ein File-Typ (Dateityp) beschreibt Folgen von Werten des angegebenen Komponententyps, zusammen mit einer aktuellen Position in jeder Folge und einem Bearbeitungsmodus, der anzeigt, ob die Folge gerade inspiziert oder generiert wird.

```
File-Typ = "file" "of" Komponententyp.
```

Unzulässig als Komponententyp in einem File-Typ ist eine Typangabe, die selbst wieder für einen File-Typ steht oder für einen strukturierten Typ mit irgendeiner Komponente von unzulässigem Komponententyp.

Beispiele:

    file of real
    file of vector[23]

Ein File-Typ definiert implizit einen _Folgentyp_, der genau die durch die Regeln (a) bis (e) definierten _Folgen_ als Werte hat.

> **Anmerkung 2**
>
> Die Schreibweise x^-y bedeutet Verkettung der Folgen x und y. Die explizite Darstellung von Folgen (z.B. F(c)), der Verkettung von Folgen, der Selektoren Erst, Letzt, Rest, sowie der Gleichheit von Folgen ist nicht Bestandteil der Sprachdefinition. Diese Begriffe werden verwendet, um im folgenden Dateiwerte und (in 6.6.5.2 und 6.6.6.5) die vordefinierten Dateioperationen zu definieren.

(a) F( ) ist ein Wert des Folgentyps F, und zwar die _Leere Folge_. Die Leere Folge hat keine Komponenten.

(b) Sei c ein Wert des angegebenen Komponententyps und x ein Wert des Folgentyps F; dann ist F(c) eine Folge vom Typ F, die aus dem einzigen Komponentenwert c besteht. Sowohl $F(c)^-x$ als auch $x^-F(c)$ sind dann von der Leeren Folge F( ) verschiedene Folgen vom Typ F.

(c) Seien c, F, und x definiert wie in (b). Sei y die Folge $F(c)^-x$ und z die Folge $x^-F(c)$. Dann bedeutet die Schreibweise y.Erst die Komponente c, d.h. den ersten Komponentenwert von y; y.Rest bedeutet x, d.h. die Folge, die man aus y durch Weglassen der ersten Komponente erhält und z.Letzt bedeutet c, d.h. den letzen Komponentenwert von z.

(d) Seien x und y je eine nicht Leere Folge vom Typ F; dann gilt x=y genau dann, wenn sowohl (x.Erst=y.Erst) als auch (x.Rest=y.Rest) gelten. Wenn x oder y die Leere Folge ist, dann gilt x=y genau dann, wenn sowohl x als auch y Leere Folgen sind.

(e) Seien x, y und z Folgen vom Typ F, dann gilt

$$x^-(y^-z) = (x^-y)^-z,$$
$$F( )^-x = x$$

und

$$x^-F( ) = x.$$

Ein File-Typ definiert außerdem implizit einen Typ **Bearbeitungsmodus**, der genau zwei Werte umfaßt: Inspektion und Generierung.

Anmerkung 3

Die explizite Definition der Werte "Inspektion" und "Generierung"
ist nicht Bestandteil der Sprachdefinition.[24]

Ein File-Typ ist in drei Komponenten strukturiert. Zwei dieser
Komponenten, f.L und f.R sind vom impliziten Folgentyp. Die dritte
Komponente, f.M, ist vom impliziten Typ Bearbeitungsmodus.
Es seien f.L und f.R je ein spezieller Wert des Folgentyps; f.M ein
spezieller Wert des Typs Bearbeitungsmodus. Dann ist jeder Wert des
File-Typs ein spezielles Tripel der Form

$$(f.L, f.R, f.M),$$

wobei f.R die leere Folge ist, wenn f.M der Wert Generierung ist. Der
Wert f des File-Typs heißt genau dann der leere Wert, wenn f.L⁻f.R die
leere Folge ist.

Anmerkung 4

Man kann die zwei Komponenten f.L und f.R eines Werts des File-Typs
als Gesamtfolge f.L⁻f.R zusammen mit einer aktuellen Position
(Bearbeitungsposition) in dieser Folge auffassen. Wenn f.R nicht
leer ist, ist dementsprechend f.R.Erst die aktuelle Komponente an
der Bearbeitungsposition, ansonsten ist die Bearbeitungsposition
die <u>Dateiende-Position</u>.

Der vordefinierte strukturierte-Typ-Bezeichner <u>Text</u> repräsentiert
einen speziellen File-Typ,. dessen Struktur einen zusätzlichen
Folgentyp definiert, dessen Werte <u>Zeilen</u> heißen. Eine Zeile ist eine
Folge cf⁻F(e), wobei cf eine Folge von Komponenten vom Char-Typ ist,
und e einen speziellen Komponentenwert <u>Zeilenende</u> darstellt. Dieser
soll vom Zeichenwert Leerzeichen nicht unterscheidbar sein, außer bei
Anwendung der Standardfunktion <u>eoln</u> (vgl. 6.6.6.5) und der
Standardprozeduren <u>reset</u> (6.6.5.2), <u>writeln</u> (6.9.4) und <u>page</u> (6.9.5).
Wenn z eine Zeile ist, darf keine Komponente derselben außer z.Letzt
die Komponente Zeilenende sein. Obige Definition ist nicht dazu
bestimmt, die Realisierung der Komponente Zeilenende auf einem
Prozessor vorzuschreiben.

Eine Zeilenfolge zf ist entweder die leere Folge oder die Folge z⁻zf',
wobei z eine Zeile und zf' eine Zeilenfolge ist.

Jeder Wert t des durch <u>text</u> repräsentierten Typs erfüllt eine der
folgenden zwei Regeln:

(a) Wenn t.M = Inspektion, dann ist t.L⁻t.R eine Zeilenfolge.

(b) Wenn t.M = Generierung, dann ist t.L⁻t.R gleich zf⁻cf, wobei zf
    eine Zeilenfolge und cf eine Folge von Komponenten vom Char-Typ
    ist.

Anmerkung 5

In Regel (b) kann man cf, insbesondere wenn es nicht leer ist, als Teil einer Zeile betrachten, die gerade generiert wird. Solch eine unvollständige Zeile kann bei der Inspektion einer Datei nicht auftreten. Außerdem kann cf nicht t.R entsprechen, da bei t.M = Generierung t.R die leere Folge sein muß.[25]

Eine Variable heißt <u>Textdatei</u>, wenn sie den durch den vordefinierten strukturierten-Typ-Bezeichner <u>text</u> angegebenen Typ hat.

Anmerkung 6

Alle Standardprozeduren und -funktionen zur Bearbeitung von Variablen vom Typ file of char sind auch auf Textdateien anwendbar. Zusätzliche Standardprozeduren und -funktionen, die nur auf Textdateien anwendbar sind, werden in 6.6.6.5 und 6.9 definiert.

6.4.4 ZEIGERTYPEN

Die Werte eines Zeigertyps bestehen aus einem einzigen Nil-Wert und einer Menge von Verweiswerten, von denen jeder auf eine eigene Variable vom Domänentyp im Zeigertyp verweist. Die Menge der Verweiswerte ändert sich dynamisch, d.h., die Variablen und die auf sie zeigenden Verweiswerte können während der Abarbeitung des Programms erzeugt und vernichtet werden.
Dynamische Variable und die auf sie zeigenden Verweiswerte werden allein durch die Standardprozedur <u>new</u> erzeugt (siehe 6.6.5.3).[26]

Anmerkung 1

Da der Nil-Wert kein Verweiswert ist, zeigt er nicht auf eine Variable.

Das Wortsymbol <u>nil</u> steht für den Nil-Wert aller Zeigertypen.

```
Zeigertyp       = neuer_Zeigertyp | Zeigertyp-Bezeichner.
neuer_Zeigertyp = "↑" Domänentyp.
Domänentyp      = Typ-Bezeichner.
```

Anmerkung 2

Das Wortsymbol nil hat keinen speziellen Zeigertyp, sondern nimmt einen passenden Zeigertyp an, um, wenn möglich, die Regeln für Zuweisungsverträglichkeit oder Verträglichkeit für Operatoren zu erfüllen.

6.4.5 VERTRÄGLICHE TYPEN[27]

Die Typen T1 und T2 heißen <u>verträglich</u>[28], wenn irgendeine der vier folgenden Aussagen wahr ist:

(a) T1 und T2 sind derselbe Typ.

(b) T1 ist ein Teilbereich von T2, oder T2 ist ein Teilbereich von T1, oder T1 und T2 sind Teilbereiche desselben Wirtstyps T3.

(c) T1 und T2 sind Set-Typen von verträglichen Basistypen und sind entweder beide gepackt oder beide nicht gepackt.

(d) T1 und T2 sind Zeichenkettentypen mit derselben Anzahl von Komponenten.

6.4.6 ZUWEISUNGSVERTRÄGLICHKEIT

Ein Wert vom Typ T2 heißt <u>zuweisungsverträglich</u>[29] zu einem Typ T1, wenn irgendeine der folgenden fünf Aussagen wahr ist:

(a) T1 und T2 sind derselbe Typ und dieser Typ ist als Komponententyp eines File-Typs zulässig (siehe 6.4.3.5).[30]

(b) T1 ist der Real-Typ, T2 der Integer-Typ.[31]

(c) T1 und T2 sind verträgliche Ordinaltypen und der Wert vom Typ T2 liegt in dem abgeschlossenen Intervall, das durch den Typ T1 bestimmt wird.

(d) T1 und T2 sind verträgliche Set-Typen und alle Elemente des Wertes vom Typ T2 liegen im abgeschlossenen Intervall, das durch den Basistyp von T1 bestimmt wird.

(e) T1 und T2 sind verträgliche Zeichenkettentypen.

An jeder Stelle, wo die Regeln der Zuweisungsverträglichkeit angewendet werden:

(1) ist es ein Fehler, wenn T1 und T2 verträgliche Ordinaltypen sind und der Wert vom Typ T2 nicht in dem abgeschlossenen Intervall liegt, das durch T1 bestimmt wird,

(2) ist es ein Fehler, wenn T1 und T2 verträgliche Set-Typen sind und ein Element des Wertes vom Typ T2 nicht in dem abgeschlossenen Intervall liegt, das durch den Basistyp vom Typ T1 bestimmt wird.

6.4.7 BEISPIEL FÜR EINEN TYPDEFINITIONSTEIL

```
type
   natural       = 0..maxint;
   count         = integer;
   range         = integer;
   colour        = (red, yellow, green, blue);
   sex           = (male, female);
   year          = 1900..1999;
   shape         = (triangle, rectangle, circle);
   punchedcard   = array[1..80] of char;
   charsequence  = file of char;
   polar         = record
                       r:     real;
                       theta: angle;
                     end;
   indextype     = 1..limit;
   vector        = array[indextype] of real;
   person        = ↑persondetails;
   persondetails = record
                     name, firstname : charsequence;
                     age             : integer;
                     married         : Boolean;
                     father, child, sibling : person;
                     case   s  : sex of
                        male   : (enlisted, bearded : Boolean);
                        female : (mother, programmer: Boolean)
                     end;
   FileOfInteger = file of integer;
```

Anmerkung

Im obigen Beispiel stehen count, range und integer für denselben
Typ. Die durch year und natural angegebenen Typen sind verträglich
mit dem durch range, count und integer angegebenen Typ, aber nicht
derselbe Typ.[32]

6.5 DEKLARATION UND BENENNUNG VON VARIABLEN

6.5.1 VARIABLENDEKLARATION

Eine Variable ist eine Größe, der ein Wert zugeordnet werden kann
(siehe 6.8.2.2). Jeder Bezeichner in der Bezeichnerliste in einer
Variablendeklaration steht für eine eigene Variable, deren Typ durch
die Typangabe in der Variablendeklaration bestimmt wird.

        Variablendeklaration = Bezeichnerliste ":" Typangabe.

Das Auftreten eines Bezeichners in der Bezeichnerliste in einer
Variablendeklaration im Variablendeklarationsteil in einem Block ist
sein Definitionspunkt als Variablen-Bezeichner für das Gebiet, das der
Block ist. Die Struktur einer Variablen eines strukturierten Typs ist
die des strukturierten Typs. Die Verwendung einer verallgemeinerten
Variablen ist der Zugriff auf die durch sie repräsentierte Variable
zum Zeitpunkt der Verwendung. Eine verallgemeinerte Variable[33] repräsentiert, wenn sie

eine Ganzvariable ist	- eine deklarierte Variable,
eine Komponentenvariable ist	- die Komponente einer Variablen,
eine dynamische Variable ist	- eine Variable, auf die durch einen Verweiswert gezeigt wird (siehe 6.4.4),
eine Puffervariable ist	- die mit derselben verknüpfte Variable.

        verallgemeinerte_Variable = Ganzvariable |
                                    Komponentenvariable |
                                    dynamische_Variable |
                                    Puffervariable.

Beispiel eines Variablendeklarationsteils:

```
    var
        x, y, z, max : real;
        i, j         : integer;
        k            : 0..9;
        p, q, r      : Boolean;
        operator     : (plus, minus, times);
        a            : array [0..63] of real;
        c            : colour;
        f            : file of char;
        hue1, hue2   : set of colour;
        p1, p2       : person;
        m, m1, m2    : array [1..10, 1..10] of real;
        coord        : polar;
        pooltape     : array [1..4] of FileOfInteger;
        date         : record;
                            month : 1..12;
                            year  : integer
                       end;
```

Anmerkung

    Variablen, die in Beispielen im Rest dieser Norm auftreten, gelten
    als gemäß 6.5.1 deklariert.

6.5.2 GANZVARIABLEN[34]

```
Ganzvariable = Variablen-Bezeichner.
Variablen-Bezeichner = Bezeichner.
```

6.5.3 KOMPONENTENVARIABLEN

6.5.3.1 ALLGEMEINES

Eine Komponentenvariable steht für die Komponente einer Variablen, und
diese Komponente ist selbst wiederum eine Variable. Ein Zugriff oder
eine Referenz auf die Komponente einer Variablen bedeutet auch einen
Zugriff oder eine Referenz auf die Variable selbst.
Wenn der Wert einer Komponente einer Variablen existiert, so ist er
genau diese Komponente des Wertes der Variablen, falls letzterer
existiert.[35]

```
Komponentenvariable = indizierte_Variable | Feldauswahl.
```

6.5.3.2 INDIZIERTE VARIABLEN[36]

Eine Komponente einer Variablen vom Array-Typ wird durch eine
indizierte Variable repräsentiert.

```
indizierte_Variable = Array-Variable "[" Indexausdruck
                                   { "," Indexausdruck } "]".
Array-Variable       = verallgemeinerte_Variable.
Indexausdruck        = Ausdruck.
```

Eine Array-Variable ist eine verallgemeinerte Variable, die für eine
Variable vom Array-Typ steht. Bei einer indizierten Variablen, die
einen einzigen Indexausdruck unmittelbar enthält, muß der Wert des
Indexausdrucks zuweisungsverträglich mit dem Indextyp im Array-Typ
sein. Die durch die indizierte Variable angegebene Komponente ist
diejenige, die dem Wert des Indexausdrucks entspricht, und zwar gemäß
dem Typ der Array-Variablen (siehe 6.4.3.2).

<u>Beispiele 1:</u>

```
a[12]
a[i + j]
m[k]
```

Wenn die Array-Variable selbst wieder eine indizierte Variable ist,
kann eine Abkürzung verwendet werden: Die Folge][in der Langform
wird in der Kurzform durch durch ein einzelnes Komma ersetzt. Die
Kurzform und die entsprechende Langform sind äquivalent.
Die Reihenfolge der Auswertung der Indexausdrücke ist implementierungsabhängig.

Beispiele 2:

```
m[k][1]
m[k,1]
```

> Anmerkung

  Diese zwei Beispiele geben dieselbe Komponentenvariable an.

6.5.3.3 FELDAUSWAHL

Eine Feldauswahl steht entweder für die mit dem Feld-Bezeichner im Feldspezifikator in der Feldauswahl gemäß Record-Typ verknüpfte Komponente der angegebenen Record-Variablen oder aber für die Variable, die durch den Feldauswahl-Bezeichner (siehe 6.8.3.10) in der Feldauswahl angegeben ist.[37] Eine Record-Variable ist eine verallgemeinerte Variable, die für eine Variable vom Record-Typ steht.

Das Auftreten einer Record-Variablen in einer Feldauswahl ist der Definitionspunkt für die mit den Komponenten des Record-Typs der Record-Variablen verknüpften Feld-Bezeichner für das Gebiet, das dem Feldspezifikator in der Feldauswahl entspricht.

```
Feldauswahl        = Record-Variable "." Feldspezifikator  |
                             Feldauswahl-Bezeichner.
Record-Variable    = verallgemeinerte_Variable.
Feldspezifikator   = Feld-Bezeichner.
Feld-Bezeichner    = Bezeichner.
```

Beispiele:

```
p2↑.mother
coord.theta
```

Ein Zugriff auf eine Komponente einer Variante in einem Variantteil, dessen Selektor kein Feld ist, weist dem Selektor denjenigen Wert seines Typs zu, mit dem diese Variante verknüpft ist. Es ist ein Fehler, wenn eine Variante nicht für die Gesamtdauer jeglicher Referenz und jedes Zugriffs auf jede ihrer Komponenten aktiv ist.[38]

Wenn eine Variante in den nicht aktiven Zustand versetzt wird, werden alle ihre Komponenten vollständig undefiniert.

> Anmerkung

  Wenn der Selektor eines Variantteils undefiniert ist, ist keine Variante des Variantteils aktiv.

6.5.4 DYNAMISCHE VARIABLEN

Eine dynamische Variable steht (falls sie existiert) für die Variable,
auf die durch den Wert der Zeigervariablen in der dynamischen
Variablen gezeigt wird (siehe 6.4.4 und 6.6.5.3).

```
dynamische_Variable = Zeigervariable "↑".
Zeigervariable  = verallgemeinerte_Variable.
```

Eine dynamische Variable, die durch die Standardprozedur <u>new</u> (siehe
6.6.5.3) erzeugt wurde, muß bis zur Beendigung der Ausführung des
Programmblocks oder bis zur Aufhebung der Zugreifbarkeit (siehe die
Standardprozedur <u>dispose</u>, 6.6.5.3) zugreifbar sein.

> [Anmerkung]
>
> Die Zugreifbarkeit der Variablen hängt auch von der Existenz von
> Zeigervariablen ab, die den Verweiswert auf sie besitzen.

Eine Zeigervariable ist eine verallgemeinerte Variable, die für eine
Variable vom Zeigertyp steht. Es ist ein Fehler, wenn die Zeigervariable in einer dynamischen Variablen entweder den Nil-Wert oder keinen
definierten Verweiswert hat. Es ist ein Fehler, einen Verweiswert auf
eine dynamische Variable von einem Zeigertyp zu entfernen (siehe
6.6.5.3), solange eine Referenz auf die dynamische Variable existiert.

<u>Beispiele:</u>

```
p1↑
p1↑.father↑
p1↑.sibling↑.father↑
```

6.5.5 PUFFERVARIABLEN

Eine Dateivariable ist eine verallgemeinerte Variable, die für eine
Variable vom File-Typ steht. Eine Puffervariable repräsentiert eine
Variable, die mit der derjenigen Variablen verknüpft ist, die durch
die Variable in der Puffervariablen repräsentiert wird. Eine
Puffervariable, die zu einer Textdatei gehört, besitzt den Char-Typ;
ansonsten ist der Typ der Puffervariablen der Komponententyp im
File-Typ der Dateivariablen in der Puffervariablen.[39]

```
Puffervariable = Dateivariable "↑".
Dateivariable  = verallgemeinerte_Variable.
```

<u>Beispiele:</u>

```
input↑
pooltape[2]↑
```

Es ist ein Fehler, den Wert der Dateivariablen f zu ändern, wenn eine
Referenz auf die Puffervariable f↑ existiert. Eine Referenz oder ein
Zugriff auf eine Puffervariable stellt gleichzeitig eine Referenz oder
einen Zugriff auf die dazugehörige Dateivariable dar.[40]

6.6 PROZEDUR- UND FUNKTIONSDEKLARATIONEN

6.6.1 PROZEDURDEKLARATIONEN

```
Prozedurdeklaration      = Prozedurkopf ";" Direktive |
                           Prozeduridentifikation ";" Prozedurblock |
                           Prozedurkopf ";" Prozedurblock .

Prozedurkopf =  "procedure" Bezeichner [Formalparameterliste].

Prozeduridentifikation = "procedure" Prozedur-Bezeichner.
Prozedur-Bezeichner    = Bezeichner.
Prozedurblock          = Block.
```

Das Auftreten einer Formalparameterliste in einem Prozedurkopf in
einer Prozedurdeklaration definiert die Formalparameter des Prozedurblockes, der, sofern vorhanden, mit dem Bezeichner im Prozedurkopf
verknüpft ist, als diejenigen der Formalparameterliste.

Das Auftreten eines Bezeichners im Prozedurkopf in der Prozedurdeklaration ist sein Definitionspunkt als Prozedur-Bezeichner für das
Gebiet, das der Block ist, der die Prozedurdeklaration unmittelbar
enthält.

Hat ein Bezeichner seine Definition als Prozedur-Bezeichner in einem
Prozedurkopf in einer Prozedurdeklaration, die die Direktive <u>forward</u>
unmittelbar enthält, dann muß genau eine seiner Anwendungen in einer
Prozeduridentifikation auftreten, die in demselben Prozedur-und
Funktions-Deklarationsteil unmittelbar enthalten ist, wie der
Prozedurkopf.[41]

In einer Prozedurdeklaration verknüpft das Auftreten eines Prozedurblocks diesen mit dem Bezeichner im Prozedurkopf bzw. mit dem Prozedur-Bezeichner in der Prozeduridentifikation.

<u>Beispiele für einen Prozedur- und Funktions-Deklarationsteil:</u>

<u>Beispiel 1:</u>

Anmerkung

   Dieses Beispiel gilt nicht für Stufe 0 der Norm.


```
procedure AddVectors(var A,B,C: array [low..high: natural] of real);
   var
      i : natural;
   begin
      for i := low to high do A[i] := B[i] + C[i]
   end { of AddVectors }.
```

Beispiel 2:

```
procedure readinteger (var f : text; var x : integer);
   var
      i : natural;
   begin
      while f↑ = ' ' do get(f);
{Der File-Puffer enthält das erste von Blank verschiedene Zeichen}
      i := 0;
      while f↑ in ['0'..'9'] do begin
         i := (10 * i) + (ord(f↑) - ord('0'));
         get(f);
      end;
   {Der File-Puffer enthält ein nichtnumerisches Zeichen}
      x := i;
   {Selbstverständlich ist x=0, wenn keine Ziffern auftreten}
   end;



procedure bisect(function f(x:real):real; a,b:real; var result:real);

{Diese Prozedur versucht, eine Nullstelle result von f(x) im Bereich
 (a,b) durch die Bisektionsmethode zu finden. Es wird vorausgesetzt,
 daß die Prozedur  mit geeigneten  Werten von a und b aufgerufen
 wird, so daß gilt: (f(a) < 0) und (f(b) > 0).
 Das geschätzte Ergebnis wird im letzten Parameter zurückgegeben.}

   const
      Eps = 1e-10;
   var
      midpoint : real;
   begin

   {Die Invariante P =((f(a)<0) und (f(b)>0)) gilt wie vereinbart}

      midpoint := a;
      while abs(a - b) > Eps * abs(a) do begin
         midpoint := (a + b) / 2;
         if f(midpoint) < 0 then a := midpoint
         else b := midpoint;

         {Dies läßt die Invariante P = (f(a)<0) und (f(b)>0) wahr
          und verkleinert das  Intervall  (a,b),  vorausgesetzt, daß
          der Wert des Mittelpunktes verschieden von a und b ist.}
      end;

   {P zusammen mit  der  Schleifenendebedingung  garantiert, daß
    eine Nullstelle in dem übriggebliebenen kleinen Intervall zu
    finden ist.  Zurückgegeben wird  midpoint  als Näherungswert
     für die Nullstelle.}

      result := midpoint;
   end;
```

```
procedure VorbereitungZumErweitern( var f : FileOfInteger);

   {Diese Prozedur hat als Parameter eine Datei in einem  beliebigen
    Zustand und ändert den Zustand so, daß Daten am Dateiende ange-
    fügt werden können. Einfacher kann dies nur erfolgen, wenn Annah-
    men über den ursprünglichen Zustand der Datei gemacht werden.}

   var
      Kopie : FileOfInteger;

   procedure KopiereDateien(var von,nach : FileOfInteger);
      begin
         reset(von); rewrite(nach);
         while not eof(von) do begin
            nach↑ := von↑; put(nach); get(von);
         end;
      end {KopiereDateien};

   begin {des Rumpfes von VorbereitungZumErweitern}
      KopiereDateien(f, Kopie);
      KopiereDateien(Kopie, f);
   end {VorbereitungZumErweitern};
```

6.6.2 FUNKTIONSDEKLARATIONEN

```
Funktionsdeklaration      = Funktionskopf ";" Direktive |
                            Funktionsidentifikation ";" Funktionsblock |
                            Funktionskopf ";" Funktionsblock .
Funktionskopf             =
   "function" Bezeichner [Formalparameterliste] ":" Ergebnistyp .
Funktionsidentifikation = "function" Funktions-Bezeichner .
Funktions-Bezeichner      = Bezeichner .
Ergebnistyp               = Einfacher-Typ-Bezeichner |
                            Zeigertyp-Bezeichner .
Funktionsblock            = Block .
```

Das Auftreten einer Formalparameterliste in einem Funktionskopf in
einer Funktionsdeklaration definiert die Formalparameter des Funktionsblocks, der, sofern vorhanden, mit dem Bezeichner im Funktionskopf verknüpft ist, als diejenigen der Formalparameterliste.
Der Funktionsblock muß mindestens eine Zuweisung enthalten, bei der
der Funktions-Bezeichner (auf der linken Seite) in der Zuweisung der
mit dem Block verknüpfte ist (siehe 6.8.2.2.).
Das Auftreten eines Bezeichners im Funktionskopf in einer Funktionsdeklaration ist der Definitionspunkt des Bezeichners als Funktions-Bezeichner, der mit dem Ergebnistyp verknüpft ist, für das Gebiet, das
der Block ist, der die Funktionsdeklaration unmittelbar enthält.
Hat ein Bezeichner seine Definition als Funktions-Bezeichner in einem
Funktionskopf in einer Funktionsdeklaration, die die Direktive <u>forward</u>
unmittelbar enthält, dann muß genau eine seiner Anwendungen in einer
Funktionsidentifikation auftreten, die in dem selben Prozedur-und-
Funktionsdeklarationsteil unmittelbar enthalten ist, wie der
Funktionskopf.
In einer Funktionsdeklaration verknüpft das Auftreten eines Funktions-
blocks diesen mit dem Bezeichner im Funktionskopf bzw. dem Funktions-
Bezeichner in der Funktionsidentifikation; mit dem Block, der der
Funktionsblock ist, ist der Ergebnistyp verknüpft, der mit dem
Bezeichner bzw. Funktions-Bezeichner verknüpft ist.[42]

<u>Beispiel eines Prozedur- und Funktionsdeklarationsteils:</u>

```
    function Wurzel (x: réal) : real;

    { Diese Funktion berechnet die Wurzel von x für x>0 nach der
     Methode von Newton.}

    var alt, geschaetzt: real;
    begin
       geschaetzt := x;
       repeat
        alt := geschaetzt;
        geschaetzt := (alt + x/alt) * 0.5;
        until abs(geschaetzt - alt) < Eps * geschaetzt;

          { Eps sollte eine geeignete globale Konstante sein }

       Wurzel := geschaetzt:
    end {Wurzel};



function max(a: vector) : real;

 { Diese Funktion findet den größten der Werte von a. }

    var
       bisher:real;
       Zaun:Indextyp;
    begin
       bisher:= a[1]; { ergibt: bisher = max(a[1]) }
       for Zaun:= 2 to Grenze do begin
          if bisher < a[Zaun] then bisher:=a[Zaun]

            {dadurch erhält  bisher = max (a[1],...,a[Zaun]) }

       end;

       { Nun gilt also: bisher =max (a[1],...,a[Grenze]) }

    max:=bisher
    end {max};



function GGT (m,n: natural) : natural;

    begin
       if n=0 then GGT := m  else GGT:=GGT(n, m mod n);
    end;
```

```
{Beide folgenden Funktionen analysieren einen geklammerten Ausdruck
und wandeln ihn in eine interne Darstellung um. Sie sind forward
deklariert, da sie sich gegenseitig aufrufen.}


function LiesAusdruck: Formel; forward;

function LiesOperand : Formel; forward;



function LiesAusdruck; {Siehe Funktionskopf in der forward-
                        Deklaration}

    var
       diese : Formel;
       op    : Operator;
    begin
       diese := LiesOperand;
       while   IstEinOperator(naechstesSymbol) do begin
          op :=    LiesOperator;
          diese := BildeFormel(diese, op, LiesOperand);
       end;
       LiesAusdurck:= diese
    end;




function LiesOperand; {siehe Funktionskopf in der forward-
                       Deklaration}

    begin
       if IstEineLinkeKlammer(naechstes Symbol) then begin
          SkipSymbol;
          LiesOperand := LiesAusdruck;
          {Das naechste Symbol sollte eine rechte Klammer sein}
          SkipSymbol;
          end
       else LiesOperand := LiesElement
    end;
```

6.6.3 PARAMETER

6.6.3.1 ALLGEMEINES

Die Bezeichnerliste in einer Wertparameter-Spezifikation qualifiziert die in ihr enthaltenen Bezeichner als Wertparameter.
Die Bezeichnerliste in einer Variablenparameter-Spezifikation qualifiziert die in ihr enthaltenen Bezeichner als Variablenparameter.

```
Formalparameterliste = "(" Formalparameterabschnitt
                           { ";" Formalparameterabschnitt } ")".
Formalparameterabschnitt > Wertparameter-Spezifikation      |
                           Variablenparameter-Spezifikation |
                           Parameterprozedur-Spezifikation  |
                           Parameterfunktions-Spezifikation .
```

Anmerkung 1

> Abschnitt 6.6.3.7 enthält eine weitere Syntaxregel für Formalparameterabschnitt.

```
Wertparameter-Spezifikation      = Bezeichnerliste ":" Typ-Bezeichner.
Variablenparameter-Spezifikation = "var" Bezeichnerliste ":"
                                                      Typ-Bezeichner.
Parameterprozedur-Spezifikation  = Prozedurkopf.
Parameterfunktions-Spezifikation = Funktionskopf.
```

Ein Bezeichner, der als Parameter-Bezeichner für das Gebiet definiert ist, das die Formalparameterliste eines Prozedurkopfes (Funktionskopfes) ist, heißt Formalparameter des Blockes, der gleich dem Prozedurblock (Funktionsblock) ist, und der mit dem Bezeichner (für Prozedur bzw. Funktion) im Prozedurkopf (Funktionskopf) verknüpft ist, wenn es diesen Block überhaupt gibt.
Das Auftreten eines Bezeichners in der Bezeichnerliste in einem Formalparameterabschnitt ist der Definitionspunkt für diesen Bezeichner

- als Parameter-Bezeichner für das Gebiet, das aus der Formalparameterliste besteht, die den Bezeichner unmittelbar enthält,

- als der damit verknüpfte Variablen-, Prozedur- oder Funktions-Bezeichner für das Gebiet, das der Block ist (wenn es ihn überhaupt gibt), dessen Formalparameter er ist.[43]

Anmerkung 2

> Der Fall, daß es keinen zugehörigen Block gibt, tritt dann auf, wenn die Formalparameterliste selbst Teil einer Parameterprozedur- oder Parameterfunktions-Spezifikation ist.

6.6.3.2 WERTPARAMETER

Der Formalparameter und der damit verknüpfte Variablen-Bezeichner
stehen für dieselbe Variable. Der Typ des Formalparameters wird durch
den Typ-Bezeichner in der Wertparameter-Spezifikation bestimmt. Dieser
Typ muß als Komponententyp eines File-Typs zulässig sein. Der
Aktualparameter (siehe 6.7.3 und 6.8.2.3) muß ein Ausdruck sein,
dessen Ergebniswert zuweisungsverträglich mit dem Typ des Formalparameters ist. Der aktuelle Ergebniswert dieses Ausdrucks wird zu
Beginn der Ausführung des Prozedurblockes der Variablen zugewiesen,
für die der Formalparameter steht.[44]

6.6.3.3 VARIABLENPARAMETER

Ein Aktualparameter (siehe 6.7.3 und 6.8.2.3) zu einem formalen
Variablenparameter muß eine verallgemeinerte Variable sein. Der Typ
dieses Aktualparameters muß genau der Typ sein, der in der ent-
sprechenden Parameterspezifikation als Typ des Formalparameters
angegeben wurde. Auf den Aktualparameter wird vor Beginn der
Ausführung des Blockes zugegriffen. Die dabei (durch Aktionen wie
Indizierung, Feldauswahl etc.) ermittelte Referenz existiert als
Referenz auf die Variable während der gesamten Ausführung des Blockes.
Der Formalparameter bzw. der mit ihm verknüpfte Variablen-Bezeichner
stehen während der Ausführung des Blockes für die so referenzierte
Variable.[45]
Ein aktueller Variablenparameter darf nicht repräsentieren:

- ein Feld, das Selektor eines Variantteils ist,

- eine Komponente einer Variablen, deren Typ gepackt ist.[46]

6.6.3.4 PARAMETERPROZEDUREN

Als Aktualparameter (siehe auch 6.7.3 und 6.8.2.3) müssen Prozedur-Bezeichner verwendet werden, deren Definitionspunkt im Programmblock enthalten ist.[47] Die Prozeduren, die durch den Aktual- und den Formalparameter repräsentiert werden, müssen übereinstimmende Formalparameterlisten haben (siehe 6.6.3.6) - wenn sie überhaupt solche besitzen. Der Formalparameter bzw. der damit verknüpfte Prozedur-Bezeichner steht für den Aktualparameter während der gesamten Ausführung des Blockes.

6.6.3.5 PARAMETERFUNKTIONEN

Als Aktualparameter (siehe auch 6.7.3 und 6.8.2.3) müssen Funktions-Bezeichner verwendet werden, deren Definitionspunkt im Programmblock enthalten ist. Die Funktionen, die durch den Aktual- und den Formalparameter angegeben werden, müssen übereinstimmende Formal-parameterlisten - wenn sie überhaupt solche besitzen - und denselben Ergebnistyp haben (siehe 6.6.3.6). Der Formalparameter bzw. der damit verknüpfte Funktions-Bezeichner steht für den Aktualparameter während der gesamten Ausführung des Blockes.

6.6.3.6 ÜBEREINSTIMMUNG VON PARAMETERLISTEN

Zwei Formalparameterlisten stimmen überein[48], wenn

- sie die gleiche Anzahl von Formalparameterabschnitten haben,

- je zwei Formalparameterabschnitte entsprechender Position zueinander passen.

Zwei Formalparameterabschnitte passen zueinander, wenn eine der folgenden Aussagen gilt:

(a) Sie sind beide Wertparameter-Spezifikationen und enthalten die gleiche Anzahl von Parametern, und die Typ-Bezeichner in beiden Wertparameter-Spezifikationen repräsentieren denselben Typ.

(b) Sie sind beide Variablenparameter-Spezifikationen und enthalten die gleiche Anzahl von Parametern, und die Typ-Bezeichner in beiden Variablenparameter-Spezifikationen repräsentieren denselben Typ.

(c) Sie sind beide Parameterprozedur-Spezifikationen, und
die Formalparameterlisten ihrer Prozedurköpfe stimmen
überein.

(d) Sie sind beide Parameterfunktions-Spezifikationen, die
Formalparameterlisten ihrer Funktionsköpfe stimmen überein
und die Typ-Bezeichner ihrer Ergebnistypen repräsentieren
denselben Typ.

(e) Sie sind beide Wert-Konformreihungs-Spezifikationen
oder beide Variablen-Konformreihungs-Spezifikationen.
In beiden Fällen müssen die Konformreihungs-Parameter-
Spezifikationen dieselbe Anzahl von Parametern
und äquivalente Konformreihungs-Schemata
enthalten. Zwei Konformreihungs-Schemata sind
äquivalent, wenn jede der vier folgenden Aussagen gilt:

    (1)   Es gibt nur eine einzige Indextypspezifikation in beiden
           Konformreihungs-Schemata.

    (2)   Die Ordinaltyp-Bezeichner in beiden Indextypspezifikationen
           repräsentieren denselben Typ.

    (3)   Entweder sind die Komponenten   beider   Konformreihungs-
           Schemata selbst wieder äquivalente Konformreihungs-Schemata
           oder die Typ-Bezeichner in beiden repräsentieren denselben
           Typ.

    (4)   Entweder sind beide gepackte oder beide ungepackte
           Konformreihungs-Schemata.

Anmerkungen

1. Die Kurzform und die entsprechende Langform eines Konformrei-
hungs-Schemas sind äquivalent (siehe 6.6.3.7):

2. Zur obigen Aussage (e) siehe auch 5.1(a), 5.1(b), 5.1(c), 5.2(a)
und 5.2(b).

6.6.3.7 KONFORMREIHUNGS-PARAMETER

Siehe hierzu auch 5.1(a), 5.1(b), 5.1(c), 5.2(a) und 5.2(b).

6.6.3.7.1 ALLGEMEINES[48]

Das Auftreten eines Bezeichners in einer Bezeichnerliste, die in einer Konformreihungs-Parameter-Spezifikation enthalten ist, stellt den Definitionspunkt dieses Bezeichners als Parameter-Bezeichner für das Gebiet dar, das die Formalparameterliste ist, die diesen unmittelbar enthält - und ebenso seinen Definitionspunkt als Variablen-Bezeichner für das Gebiet, das der Block für den Formalparameter ist, falls ein solcher Block überhaupt existiert. Ein so definierter Variablen-Bezeichner heißt <u>Konformreihungs-Parameter</u>.
Das Auftreten eines Bezeichners in einer Indextypspezifikation ist sein Definitionspunkt als Grenz-Bezeichner für das Gebiet, das aus der unmittelbar umgebenden Formalparameterliste und aus dem Block - sofern vorhanden - besteht, dessen Formalparameter durch eben diese Liste angegeben werden.

```
Formalparameterabschnitt                    >
                    Konformreihungs-Parameter-Spezifikation.
Konformreihungs-Parameter-Spezifikation =
          Wert-Konformreihungs-Spezifikation |
          Variablen-Konformreihungs-Spezifikation.
Wert-Konformreihungs-Spezifikation     =
          Bezeichnerliste ":" Konformreihungs-Schema.
Variablen-Konformreihungs-Spezifikation =
          "var" Bezeichnerliste ":" Konformreihungs-Schema.
Konformreihungs-Schema     = gepacktes_Konformreihungs-Schema |
                    ungepacktes_Konformreihungs-Schema.
gepacktes_Konformreihungs-Schema =
          "packed" "array" "[" Indextyp-Spezifikation "]"
                              "of" Typ-Bezeichner.
ungepacktes_Konformreihungs-Schema =
          "array" "[" Indextyp-Spezifikation
                    { ";" Indextyp-Spezifikation } "]"
          "of" (Typ-Bezeichner | Konformreihungs-Schema).
Indextyp-Spezifikation               =
          Bezeichner ".." Bezeichner ":" Ordinaltyp-Bezeichner.
Faktor          > Grenz-Bezeichner .
Grenz-Bezeichner = Bezeichner.
```


Eine weitere Syntaxregel für den Formalparameterabschnitt findet sich in 6.6.3.1, ebenso für Faktor in 6.7.1.

Wenn ein Konformreihungs-Schema ein weiteres unmittelbar enthält, dann kann eine Kurzform zur Definition verwendet werden. Die Kurzform ersetzt die Zeichenfolge "] of array [" der Langform durch ein einziges Semikolon. Die Kurzform und die Langform sind äquivalent .

Beispiele:

    array [u..v:T1] of array [j..k:T2] of T3
    array [u..v:T1; j..k:T2] of T3
    (Äquivalente Konformreihungs-Schemata.)

Während der gesamten Ausführung eines Blockes repräsentiert die Anwendung des ersten bzw. des zweiten Bezeichners in einer Indextyp-Spezifikation den kleinsten bzw. den größten Wert des entsprechenden Indextyps (siehe 6.6.3.8) des Aktualparameters.

Anmerkung 2

    Der erste und der zweite Bezeichner einer solchen Indextyp-Spezifikation heißen Grenz-Bezeichner. Die Objekte, für die sie stehen, sind weder Konstante noch Variable.[50]

Die Aktualparameter (siehe 6.7.3 und 6.8.2.3), die Formalparametern aus einer einzigen Konformreihungs-Parameter-Spezifikation zugeordnet werden sollen, müssen alle denselben Typ haben. Der Typ der Aktualparameter muß konform (siehe 6.6.3.8) zu dem Konformreihungs-Schema sein. Die Formalparameter haben einen Array-Typ, der verschieden von allen anderen Typen ist (Dies gilt insbesondere bei ihrer Verwendung als Variable im Block). Der Komponententyp dieses Array-Typs ist der fixierte Komponententyp (siehe unten) des Konformreihungs-Parameters, der in der Konformreihungs-Parameter-Spezifikation definiert ist. Die Indextypen dieses Array-Typs sind diejenigen des Typs der Aktualparameter, die den Indextyp-Spezifikationen entsprechen (siehe 6.6.3.8), die in dem Konformreihungs-Schema in dieser Konformreihungs-Parameter-Spezifikation enthalten sind. Der Typ, der durch den Typ-Bezeichner im Konformreihungs-Schema in einer Konformreihungs-Parameter-Spezifikation bestimmt wird, heißt fixierter Komponententyp der durch diese Konformreihungs-Parameter-Spezifikation definierten Konformreihungs-Parameter.

Anmerkung 3

    Der Typ des (oben erläuterten) Formalparameters kann kein Zeichenkettentyp sein, da er nicht durch einen Array-Typ gemäß 6.4.3.2 repräsentiert wird.

6.6.3.7.2 KONFORMREIHUNGEN ALS WERTPARAMETER

Die Bezeichnerliste in einer Wert-Konformreihungs-Spezifikation qualifiziert die in ihr enthaltenen Bezeichner zu Konformreihungen als
Wertparameter. Ein Aktualparameter muß ein Ausdruck sein. Der Wert des
Ausdrucks wird vor der Ausführung des Blockes einer Hilfsvariablen
zugewiesen, die sonst nicht im Programm enthalten ist. Der Typ dieser
Variablen ist derselbe wie der des Ausdrucks. Auf diese Variable wird
vor Beginn der Ausführung des Blockes zugegriffen, und die so
ermittelte Referenz bleibt während der gesamten Ausführung des Blockes
erhalten, um auf diese Variable zuzugreifen. Der Formalparameter bzw.
der damit verknüpfte Variablen-Bezeichner repräsentieren die so
referenzierte Variable während der Ausführung.

Wenn der Aktualparameter seinerseits einen Konformreihungs-Parameter
enthält, dann muß für jedes solche Auftreten eine der beiden folgenden
Bedingungen gelten:

(a) das Auftreten des Konformreihungs-Parameters ist in einem
    Funktionsaufruf enthalten, der im Aktualparameter enthalten ist,
    oder

(b) das Auftreten des Konformreihungs-Parameters ist in einer indi-
    zierten Variablen enthalten, die im Aktualparameter enthalten
    ist, und zwar so, daß der Typ der indizierten Variablen der
    fixierte Komponententyp des Konformreihungs-Parameters ist.

> **Anmerkung**
>
> Diese Bedingungen gewährleisten, daß der Typ des Ausdrucks und der
> Typ der Hilfsvariablen stets bekannt sind. Eine Konsequenz hiervon
> ist, daß der für die Ausführung der Prozedur erforderliche Platz
> sich von vornherein festlegen läßt.

6.6.3.7.3 KONFORMREIHUNGEN ALS VARIABLENPARAMETER

Die Bezeichnerliste in einer Variablen-Konformreihungs-Spezifikation
qualifiziert die in ihr enthaltenen Bezeichner zu Konformreihungen als
Variablenparameter. Ein Aktualparameter muß eine verallgemeinerte
Variable sein. Auf den Aktualparameter wird vor Beginn der Ausführung
des Blockes zugegriffen, und die so ermittelte Referenz bleibt während
der gesamten Ausführung des Blockes erhalten, um auf diese Variable
zuzugreifen. Der Formalparameter bzw. der damit verknüpfte Variablen-Bezeichner repräsentiert die so referenzierte Variable während der
Ausführung.

Ein Aktualparameter darf nicht eine Komponente einer Variablen von
gepacktem Typ repräsentieren.

6.6.3.8 KONFORMITÄT VON KONFORMREIHUNGEN

Anmerkung 1

Siehe hierzu auch 5.1(a), 5.1(b), 5.2(a und 5.2(b).

Gegeben sei ein Array-Typ, der einen einzigen Indextyp unmittelbar enthält, und ein Konformreihungs-Schema, das eine einzige Indextypspezifikation unmittelbar enthält. Dann heißen der Indextyp und die Indextypspezifikation einander entsprechend.
Gegeben seien zwei Konformreihungs-Schemata, die je eine einzige Indextypspezifikation unmittelbar enthalten, dann heißen die beiden Indextypspezifikationen einander entsprechend.
Sei T1 der Array-Typ mit einem einzigen Indextyp, und T2 der Typ, repräsentiert durch den Ordinaltyp-Bezeichner in der Indextyp-Spezifikation in einem Konformreihungs-Schema, das eine einzige Indextyp-Spezifikation unmittelbar enthält. In diesem Falle soll T1 zu dem Konformreihungs-Schema <u>konform</u> sein, wenn alle folgenden Bedingungen erfüllt sind:

(a) Der Indextyp von T1 ist verträglich mit T2.
(b) Der kleinste und der größte Wert des Indextyps von T1 liegen innerhalb des abgeschlossenen, durch T2 bestimmten Intervalles.
(c) Der Komponententyp von T1 repräsentiert denselben Typ, wie der Typ-Bezeichner in dem Konformreihungs-Schema oder ist konform zu dem Konformreihungs-Schema im Konformreihungs-Schema.
(d) Entweder ist T1 nicht gepackt, und das Konformreihungs-Schema ist ungepackt, oder T1 ist gepackt, und das Konformreihungs-Schema ist gepackt.

Anmerkung 2

Die Kurzform und die Langform von Konformreihungs-Schemata sind äquivalent (siehe 6.6.3.7). Die Kurzform und die Langform von Array-Typen sind äquivalent (siehe 6.4.3.2).

Es ist ein Fehler, wenn der kleinste oder der größte Wert, der durch den Indextyp von T1 bestimmt wird, außerhalb des durch T2 bestimmten abgeschlossenen Intervalles liegt.

6.6.4 STANDARDPROZEDUREN UND STANDARDFUNKTIONEN

6.6.4.1 ALLGEMEINES

Die vordefinierten Bezeichner der vordefinierten Standardprozeduren und Standardfunktionen sowie deren Eigenschaften sind den Abschnitten 6.6.5 und 6.6.6 zu entnehmen.

> Anmerkung
>
> Standardprozeduren und Standardfunktionen gehorchen nicht notwendig den Regeln, die an anderer Stelle für Prozeduren und Funktionen angegeben sind.

6.6.5 STANDARDPROZEDUREN

6.6.5.1 ALLGEMEINES

Die Standardprozeduren lassen sich einteilen in

* Prozeduren zur Dateibearbeitung,

* Prozeduren zur dynamischen Speicherplatzverwaltung,

* Umwandlungsprozeduren.

6.6.5.2 PROZEDUREN ZUR DATEIBEARBEITUNG

Die Standardprozeduren zur Dateibearbeitung sind:

* rewrite

* put

* reset

* get

Die Wirkung dieser Prozeduren auf eine Dateivariable f wird durch sog. Zusicherungen definiert: Vorbedingung und Konsequenz. Ausgenommen ist die Anwendung von rewrite bzw. reset auf die Programmparameter input und output.

Die Vorbedingungen und Konsequenzen betreffen

* eine Dateivariable f,

* ihre Komponenten f.L, f.R und f.M,

* die mit f verknüpfte Puffervariable f↑.

Die Variable f0 in einer Zusicherung repräsentiert den Status oder den Wert von f <u>vor</u> der Verwendung einer dateibearbeitenden Prozedur, die Variable f den Status oder den Wert <u>nach</u> der Anwendung einer dateibearbeitenden Prozedur. Analoges gilt für f0↑ und f↑.

Es ist ein Fehler, wenn die angegebenen Vorbedingungen nicht unmittelbar vor der Verwendung der definierten Prozedur gültig sind. Es ist ebenfalls ein Fehler, wenn eine in einer Zusicherung über Gleichheit explizit angegebene Variable undefiniert ist. Die Konsequenzen müssen vor dem nächstfolgenden Zugriff auf die Datei, ihre Komponenten oder die entsprechende Puffervariable gelten. Die Konsequenzen implizieren entsprechende Aktivitäten auf den externen Größen, mit denen, falls sie existieren, die Dateivariablen verbunden sind. Diese Aktivitäten und der Zeitpunkt, zu dem sie ausgeführt werden, sind implementierungsdefiniert.

REWRITE(F)   Vorbedingungen : keine.
                Konsequenzen : (f.L = f.R = F( )) und
                               (f.M = Generierung) und
                               (f↑ ist vollständig undefiniert).

PUT(F)   Vorbedingungen : (f0.M = Generierung) und
                               (f0.L ist nicht undefiniert) und
                               (f0.R = F( )) und
                               (f0↑ ist nicht undefiniert).
                Konsequenzen : (f.M = Generierung) und
                               (f.L = (f0.L⁻F(f0↑))) und
                               (f.R = F( )) und
                               (f↑ ist vollständig undefiniert).

RESET(F)   Vorbedingungen : Die Komponenten f0.L und f0.R
                               sind nicht undefiniert.
                Konsequenzen : (f.L = F( )) und
                               (f.R = f0.L⁻f0.R⁻X) und
                               (f.M = Inspektion) und
                               (wenn f.R = F( ) dann
                                  (f↑ ist vollständig undefiniert)
                                  sonst (f↑ = f.R.Erst)).

Hierbei gilt: Wenn f eine Textdatei ist, und wenn f0.L⁻f0.R nicht leer
ist, und wenn (f0.L⁻f0.R).Letzt nicht das Zeilenende ist, dann soll X
eine Folge sein, deren einziges Element eine Zeilenende-Komponente
ist. In allen anderen Fällen soll gelten: X=F( ).

GET(F)   Vorbedingungen : (f0.M = Inspektion) und
                               (weder f0.L noch f0.R sind undefiniert)
                               und (f0.R <> F( )).
                Konsequenzen : (f.M = Inspektion) und
                               (f.L =(f0.L⁻(f0.R.Erst))) und
                               (f.R = f0.R.Rest) und
                               (wenn f.R = F( ) dann
                                  (f↑ ist vollständig undefiniert)
                                  sonst (f↑ = f.R.Erst)).

Wenn die Dateivariable f keine Textdatei repräsentiert, dann sind die Standardprozeduren <u>read</u> und <u>write</u> wie folgt definiert.

READ

Read (f,v1,...,vn) ist äquivalent zu

begin read (f,v1); ...; read (f,vn) end;

wobei v1,...,vn für verallgemeinerte Variablen stehen.

Read (f,v) ist äquivalent zu:

begin v := f↑; get(f) end;

wobei v für eine verallgemeinerte Variable steht.

Anmerkung 1

Diese verallgemeinerte Variable ist kein Variablenparameter. Daraus folgt, daß es sich um eine Komponente einer gepackten Struktur handeln kann, und der Wert der Puffervariablen lediglich zuweisungsverträglich zu der verallgemeinerten Variablen sein muß.

WRITE

Write (f,a1,....,an) ist äquivalent zu:

begin write (f,a1);...; write (f,an) end;

wobei a1,...,an für Ausdrücke stehen.

Write (f,a) ist äquivalent zu:

begin f↑ := a; put(f) end;

wobei a für einen Ausdruck steht.

Anmerkungen

2. Die Standardprozeduren read, write, readln, writeln und page werden im Zusammenhang mit Textdateien in Abschnitt 6.9 beschrieben.

3. Da die Definitionen von read und write die Verwendung von get und put enthalten, gelten die implementierungsdefinierten Aspekte von deren Konsequenzen auch hier.

6.6.5.3 PROZEDUREN ZUR DYNAMISCHEN SPEICHERVERWALTUNG

NEW(P)

- erzeugt eine neue Variable, die vollständig undefiniert ist;
- erzeugt einen neuen Verweiswert des Zeigertyps, der zu p gehört und der auf die Variable zeigt;
- weist diesen neuen Verweiswert der durch die verallgemeinerte Variable p repräsentierten Variablen zu.

Der Typ der erzeugten Variablen ist der Domänentyp im Zeigertyp von p.[51]

NEW(P,C1,..,CN)

- erzeugt eine neue Variable, die vollständig undefiniert ist;
- erzeugt einen neuen Verweiswert des Zeigertyps, der zu P gehört, und der die Variable identifiziert;
- weist diesen neuen Verweiswert der durch die verallgemeinerte Variable p repräsentierten Variablen zu.

Die erzeugte Variable hat den Record-Typ, der durch den Domänentyp im Zeigertyp von p bestimmt wird. Sie hat ineinandergeschachtelte Varianten, zu denen die Selektorkonstanten c1,..,cn gehören. Diese Selektorkonstanten müssen in der durch die Verschachtelung der Variantteile definierten Reihenfolge aufgezählt sein. Varianten, die nicht aufgeführt sind, müssen auf einer tieferen Verschachtelungsstufe stehen, als cn. Es ist ein Fehler, wenn eine Variante in einem Variantteil der neuen Variablen aktiv wird, aber eine andere Variante in demselben durch die Liste c1,..,cn festgelegt worden ist.[52]

DISPOSE(Q)

entfernt einen Verweiswert, der durch den Ausdruck q bestimmt ist, von dem Zeigertyp von q. Dies ist ein Fehler, wenn der Verweiswert durch einen Aufruf der Form new(p,c1,..,cn) erzeugt worden war.

DISPOSE(Q,K1,..KM)

entfernt einen Verweiswert, der durch den Ausdruck q bestimmt ist, von dem Zeigertyp von q. Die Selektorkonstanten k1,..,km müssen in einer durch die Schachtelung der varianten Teile definierten Reihenfolge aufgezählt sein. Es ist ein Fehler, wenn der Verweiswert durch einen Aufruf der Form new(p,c1,..,cn) erzeugt wurde, und m von n verschieden ist.
Ebenso ist es ein Fehler, wenn die Varianten der dynamischen Variablen, auf die der Verweiswert von q zeigt, verschieden sind von denen, die durch die Selektorkonstanten k1,..,km bestimmt sind.

Anmerkung

Das Entfernen eines Verweiswertes von seinem Zeigertyp macht die dynamische Variable unerreichbar (siehe 6.5.4) auf die dieser Verweiswert zeigte, und macht damit alle Variablen und Funktionen undefiniert, die diesen Verweiswert besaßen (siehe auch 6.6.3.2 und 6.8.2.2).

Es ist ein Fehler, wenn q den Nil-Wert hat oder undefiniert ist. Es ist ein Fehler, wenn auf eine Variable, die durch die zweite Form von new erzeugt wurde, durch eine dynamische Variable in der verallgemeinerten Variablen entweder in einem Faktor oder in einer Zuweisung oder in einem Aktualparameter zugegriffen wird.[53]

| Anmerkung |

  Gemeint ist die Verwendung der dynamischen Variablen als ganzes; Zugriff auf Komponenten ist natürlich erlaubt.

6.6.5.4 UMWANDLUNGSPROZEDUREN

a sei eine Variable eines durch "array [s1] of T" angebbaren Typs.
z sei eine Variable eines durch "packed array [s2] of T" angebbaren Typs.
u und v seien der kleinste und der größte Wert des Typs s2.

dann ist die Wirkung von

PACK(A,I,Z) definiert durch:

```
begin
   k := i;
   for j := u to v do begin
      z[j] := a[k];
      if j <> v then k := succ(k)
   end
end
```

Die Wirkung von

UNPACK(Z,A,I) ist definiert durch:

```
begin
   k := i;
   for j := u to v do begin
      a[k] := z[j];
      if j <> v then k := succ(k);
   end
end
```

j und k sind dabei Hilfsvariable, die das Programm sonst nicht verwendet.
Der Typ von j sei s2, der von k sei s1.
i sei ein Ausdruck, dessen Ergebniswert zuweisungsverträglich mit s1 ist.[54]

6.6.6 STANDARDFUNKTIONEN

6.6.6.1 ALLGEMEINES

Die Standardfunktionen lassen sich einteilen in:

- Arithmetische Funktionen,

- Umwandlungsfunktionen,

- sonstige Ordinalfunktionen,

- Boolesche Funktionen.

6.6.6.2 ARITHMETISCHE FUNKTIONEN

Bei der Definition der folgenden arithmetischen Funktionen sei X stets
ein Ausdruck, dessen Ergebnis vom Real-Typ oder Integer-Typ ist. Für
die Funktionen abs und sqr gilt:
Der Typ des Ergebnisses ist derselbe, wie der des Parameters X.
Für die anderen Funktionen gilt:
Der Typ des Ergebnisses ist stets der Real-Typ.

FUNKTION	WIRKUNG
ABS(X)	berechnet den Absolutbetrag von x.
SQR(X)	berechnet das Quadrat von x (also x*x). Es ist ein Fehler, wenn solch ein Wert nicht existiert.
SIN(X)	berechnet die Sinusfunktion von x. Dabei muß x im Bogenmaß angegeben werden.
COS(X)	berechnet die Cosinusfunktion von x. Dabei muß x im Bogenmaß angegeben werden.
EXP(X)	berechnet den Wert, der sich ergibt, wenn die Basis e des natürlichen Logarithmus mit x potenziert wird.
LN(X)	berechnet den natürlichen Logarithmus von x, wenn x > 0 ist. Es ist ein Fehler, wenn x ≤ 0 ist.
SQRT(X)	berechnet den Wert der nicht negativen Wurzel von x, wenn x ≥ 0 ist. Es ist ein Fehler, wenn x < 0 ist.
ARCTAN(X)	berechnet den Hauptwert des Arcustangens von x im Bogenmaß.

6.6.6.3 UMWANDLUNGSFUNKTIONEN

TRUNC(X)

Für den Ausdruck x, der vom Real-Typ sein muß, liefert diese Funktion ein Ergebnis vom Integer-Typ. Der Wert von trunc(x) wird durch folgende Forderungen definiert:

- trunc(x) ist ganzzahlig,

- $0 \leq x-\text{trunc}(x) < 1$ für $x \geq 0$,

- $-1 < x-\text{trunc}(x) \leq 0$ für $x \leq 0$.

Es ist ein Fehler, wenn ein solcher Wert nicht existiert.

Anmerkung

Dies ist beispielsweise der Fall, wenn es sich um eine sehr große Zahl handelt, die zwar als Real-Zahl noch existiert, aber nicht in der Wertemenge des Integer-Typs enthalten ist.

Beispiele:

```
trunc(3.5)    ergibt  3
trunc(-3.5)   ergibt -3
```

ROUND(X)

Für den Ausdruck x, der vom Real-Typ sein muß, liefert diese Funktion ein Ergebnis vom Integer-Typ. Der Wert von round(x) ist wie folgt definiert:

- $\text{round}(x) = \text{trunc}(x + 0.5)$ für $x \geq 0$,

- $\text{round}(x) = \text{trunc}(x - 0.5)$ für $x < 0$.

Es ist ein Fehler, wenn solch ein Wert nicht existiert.

Beispiele:

```
round(3.5)   ergibt  4
round(-3.5)  ergibt -4
```

6.6.6.4 SONSTIGE ORDINALFUNKTIONEN

ORD(X)

Für den Ausdruck x, dessen Typ ein Ordinaltyp sein muß, liefert
diese Funktion als Ergebnis diejenige Zahl vom Integer-Typ, die als
Ordinalzahl des Wertes des Ausdrucks x definiert ist
(siehe auch 6.4.2.2 und 6.4.2.3).

CHR(X)

Für den Ausdruck x, dessen Typ der Integer-Typ sein muß, liefert
diese Funktion denjenigen Wert des Char-Typs, der durch den Wert
von x codiert ist. Es ist ein Fehler, wenn ein solcher Zeichenwert
nicht existiert.
Für jeden Wert ch des Char-Typs gilt:
chr(ord(ch)) = ch

SUCC(X)

Für den Ausdruck x, dessen Typ ein Ordinaltyp sein muß, liefert
diese Funktion einen Wert desselben Typs (siehe 6.7.1), dessen
Ordinalzahl gegenüber der des Ausdrucks x um 1 erhöht ist. Es ist
ein Fehler, wenn ein solcher Wert nicht existiert.

PRED(X)

Für den Ausdruck x, dessen Typ ein Ordinaltyp sein muß, liefert
diese Funktion einen Wert desselben Typs (siehe 6.7.1), dessen
Ordinalzahl gegenüber der des Ausdrucks x um 1 erniedrigt ist. Es
ist ein Fehler, wenn ein solcher Wert nicht existiert.

6.6.6.5 BOOLESCHE FUNKTIONEN

ODD(X)

Für den Ausdruck X, der vom Integer-Typ sein muß, liefert diese Funktion den Wert des Ausdrucks
(abs(x) mod 2 = 1),
(also den Booleschen Wert true, wenn x ungerade ist,
und den Booleschen Wert false, wenn x gerade ist).

EOF(F)

Der Parameter f muß eine Dateivariable sein. Wird die Parameterliste weggelassen (also: eof), so wird die Funktion auf die vordefinierte Textdatei _input_ angewendet (siehe 6.10). Ein Funktionsaufruf eof(f) ist ein Fehler, wenn f undefiniert ist. Andernfalls ergibt der Aufruf den Wert _true,_ wenn f.R die leere Folge ist (siehe 6.4.3.5), ansonsten _false._[55]

EOLN(F)

Der Parameter f muß eine Textdatei sein. Fehlt die Parameterliste (also: eoln), dann wird die Funktion auf die vordefinierte Textdatei _input_ angewendet (siehe 6.10).
Ein Funktionsaufruf eoln(f) ist ein Fehler, wenn f undefiniert ist oder wenn eof(f) = true gilt. Andernfalls ergibt der Aufruf den Wert true, wenn f.R.Erst eine Zeilenende-Komponente ist (siehe 6.4.3.5), ansonsten false.

6.7 AUSDRÜCKE

6.7.1 ALLGEMEINES

Ein Ausdruck steht für einen Wert, es sei denn, daß eine verallgemeinerte Variable, die in dem Ausdruck enthalten ist, zu dem Zeitpunkt ihrer Verwendung undefiniert ist. In diesem Falle ist ihre Verwendung ein Fehler. Die Verwendung einer verallgemeinerten Variablen als Faktor steht für den Wert - falls vorhanden -, den diese verallgemeinerte Variable besitzt, auf die durch diese Verwendung zugegriffen wurde.
Die Vorrangregeln (Präzedenz) für die Operatoren entsprechen der im folgenden definierten Einteilung dieser Operatoren in vier Klassen.

- Der Operator "not" besitzt Vorrang vor allen anderen.
- Es folgen die Multiplikationsoperatoren,
- danach folgen die Summationsoperatoren und die Vorzeichen;
- mit niedrigstem Vorrang versehen sind die Vergleichsoperatoren.

Folgen von zwei oder mehr Operatoren gleicher Präzedenz werden links-assoziativ behandelt.[56]

```
Ausdruck = einfacher_Ausdruck
                    [Vergleichsoperator einfacher_Ausdruck].

einfacher_Ausdruck = [Vorzeichen] Term {Summationsoperator Term}.

Term      = Faktor {Multiplikationsoperator  Faktor}.

Faktor    > verallgemeinerte_Variable |
              vorzeichenlose_Konstante  |
               Funktionsaufruf            |
                Mengenbildner              |
                 "(" Ausdruck ")"           |
                  "not" Faktor.
```

Anmerkung 1

6.6.3.7 enthält eine weitere Syntaxregel für Faktor.

```
vorzeichenlose_Konstante = vorzeichenlose_Zahl   |
                           Zeichenkette          |
                           Konstanten-Bezeichner |
                           "nil".

Mengenbildner            = "[" [Elementebestimmung
                              { "," Elementebestimmung} ]"]".

Elementebestimmung       = Ausdruck [ ".." Ausdruck].
```

Seien T und W Typen und T ein Teilbereich von W. Dann gilt:

- Ein Faktor vom Typ T wird so behandelt wie ein Faktor vom Typ W.

- Ein Faktor vom Typ set of T wird so behandelt wie ein Faktor vom ungepackten umfassenden set-of-W-Typ.

- Ein Faktor vom Typ packed set of T wird behandelt wie ein Faktor vom gepackten umfassenden Set-of-W-Typ.

Anmerkung 2

> Die Anwendung dieser Regel bedeutet:
> Wenn ein Ausdruck aus einem einzigen Faktor vom Typ T besteht, dann ist der Typ des Ausdrucks W.
> Ist dieser Faktor vom Typ set of T, dann hat der Ausdruck den Typ set of W.
> Ist dieser Faktor vom Typ packed set of T, dann hat der Ausdruck den Typ packed set of W

Ein Mengenbildner steht für einen Wert eines Set-Typs. Der Mengenbildner [ ] steht für den allen Set-Typen gemeinsamen Wert der Menge ohne Elemente (der leeren Menge).
Ein Mengenbildner, der eine oder mehrere Elementebestimmungen enthält, steht entweder für einen Wert des ungepackten umfassenden set-of-W-Typs, oder aber, wenn der Kontext dies erfordert, für einen Wert des gepackten umfassenden set-of-W-Typs, wobei W der gemeinsame Typ aller Ausdrücke ist, die in allen Elementebestimmungen vorkommen. Dieser Typ W muß ein Ordinaltyp sein. Der Wert, den ein Mengenbildner repräsentiert, enthält null, ein oder mehr Elemente. Jedes dieser Elemente wird durch mindestens eine der Elementebestimmungen des Mengenbildners angegeben.

Ein Ausdruck x, der als Elementebestimmung verwendet wird,
repräsentiert ein Mengen-Element, dessen Wert durch die Auswertung von
x definiert ist. Eine Elementebestimmung x..y mit den Ausdrücken x und
y repräsentiert null, ein oder mehr Mengen-Elemente, deren Werte die
des Basistyps im abgeschlossenen Intervall sind, dessen Untergrenze
der Wert von x und dessen Obergrenze der Wert von y ist. Die
Reihenfolge der Auswertung der Elementebestimmungen in einem
Mengenbildner ist implementierungsabhängig.

```
| Anmerkung 3 |
```

Die Elementebestimmung x..y steht für null Elemente, wenn der Wert
von x größer als der Wert von y ist.

<u>Beispiele</u>

    (a) <u>Faktoren:</u>

```
x
15
(x + y + z)
sin(x + y)
[red, c, green]
[1, 5, 10..19, 23]
not p
```

    (b) <u>Terme:</u>

```
x * y
i / (1 - i)
(x <= y) and (y < z)
```

    (c) <u>einfache Ausdrücke:</u>

```
p or q
x + y
-x
hue1 + hue2
i * j + 1
```

    (d) <u>Ausdrücke:</u>

```
x = 1.5
p <= q
p  = q and r
(i < j) = (j < k)
c in hue1
```

6.7.2 OPERATOREN

6.7.2.1 ALLGEMEINES

Multiplikationsoperator = "*" | "/" | "div" | "mod" | "and".

Summationsoperator   = "+" | "-" | "or".

Vergleichsoperator   = "=" | "<>" | "<" | ">" | "<=" | ">=" | "in".

Ein Faktor, Term oder einfacher Ausdruck soll Operand heißen. Die
Reihenfolge der Auswertung der Operanden eines dyadischen Operators
ist implementierungsabhängig.

> Anmerkung

Dies bedeutet, daß die Operanden eines Ausdruckes beispielsweise in
der Reihenfolge ihrer Aufschreibung, in umgekehrter Reihenfolge,
parallel oder möglicherweise überhaupt nicht ausgewertet werden.
Letzteres ist denkbar, wenn das Ergebnis einer dyadischen Operation
bereits nach Auswertung eines ihrer Operanden feststeht.

6.7.2.2 ARITHMETISCHE OPERATOREN

Die Vorschriften für die Typen der Operanden und die Typen der
Ergebnisse finden sich in den folgenden Tabellen 2 und 3 für dyadische
und monadische Operationen.

Tabelle 2 Dyadische arithmetische Operationen

Operator	Operation	Typ der Operanden	Typ des Ergebnisses
+	Addition	Integer-	Integer-Typ, wenn beide
-	Subtraktion	oder-	Operanden vom Integer-Typ,
*	Multiplikation	Real-	sonst Real-Typ.
/	Division	Typ	Real-Typ
div	ganzzahlige Division	Integer-Typ	Integer-Typ
mod	Modulo	Integer-Typ	Integer-Typ

Tabelle 3 Monadische arithmetische Operationen

Operator	Operation	Typ der Operanden	Typ des Ergebnisses
+	Identität	Integer-Typ Real-Typ	Integer-Typ Real-Typ
-	Vorzeichenumkehr	Integer-Typ Real-Typ	Integer-Typ Real-Typ

Anmerkung 1

Die Symbole +, - und * werden auch als Mengen-Operatoren verwendet
(siehe 6.7.4.2).

Es ist ein Fehler, wenn in einem Term der Form x/y der Wert von y null
ist. Andernfalls ergibt sich der Wert von x/y als Ergebnis der
Division von x durch y.
Es ist ein Fehler, wenn in einem Term der Form i div j der Wert von j
null ist. Andernfalls ergibt sich der Wert von i div j durch
ganzzahlige Division von i durch j mit ganzzahligem Ergebnis. Dabei
gilt:

$$abs(i) - abs(j) < abs((i\ div\ j) * j) \leq abs(i)$$

Das Ergebnis ist null, wenn abs(i) < abs(j). Das Ergebnis ist positiv,
wenn i und j dasselbe Vorzeichen haben, und negativ, wenn beide
verschiedene Vorzeichen haben.

Es ist ein Fehler, wenn in einem Term der Form i mod j der Wert von j
null oder negativ ist. Andernfalls ist der Wert von i mod j gleich dem
von (i - (k*j)) für ein ganzzahliges k mit $0 \leq i\ mod\ j < j$.

Anmerkung 2

Nur wenn $i \geq 0$ und $j > 0$ gilt, dann gilt auch
(i div j) * j + i mod j = i

Der vordefinierte Konstanten-Bezeichner _maxint_ repräsentiert einen
implementierungsdefinierten (festen) Wert vom Integer-Typ. Dieser hat
folgende Eigenschaften:

(a) Alle ganzzahligen Werte im abgeschlossenen Intervall von -maxint
    bis +maxint sind Werte des Integer-Typs.

(b) Jede monadische Operation, die auf ganzzahlige Werte dieses
    Intervalles angewendet wird, wird gemäß der entsprechenden
    mathematischen Vorschrift ausgeführt.

(c) Jede dyadischen Operation mit ganzzahligem Ergebnis, die auf
    ganzzahlige Werte dieses Intervalles angewendet wird, wird gemäß
    der entsprechenden mathematischen Vorschrift ausgeführt -
    vorausgesetzt, das Ergebnis ist definiert und liegt wiederum in
    dem genannten Intervall.

(d) Jede Vergleichsoperation zwischen ganzzahligen Werten dieses
    Intervalles wird gemäß der entsprechenden mathematischen
    Vorschrift ausgeführt.

Die Ergebnisse der arithmetischen Operatoren und Funktionen vom
Real-Typ werden als Näherungswerte (Gleitpunktzahlen) der
entsprechenden (korrekten) mathematischen Ergebnisse gebildet. Die
Genauigkeit dieser Näherungswerte ist implementierungsdefiniert.
Es ist ein Fehler, wenn eine Operation oder Funktion vom Integer-Typ
nicht den Wert liefert, der gemäß der entsprechenden mathematischen
Vorschrift entstehen würde.

6.7.2.3 BOOLESCHE OPERATOREN

Operanden und Ergebnisse Boolescher Operatoren sind vom Typ Boolean.
Boolesche Operatoren sind:

```
or          (oder)      für     Logische Disjunktion,
and         (und)       für     Logische Konjunktion,
not         (nicht)     für     Logische Negation.
```

Ein **Boolescher Ausdruck** (Bedingung) ist ein Ausdruck, der einen Wert
vom Boolean-Typ repräsentiert.

    Boolescher_Ausdruck = Ausdruck.

6.7.2.4 MENGENOPERATOREN

Die Vorschriften für die Typen der Operanden und der Ergebnisse der
Mengenoperationen finden sich in Tabelle 4.

Tabelle 4   Mengenoperationen

Operator	Operation	Typ der Operanden	Typ des Ergebnisses
+	Mengen-vereinigung	ein umfassender Set-of-T-Typ	Typ der Operanden
-	Mengen-differenz	(siehe 6.7.1)	
*	Mengen-durchschnitt		

6.7.2.5 VERGLEICHSOPERATOREN

Die Vorschriften für die Typen der Operanden und der Ergebnisse der
Vergleichsoperationen finden sich in Tabelle 5.

Tabelle 5   Vergleichsoperationen

Operator	Typ der Operanden	Typ des Ergebnisses
= <>	Einfacher Typ, Zeigertyp, Zeichenket-tentyp oder umfassender Set-of-T-Typ	Boolean
< >	Einfacher Typ oder Zeichenkettentyp	Boolean
<= >=	Einfacher Typ oder Zeichenkettentyp oder umfassender Set-of-T-Typ	Boolean
in	Linker Operand: ein Ordinaltyp T rechter Operand: ein umfassender Set-of-T-Typ	Boolean

Außer für den Operator "in" müssen die Typen der Operanden:

● entweder verträglich,

● oder vom gleichen umfassenden set-of-T-Typ,

● oder je einer der Real-, der andere der Integer-Typ sein.

Die Bedeutung der Vergleichsoperatoren:

```
     =        gleich
     <>       ungleich
     <        kleiner
     >        größer
     <=       für Ordinaltypen und den Real-Typ: kleiner oder gleich
     >=       für Ordinaltypen und den Real-Typ: größer oder gleich
  u <= v      bei Set-Typen: u enthalten in v
  u >= v      bei Set-Typen: v enthalten in u
```

> Anmerkung

Der Typ Boolean ist ein Ordinaltyp mit den beiden Werten false und true und der Eigenschaft false < true. Daraus folgt:
Für Boolesche Operanden p und q bedeutet:

```
   p = q     die logische Äquivalenz;
   p <= q    logisch: p impliziert q.
```

Wenn die Vergleichsoperatoren =, <>, <, >, <=, >= verwendet werden, um Operanden von verträglichen Zeichenkettentypen zu vergleichen (siehe 6.4.3.2), so repräsentieren sie den unten definierten lexikographischen Vergleich. Der lexikographische Vergleich definiert eine Totalordnung auf der Menge der Werte des Zeichenkettentyps.
s1 und s2 seien zwei Werte verträglicher Zeichenkettentypen mit dem Indextyp 1..n. Dann gilt:

s1=s2 genau dann, wenn für alle i in [1..n] gilt: s1[i]=s2[i];

s1<s2 genau dann, wenn es ein p in [1..n] gibt, so daß einerseits für alle i in [1..p-1] gilt:
```
          s1[i] = s2[i]
```
und andererseits
```
          s1[p] < s2[p].
```

Der Operator <u>in</u> ergibt den Wert true, wenn der Wert des linken Operanden vom Ordinaltyp ein Element des Wertes des rechten Operanden vom Set-Typ ist. Ansonsten ergibt sich der Wert false.

6.7.3 FUNKTIONSAUFRUFE

Ein Funktionsaufruf veranlaßt die Ausführung des Blocks, der gleich
dem Funktionsblock ist, der zum Funktions-Bezeichner im Funktionsaufruf gehört, und liefert den Wert des Ergebnisses der Ausführung bei
Beendigung des Algorithmus der Ausführung. Es ist ein Fehler, wenn das
Ergebnis nach Beendigung des Algorithmus undefiniert ist.[42] Wenn die
Funktion Formalparameter hat, dann muß der Funktionsaufruf eine Liste
von Aktualparametern enthalten, die mit den entsprechenden Formalparametern gemäß Funktionsdeklaration verknüpft werden. Die Parameter-
bindung erfolgt über die Positionen in Aktual- bzw. Formalparameterliste. Die Anzahl der Formal- und die Anzahl der Aktualparameter
müssen gleich sein. Die Typen der Formal- und Aktualparameter müssen
einander entsprechen, wie in 6.6.3 spezifiziert. Die Reihenfolge des
Zugriffs auf, der Auswertung und der Bindung der Aktualparameter sind
implementierungsabhängig.

```
Funktionsaufruf        = Funktions-Bezeichner [ Aktualparameterliste].

Aktualparameterliste = "(" Aktualparameter
                                { "," Aktualparameter } ")".

Aktualparameter        = Ausdruck | verallgemeinerte_Variable |
                         Prozedur-Bezeichner | Funktions-Bezeichner.
```

<u>Beispiele:</u>

```
Sum(a, 63)
GCD(147, k)
sin(x + y)
eof(f)
ord(f↑)
```

6.8 ANWEISUNGEN

6.8.1 ALLGEMEINES

Anweisungen repräsentieren algorithmische Aktionen und sind ausführbar.

> Anmerkung 1

Vor Anweisungen (auch leeren) kann eine Marke stehen.

Eine Marke heißt Präfix von A, wenn sie in der Anweisung A steht, und kann genau dann in einer Goto-Anweisung G auftreten (siehe 6.8.2.4), wenn mindestens eine der folgenden drei Bedingungen erfüllt ist:

(a) A enthält G.

(b) A ist eine Anweisung in einer Anweisungsfolge, die G enthält.

(c) A ist eine Anweisung in der Anweisungsfolge in der Verbundanweisung im Anweisungsteil in einem Block, der G enthält.[57]

```
Anweisung = [ Marke ":" ]
                (einfache_Anweisung | strukturierte_Anweisung).
```

> Anmerkung 2

Eine Goto-Anweisung innerhalb eines Blockes kann sich auf eine Marke beziehen, die in einem umfassenden Block definiert ist, vorausgesetzt, diese Marke steht dort vor einer einfachen oder strukturierten Anweisung der äußersten Verschachtelungsebene von Anweisungen dieses Blockes.

6.8.2 EINFACHE ANWEISUNGEN

6.8.2.1 ALLGEMEINES

Eine einfache Anweisung ist eine Anweisung, die keine Anweisung enthält. Eine Leeranweisung enthält kein Symbol und repräsentiert keine Aktion.[58]

```
einfache_Anweisung = Leeranweisung  | Zuweisung |
                     Prozeduraufruf | Goto-Anweisung.
Leeranweisung      = .
```

6.8.2.2 ZUWEISUNGEN

Eine Zuweisung überträgt den Wert, der bei der Auswertung des Ausdrucks in der Zuweisung ermittelt wird, entweder auf

* die durch die verallgemeinerte Variable in der Zuweisung repräsentierte Variable oder
* das durch den Funktions-Bezeichner in der Zuweisung repräsentierte Ergebnis der Ausführung der Funktion (das Funktionsergebnis).

Der Wert des Ausdruckes muß zuweisungsverträglich zum Typ der verallgemeinerten Variablen bzw. des Ergebnisses der Ausführung der Funktion sein. Der mit dem Funktions-Bezeichner in der Zuweisung verknüpfte Funktionsblock (siehe 6.6.2) muß die Zuweisung enthalten.

```
Zuweisung =
     (verallgemeinerte_Variable | Funktions-Bezeichner) ":=" Ausdruck.
```

Die Reihenfolge des Zugriffs auf die Variable (entspricht der linken Seite der Zuweisung) bzw. der Auswertung des Ausdrucks (entspricht der rechten Seite der Zuweisung) ist implementierungsabhängig. Die durch den Zugriff ermittelte Referenz auf die Variable bleibt für den Rest der Abarbeitung der Zuweisung erhalten.

Der Zustand einer Variablen oder eines Funktionsergebnisses heißt <u>undefiniert</u>, wenn darauf noch kein Wert des entsprechenden Typs übertragen wurde.
Der Zustand einer Variablen von strukturiertem Typ heißt <u>vollständig undefiniert</u>, wenn jede ihrer Komponenten vollständig undefiniert ist, wobei für Variablen bzw. Funktionsergebnisse von nicht strukturiertem Typ "vollständig undefiniert" gleichbedeutend mit "undefiniert" ist.

<u>Beispiele:</u>

```
x := y + z
p := (1 <=i) and (i < 100)
i := sqr(k) - (i * j)
hue1 := [blue, succ(c)]
p1↑.mother := true
```

6.8.2.3 PROZEDURAUFRUFE

Ein Prozeduraufruf veranlaßt die Ausführung des Blockes, der gleich
dem Prozedurblock ist, der mit dem Prozedur-Bezeichner im Prozeduraufruf verknüpft ist. Wenn die Prozedur Formalparameter hat, dann muß der
Prozeduraufruf eine Aktualparameterliste mit den Aktualparametern
enthalten, die mit den entsprechenden Formalparametern verknüpft
werden, die in der Prozedurdeklaration definiert sind. Die Zuordnung
erfolgt gemäß den Positionen der Parameter in Aktual- bzw.
Formalparameterliste. Die Anzahl der Formal- und der Aktualparameter
muß gleich sein. Die Typen der Formal- und der Aktualparameter müssen
zueinander passen, wie in 6.6.3 spezifiziert. Die Reihenfolge der
Auswertung der, des Zugriffs auf, und der Bindung der Aktualparameter
ist implementierungsabhängig.
Der Prozedur-Bezeichner in einem Prozeduraufruf, der eine Read-
Parameterliste enthält, muß die Standardprozedur <u>read</u> bezeichnen. Der
Prozedur-Bezeichner in einem Prozeduraufruf, der eine Readln-
Parameterliste enthält, muß die Standardprozedur <u>readln</u> bezeichnen.
Der Prozedur-Bezeichner in einem Prozeduraufruf, der eine Write-
Parameterliste enthält, muß die Standardprozedur <u>write</u> bezeichnen.
Der Prozedur-Bezeichner in einem Prozeduraufruf, der eine Writeln-
Parameterliste enthält, muß die Standardprozedur <u>writeln</u> bezeichnen.

```
Prozeduraufruf = Prozedur-Bezeichner ( [Aktualparameterliste]  |
                                        Read-Parameterliste     |
                                        Readln-Parameterliste   |
                                        Write-Parameterliste    |
                                        Writeln-Parameterliste  ) .
```

<u>Beispiele:</u>

```
printheading
transpose(a, n, m)
bisect(fct, -1.0, +1.0, x)
AddVectors(m[1], m[2], m[k])
```

Anmerkung

Das vierte Beispiel gilt nicht für Stufe 0 der Norm.

6.8.2.4 GOTO-ANWEISUNGEN

Eine Goto-Anweisung veranlaßt die Fortsetzung der Ausführung von
Anweisungen an dem Programmpunkt, der durch die Marke in der
Goto-Anweisung repräsentiert ist, und verursacht die Beendigung aller
Ausführungen mit Ausnahme

(a) der Ausführung, die diesen Programmpunkt enthält,

(b) aller weiteren Ausführungen, die den Aktivierungspunkt einer
     Ausführung enthalten, die gemäß Ausnahme (a) oder (b) nicht
     beendigt werden darf.[59]

```
Goto-Anweisung = "goto" Marke .
```

6.8.3 STRUKTURIERTE ANWEISUNGEN

6.8.3.1 ALLGEMEINES

```
strukturierte_Anweisung = Verbundanweisung   | bedingte_Anweisung |
                          Wiederholungsanweisung | With-Anweisung .
Anweisungsfolge         = Anweisung { ";" Anweisung } .
```

Die Abarbeitung einer Anweisungsfolge veranlaßt die Abarbeitung der in
ihr enthaltenen Anweisungen in der Reihenfolge der Aufschreibung.
Diese Reihenfolge kann nur durch die Abarbeitung einer Goto-Anweisung
beeinflußt werden.

6.8.3.2 VERBUNDANWEISUNGEN

Eine Verbundanweisung veranlaßt die Abarbeitung der Anweisungsfolge in
der Verbundanweisung.

```
Verbundanweisung = "begin" Anweisungsfolge "end" .
```

Beispiel:

```
begin
  z := x;
  x := y;
  y := z
end
```

6.8.3.3 BEDINGTE ANWEISUNGEN

    bedingte_Anweisung = If-Anweisung | Case-Anweisung .

6.8.3.4 IF-ANWEISUNGEN

    If-Anweisung = "if" Boolescher_Ausdruck "then" Anweisung
                                    [Else-Teil] .
    Else-Teil   =   "else" Anweisung .

Wenn der Boolesche Ausdruck in der If-Anweisung den Wert true ergibt,
wird die Anweisung in der If-Anweisung ausgeführt (die Anweisung in
einem etwaigen Else-Teil nicht). Wenn der Boolesche Ausdruck den Wert
false ergibt, wird die Anweisung in der If-Anweisung nicht ausgeführt,
stattdessen wird die Anweisung im Else-Teil ausgeführt, falls ein
solcher vorhanden ist.
Auf eine If-Anweisung ohne Else-Teil darf nicht unmittelbar das
Wortsymbol else folgen.[60]

| Anmerkung |

    Ein Else-Teil gehört also zum nächst vorausgehenden then, das in
    der gleichen Anweisungsfolge unmittelbar enthalten ist.

Beispiele:

```
if x < 1.5
   then z := x + y
   else z := 1.5

if p1 <> nil then p1 := p1↑.father

if j = 0 then
   if i = 0 then writeln('indefinite')
           else writeln('infinite')
         else writeln(i / j)
```

6.8.3.5 CASE-ANWEISUNGEN

Die Werte, die durch Fallkonstanten in den Fallkonstantenlisten in den
Fall-Listenelementen in einer Case-Anweisung repräsentiert werden,
müssen paarweise verschiedene Werte des Ordinaltyps sein, der durch
den Ausdruck im Fall-Index in der Case-Anweisung bestimmt ist. Bei
Ausführung einer Case-Anweisung wird der Fall-Index ausgewertet. Der
Ergebniswert bestimmt dann die Abarbeitung der Anweisung in demjenigen
Fall-Listenelement, das die Fallkonstante, die diesen Wert repräsentiert, unmittelbar enthält. Eine der Fallkonstanten muß beim Eintritt
in die Case-Anweisung dem ermittelten Wert des Fall-Index gleich sein,
sonst handelt es sich um einen Fehler.[61]

Anmerkung

Fallkonstanten sind nicht dasselbe wie Marken in Anweisungen.

```
Case-Anweisung        = "case" Fall-Index "of"
                        Fall-Listenelement
                        {";" Fall-Listenelement} [ ";" ]
                       "end" .
Fall-Listenelement   = Fallkonstantenliste ":" Anweisung .
Fallkonstantenliste  = Fallkonstante { "," Fallkonstante } .
Fallkonstante        = Konstante .
Fall-Index           = Ausdruck .
```

Beispiel:

```
case operator of
  plus:     x := x + y;
  minus:    x := x - y;
  times:    x := x * y
end
```

6.8.3.6 WIEDERHOLUNGSANWEISUNGEN

Wiederholungsanweisungen veranlassen, daß bestimmte Anweisungen
wiederholt ausgeführt werden.

```
Wiederholungsanweisung =
                Repeat-Anweisung | While-Anweisung | For-Anweisung .
```

6.8.3.7 REPEAT-ANWEISUNGEN

```
Repeat-Anweisung = "repeat" Anweisungsfolge "until"
                                Boolescher_Ausdruck .
```

Die Anweisungsfolge in der Repeat-Anweisung wird so lange wiederholt
abgearbeitet, (außer wenn Ausführung einer Goto-Anweisung dies abän-
dert),bis der Boolesche Ausdruck in der Repeat-Anweisung bei Beendigung der Anweisungsfolge den Wert true ergibt. Die Anweisungsfolge
wird mindestens einmal abgearbeitet, da der Boolesche Ausdruck erst
nach Abarbeitung der Anweisungsfolge ausgewertet wird.

Beispiel:

```
repeat
   k := i mod j;
   i := j;
   j := k
until j = 0
```

6.8.3.8 WHILE-ANWEISUNGEN

```
While-Anweisung = "while" Bedingung "do" Anweisung .
```

Die While-Anweisung   while b do body
ist äquivalent zu

```
begin
   if b then
      repeat
         body
      until not (b)
end
```

Beispiele:

```
while i > 0 do begin              while not eof(f) do begin
   if odd(i) then z := z * x;        process(f↑);
   i := i div 2;                     get(f);
   x := sqr(x)                    end
end
```

6.8.3.9 FOR-ANWEISUNGEN

Die For-Anweisung veranlaßt die wiederholte Ausführung der Anweisung
in der For-Anweisung, wobei einer Variablen, die Laufvariable der
For-Anweisung heißt, eine Folge sukzessiver Werte zugewiesen wird.[62]

```
For-Anweisung      = "for" Laufvariable ":=" Anfangswert
                     ("to" | "downto") Endwert  "do" Anweisung .
Laufvariable       = Ganzvariable .
Anfangswert        = Ausdruck .
Endwert            = Ausdruck .
```

Die Laufvariable muß eine Ganzvariable sein, deren Bezeichner im
Variablendeklarationsteil in dem Block definiert ist, der die
For-Anweisung unmittelbar enthält. Die Laufvariable muß von einem
Ordinaltyp und der Anfangs- und Endwert müssen von einem mit diesem
verträglichen Typ sein. Der Anfangs- und der Endwert müssen
zuweisungsverträglich mit dem Typ der Laufvariablen sein, wenn die
Anweisung in der For-Anweisung ausgeführt wird. Nach der Ausführung
einer For-Anweisung ist die Laufvariable undefiniert - es sei denn,
die For-Anweisung wird durch eine Goto-Anweisung verlassen. Weder die
For-Anweisung noch ein Prozedur- und Funktionsdeklarationsteil des
Blockes, der die For-Anweisung unmittelbar enthält, dürfen eine
Anweisung enthalten, die die Laufvariable gefährdet.

Eine Anweisung A _gefährdet_ eine Variable V, wenn mindestens eine der
folgenden Aussagen gilt:

(a)   A ist eine Zuweisung, und V wird durch die verallgemeinerte
      Variable (auf der linken Seite) in dieser Zuweisung
      repräsentiert.

(b)   A enthält einen Aktualparameter zu einem formalen
      Variablenparameter, und dieser Aktualparameter repräsentiert V.

(c)   A ist ein Prozeduraufruf zur Aktivierung der Standardprozedur
      read oder readln und V wird durch einen in A unmittelbar
      enthaltenen Aktualparameter repräsentiert.

(d)   A ist eine For-Anweisung und V wird durch die Laufvariable in A
      repräsentiert.

Außer den beschriebenen Einschränkungen gilt für die For-Anweisungen
folgendes:

```
for v := a1 to a2 do body                for v := a1 downto a2 do body


    ist äquivalent zu                        ist äquivalent zu

begin                                    begin
    temp1 := a1;                             temp1 := a1;
    temp2 := a2;                             temp2 := a2;
    if temp1 <= temp2 then                  if temp1 >= temp2 then
       begin                                   begin
       v := temp1;                             v := temp1;
       body;                                   body;
       while v <> temp2 do                     while v <> temp2 do
          begin                                   begin
          v := succ(v);                           v := pred(v);
          body                                    body
          end                                     end
       end                                     end
    end                                  end
```

Hierbei repräsentieren temp1 und temp2 geeignete Hilfsvariablen, die
das Programm nicht anderweitig enthält. Wenn der Typ der Variablen v
kein Teilbereichstyp ist, dann müssen a1 und a2 diesen Typ haben –
andernfalls den Wirtstyp dieses Typs.

<u>Beispiele:</u>

```
for i := 2 to 63 do
   if a[i] > max then max := a[i]

for i := 1 to 10 do
   for j := 1 to 10 do
      begin
      x := 0;
      for k := 1 to 10 do
         x := x + m1[i, k] * m2[k, j];
      m[i, j] := x
      end

for i := 1 to 10 do
   for j := 1 to i - 1 do
      m[i][j] := 0.0

for c := blue downto red do q(c)
```

6.8.3.10 WITH-ANWEISUNGEN

```
With-Anweisung  = "with" Record-Variablen-Liste "do" Anweisung .
Record-Variablen-Liste = Record-Variable { "," Record-Variable} .
Feldauswahl-Bezeichner = Bezeichner .
```

Eine With-Anweisung veranlaßt die Ausführung der Anweisung in der
With-Anweisung. Das Auftreten einer Record-Variablen als einzige
Record-Variable in der Record-Variablen-Liste in einer With-Anweisung
ist der Definitionspunkt aller Feld-Bezeichner, die mit den
Komponenten des Record-Typs der Record-Variablen verknüpft sind, als
Feldauswahl-Bezeichner für das Gebiet, das die Anweisung in der
With-Anweisung ist. Jede Anwendung eines Feldauswahl-Bezeichners
repräsentiert diejenige Komponente der Record-Variablen, die gemäß der
Struktur des Record-Typs mit dem Feld-Bezeichner verknüpft ist. Auf
die Record-Variable wird vor Ausführung der Anweisung in der
With-Anweisung zugegriffen. Die dabei ermittelte Referenz existiert
als Referenz auf die Variable während der gesamten Abarbeitung der
Anweisung in der With-Anweisung.

Die Anweisung
```
        with v1,v2,..,vn do s
```

ist gleichbedeutend mit[63]
```
        with v1 do
          with v2 do
            ...
              with vn do s
```

Beispiel:

```
with date do
if month = 12 then
   begin month := 1; year := year + 1
   end
else  month := month + 1
```

hat die gleiche Wirkung auf die Variable date wie

```
if date.month = 12 then
   begin date.month := 1; date.year := date.year + 1
   end
else date.month := date.month + 1
```

6.9 EIN- UND AUSGABE

6.9.1 DIE PROZEDUR READ

Die Syntax der Parameterliste von <u>read</u> bei der Anwendung auf Textdateien ist

    Read-Parameterliste = "(" [Dateivariable ","]
        verallgemeinerte_Variable {"," verallgemeinerte_Variable} ")".

Wenn die Dateivariable fehlt, wird die Prozedur auf die vordefinierte Textdatei <u>input</u> angewandt.[64]

Im folgenden repräsentieren f eine Textdatei und v1..vn verallgemeinerte Variablen, deren Typ sein kann

- der Char-Typ oder ein Teilbereich davon,
- der Integer-Typ oder ein Teilbereich davon,
- der Real-Typ.

Für die Prozedur Read gelten dann folgende Anforderungen:

(a)   read(f,v1,...vn) ist äquivalent zu[65]
       begin read(f,v1); ... ; read(f,vn) end

(b)   Wenn v eine verallgemeinerte Variable vom Char-Typ oder eines Teilbereichs davon ist, ist read(f,v) gleichbedeutend mit
       begin v := f↑; get(f) end[66]

> [Anmerkung]
>
> Die verallgemeinerte Variable ist kein Variablenparameter. Daher kann sie Komponente einer gepackten Struktur sein und der Wert der Puffervariablen braucht lediglich zuweisungsverträglich zu ihrem Typ zu sein.

(c)   Wenn v eine verallgemeinerte Variable vom Integer-Typ oder einem Teilbereich davon ist, dann bewirkt read(f,v) folgendes:

- Es wird von f eine Folge von Einzelzeichen gelesen.

- Führende Leerzeichen und Zeilenenden werden übersprungen.

- Es ist ein Fehler, wenn die anschließende Zeichenfolge keine Integer-Zahl gemäß 6.1.5 bildet.

- Das Einlesen der Zeichenfolge wird beendet, sobald auf die Puffervariable f↑ ein Wert übertragen wird, der nicht mehr in der Integer-Zahl enthalten sein kann.

- Der durch die so gelesene Zahl repräsentierte Wert muß zuweisungsverträglich mit dem Typ von v sein und wird auf v übertragen.

(d)   Wenn v eine verallgemeinerte Variable vom Real-Typ ist, bewirkt
        read(f,v) folgendes:

   ●   Es wird von f eine Folge von Einzelzeichen gelesen.

   ●   Führende Leerzeichen und Zeilenenden werden übersprungen.

   ●   Es ist ein Fehler, wenn die darauf folgende Zeichenfolge keine
        Real-Zahl gemäß 6.1.5 bildet.

   ●   Das Einlesen der Zeichenfolge wird beendet, sobald die Puffer-
        variable f↑ einen Zeichenwert annimmt, der nicht mehr in der
        Real-Zahl enthalten sein kann.

   ●   Der durch die so gelesene Zahl repräsentierte Wert wird auf v
        übertragen.

(e)   Wenn Read auf f angewendet wird, ist es ein Fehler, wenn die
        Puffervariable f↑ undefiniert ist oder die Vorbedingungen für get
        nicht gelten (siehe 6.4.3.5 und 6.6.5.2).

6.9.2 DIE PROZEDUR READLN

Die Syntax der Parameterliste von <u>readln</u> ist:

    Readln-Parameterliste = ["("(Dateivariable|verallgemeinerte_Variable)
                            {"," verallgemeinerte_Variable} ")"] .

Readln darf nur auf Textdateien angewendet werden. Wenn die
Dateivariable oder die gesamte Readln-Parameterliste fehlt, wird die
Prozedur auf die vordefinierte Textdatei <u>input</u> angewandt.

readln(f,v1,...,vn) ist äquivalent zu

    begin read(f,v1,...,vn); readln(f) end

readln(f) ist äquivalent zu

    begin while not eoln(f) do get(f); get(f) end

> Anmerkung

Die Wirkung von readln besteht darin, die aktuelle Position genau
hinter das Ende der aktuellen Zeile der Textdatei zu setzen. Wenn
dies nicht die Dateiende-Position ist, befindet sich die aktuelle
Position nach readln daher am Anfang der nächsten Zeile.[67]

6.9.3 DIE PROZEDUR WRITE

Die Syntax der Parameterliste von <u>write</u> bei der Anwendung auf
Textdateien ist:

```
    Write-Parameterliste  = "(" [Dateivariable ","]
                              Write-Parameter {"," Write-Parameter} ")" .
    Write-Parameter       = Ausdruck [ ":" Ausdruck [ ":" Ausdruck ]] .
```

Wenn die Dateivariable fehlt, wird die Prozedur auf die vordefinierte
Textdatei <u>output</u> angewandt. Wenn write auf eine Textdatei f angewandt
wird, ist es ein Fehler, wenn f undefiniert oder f.M = Inspektion ist
(siehe 6.4.3.5). Eine Anwendung von Write auf eine Textdatei f
bewirkt, daß die Puffervariable f↑ undefiniert wird.
Wenn f eine Textdatei und p1,..,pn Write-Parameter repräsentieren,
dann gilt:

write(f,p1,...,pn) ist äquivalent zu

```
    begin write(f,p1);...; write(f,pn) end
```

6.9.3.1 WRITE-PARAMETER

Write-Parameter können folgende Formen annehmen:
* a : GesamtAusgabeLaenge : ZiffernNachDemDezimalpunkt
* a : GesamtAusgabeLaenge
* a

wobei a jeweils ein Ausdruck ist, dessen Wert in die Datei f
geschrieben wird. a kann ein Wert eines der folgenden Typen sein:
* Integer-Typ
* Real-Typ
* Char-Typ
* Boolean-Typ
* ein Zeichenkettentyp

GesamtAusgabeLaenge und ZiffernNachDemDezimalpunkt sind Ausdrücke,
deren Werte vom Integer-Typ sein müssen. Ihre Werte werden als
Ausgabefeldlängen-Parameter benutzt und müssen grösser oder gleich 1
sein. Es ist ein Fehler, wenn sie einen Wert kleiner als 1 annehmen.
write(f,a) ist äquivalent zur Form

```
    write(f,a:GesamtAusgabeLaenge) ,
```

wobei ein vorgegebener Wert für GesamtAusgabeLaenge je nach Typ von a
benutzt wird. Dieser ist für die Ausgabe von Werten vom Integer-Typ,
vom Real-Typ und vom Boolean-Typ implementierungsdefiniert.
Die Form
write(f,a: GesamtAusgabeLaenge: ZiffernNachDemDezimalpunkt)

ist nur anwendbar, wenn a ein Wert des Real-Typs ist (siehe
6.9.3.4.2).

6.9.3.2 AUSGABE VON WERTEN DES CHAR-TYPS

Wenn a vom Char-Typ ist, dann ist 1 der Standardwert für GesamtAusgabelaenge. In die Datei f werden geschrieben:

- (GesamtAusgabeLaenge - 1) Leerzeichen
- der Zeichenwert von a.

6.9.3.3 AUSGABE VON WERTEN DES INTEGER-TYPS

Wenn a vom Integer-Typ ist, dann wird die Dezimaldarstellung des Werte von a (Vorzeichen und Dezimalziffern) in die Datei f geschrieben. Eine Funktion IntegerLaenge sei wie folgt definiert:

```
function IntegerLaenge (x: integer) : integer;
{ Liefert die Anzahl z der Ziffern, so daß gilt:
   10 hoch (z-1)  <=  abs(x)  <  10 hoch z }
```

und eine positive ganze Zahl IntZiffern sei definiert durch:

    if a = 0 then IntZiffern := 1 else Intziffern := IntegerLaenge(a)

dann besteht die Dezimaldarstellung aus

(a)   wenn GesamtLaenge $\geq$ IntZiffern + 1:
        (GesamtLaenge - IntZiffern - 1)   Leerzeichen,
        wenn a < 0 das Vorzeichen '-', sonst ein Leerzeichen,
        IntZiffern Ziffern der Dezimaldarstellung von abs(a).[68]

(b)   wenn GesamtLaenge < IntZiffern + 1:
        Wenn a < 0 das Vorzeichen '-',
        IntZiffern Ziffern der Dezimaldarstellung von abs(a).

6.9.3.4 AUSGABE VON WERTEN DES REAL-TYPS

Wenn a ein Wert des Real-Typs ist, dann wird eine Dezimaldarstellung des Wertes in die Datei geschrieben, und zwar gerundet auf die gewünschte Anzahl signifikanter Stellen.[69]

6.9.3.4.1 DIE GLEITPUNKT-DARSTELLUNG

write(f, a:GesamtAusgabeLaenge) bewirkt, daß eine Gleitpunkt-Darstellung von a geschrieben wird.[70]

Folgende Funktionen seien gegeben:

```
function ZehnHoch (Int : integer) : real;
   { liefert 10.0 hoch Int }

function RealGroesse (y : real) : integer;
   { liefert den Wert z>0  für die Anzahl der Ziffern von y
     mit        ZehnHoch(z-1)  <=  abs(y)  <  ZehnHoch(z) }

function Abschneiden (y : real; DezStellen : integer) : real;
   { liefert den Wert von y nach dem Verkürzen auf DezStellen }
```

ExpZiffern sei die implementierungsdefinierte Anzahl von Dezimalstellen, die im Exponenten geschrieben werden.
AktAusgabeLaenge sei eine wie folgt definierte positive ganze Zahl:

```
    AktAusgabeLaenge:
                if GesamtAusgabeLaenge >= ExpZiffern + 6
                   then AktAusgabeLaenge := GesamtAusgabeLaenge
                   else AktAusgabeLaenge := ExpZiffern + 6
```

Die nichtnegative Real-Zahl aFertig, die positive Integer-Zahl DezStellen und die Integer-Zahl ExpWert seien definiert durch:

```
   DezStellen := AktAusgabeLaenge - ExpZiffern - 5;
   if a = 0.0
       then begin aFertig := 0.0 ; ExpWert := 0 end
       else
       begin
       aFertig := abs(a);
       ExpWert := RealGroesse(aFertig) - 1;
       aFertig := aFertig / ZehnHoch(ExpWert);
       aFertig := aFertig + 0.5 * ZehnHoch(-DezStellen);
       if aFertig >= 10.0
           then
           begin
           aFertig := aFertig / 10.0;
           ExpWert := ExpWert + 1;
           end;
       aFertig := Abschneiden(aFertig, DezStellen)
       end;
```

Dann besteht die Gleitpunkt-Darstellung des Wertes von a aus:

    Vorzeichen:
            '-' wenn ((a < 0) und (aFertig > 0)), sonst Leerzeichen,
    der Stelle vor dem Dezimalpunkt:
            die führende Ziffer von aFertig,
    dem Dezimalpunkt:
            '.' ,
    den Dezimalstellen:
            die nächsten DezStellen Ziffern der Dezimaldarstellung
            von aFertig,
    einem implementierungsdefinierten Exponentenzeichen:
            entweder 'e' oder 'E',
    dem Vorzeichen von ExpWert:
            '-', falls ExpWert <0, sonst '+',
    den ExpZiffern Dezimalziffern von ExpWert, falls nötig mit
            führenden Nullen.

6.9.3.4.2 DIE FESTPUNKT-DARSTELLUNG

Die Form
write(f, a : GesamtAusgabeLaenge : ZiffernNachDemPunkt)
bewirkt die Ausgabe der Festpunkt-Darstellung von a in die Datei f.[71]
Die Funktionen Abschneiden und ZehnHoch seien definiert, wie in
6.9.3.4.1.

Die nichtnegative Zahl aFertig sei definiert durch

```
    if a = 0.0
       then aFertig := 0.0
       else
       begin
       aFertig := abs(a);
       aFertig := aFertig + 0.5 * ZehnHoch(-ZiffernNachDemPunkt);
       aFertig := Abschneiden(aFertig, ZiffernNachDemPunkt)
       end;
```

die positive Integer-Zahl IntZiffern sei definiert durch

```
    if RealGroesse(aFertig) < 1
       then IntZiffern := 1
       else IntZiffern := RealGroesse(aFertig);
```

und die positive Integer-Zahl MinNumChars sei definiert durch

```
    MinNumChars := IntZiffern  + ZiffernNachDemPunkt + 1;
    if (a < 0.0) and (aFertig > 0)
       then MinNumChars := MinNumChars + 1;
                                        { für das Minuszeichen }
```

Dann besteht die Festpunkt-Darstellung des Wertes von a aus:

    wenn GesamtAusgabeLaenge ≥ MinNumChars dann:
        (GesamtAusgabeLaenge - MinNumChars) Leerzeichen,
    wenn (a < 0) und (aFertig > 0):
        dem Vorzeichen '-' ,
    den ersten IntZiffern Ziffern der Dezimal-Darstellung
        von aFertig ,
    dem Dezimalpunkt '.' ,

    den nächsten ZiffernNachDemPunkt Ziffern der Dezimal-
    Darstellung von aFertig.

Anmerkung

    Es werden mindestens MinNumChars Zeichen geschrieben. Wenn die
    GesamtAusgabeLaenge kleiner ist als dieser Wert, werden keine
    führenden Leerzeichen geschrieben.

6.9.3.5 AUSGABE VON WERTEN DES BOOLEAN-TYPS

Wenn a ein Wert des Boolean-Typs ist, dann wird je nach Wert von a
eine Darstellung des Wertes false oder true auf die Datei geschrieben,
die dem Schreiben der Zeichenketten 'True' bzw. 'False' mit dem
Ausgabefeldlängen-Parameter GesamtAusgabeLaenge gleichwertig ist. Die
Regeln entsprechen denen von Abschnitt 6.9.3.6 . Ob Groß- oder
Kleinschreibung verwendet wird, ist für jeden einzelnen Buchstaben
implementierungsdefiniert.

6.9.3.6 AUSGABE VON WERTEN VON ZEICHENKETTENTYPEN

Im Falle der Ausgabe einer Zeichenkette a eines Zeichenkettentyps mit
n Komponenten ist n der Standardwert für die GesamtAusgabeLaenge.
Die Darstellung besteht aus:

    Wenn GesamtAusgabeLaenge > n dann:
        (GesamtAusgabeLaenge - n) Leerzeichen,
        die n Zeichen der Zeichenkette a in
        natürlicher Reihenfolge,

    wenn 1 <= GesamtAusgabeLaenge <= n dann:
        die Zeichen der Zeichenkette vom Zeichen 1
        bis zum Zeichen   GesamtAusgabeLaenge
        in natürlicher Ordnung.

6.9.4 DIE PROZEDUR WRITELN

Die Syntax der Parameterliste von writeln ist:

    Writeln-Parameterliste = ["(" (Dateivariable | Write-Parameter)
                               { "," Write-Parameter } ")"] .

Writeln darf nur auf Textdateien angewandt werden. Wenn die
Dateivariable oder die gesamte Writeln-Parameterliste fehlt, wird die
Prozedur auf die vordefinierte Textdatei <u>output</u> angewandt.

    writeln(f,p1,...,pn) ist äquivalent zu
    begin write(f,p1,...,pn); writeln(f) end

Writeln ist definiert durch Vorbedingungen und Konsequenzen gemäß der
Notation von 6.6.5.2:

Vorbedingung   (f0 ist nicht undefiniert) und (f0.M = Generierung)
                    und (f0.R = F( )).

Konsequenz   (f.L = (f0.L⁻F(a))) und
                    (f↑ ist vollständig undefiniert)
                    und (f.R = F( )) und f.M = Generierung,
                    wobei F(a) die Folge ist, die nur aus dem
                    Zeilenende besteht, das in 6.4.3.5 definiert ist.

Anmerkung

    writeln(f) beendet die bis zu diesem Zeitpunkt teilweise bzw. noch
    gar nicht generierte Zeile. Nach den Konventionen von 6.6.5.2 ist
    es ein Fehler, wenn die Vorbedingungen vor der Ausführung von
    writeln(f) nicht erfüllt sind.[72]

6.9.5 DIE PROZEDUR PAGE

Es ist ein Fehler, wenn die für die Ausführung von writeln(f)
erforderlichen Vorbedingungen (siehe 6.9.4) vor der Ausführung von
<u>page</u> nicht gelten.
Wenn die Aktualparameterliste fehlt, wird die Prozedur auf die
vordefinierte Textdatei <u>output</u> angewandt. page(f) führt zu einer
implementierungsdefinierten Wirkung auf die Datei f. Jedoch muß stets
gelten:

● Weiterer Text, der in die Datei f ausgegeben wird, erscheint auf
  einer neuen Seite, wenn f in geeigneter Weise auf einem Gerät (mit
  Seitensteuerung) gedruckt wird.

● Wenn f.L nicht leer und f.L.Letzt nicht die Zeilenende - Komponente
  ist (siehe 6.4.3.5), so wird implizit ein writeln(f) ausgeführt,

● f↑ wird vollständig undefiniert.

Die Wirkung der Inspektion einer Textdatei, bei deren Generierung die
Prozedur page angewendet wurde, ist implementierungsabhängig.

6.10 PROGRAMME

```
Programm       = Programmkopf ";" Programmblock "." .
Programmkopf = "program" Bezeichner [ "("Programmparameterliste")" ].
Programmparameterliste = Bezeichnerliste .
Programmblock       = Block .
```

Der Bezeichner im Programmkopf ist der Programmname; er besitzt keine
Bedeutung innerhalb des Programms. Die Bezeichner in der
Programmparameterliste müssen voneinander verschieden sein und heißen
Programmparameter. Jeder Programmparameter muß einen Definitionspunkt
als Variablen-Bezeichner für das Gebiet besitzen, das der
Programmblock ist. Die Bindung der Variablen, die durch die Programmparameter repräsentiert werden, zu Größen außerhalb des Programmes ist
implementierungsabhängig; bzw. wenn die Variable vom File-Typ ist,
implementierungsdefiniert.

| Anmerkung |

   Weder die externe Darstellung solcher externen Größen, noch
   irgendeine Eigenschaft eines Pascal-Programms, die sich auf solch
   eine Darstellung stützt, ist durch diese Norm definiert.

Das Auftreten des vordefinierten Bezeichners _input_ bzw. _output_ als
Programmparameter ist sein Definitionspunkt als Variablen-Bezeichner
mit dem vordefinierten Typ, der durch den vordefinierten Bezeichner
text repräsentiert wird, für das Gebiet, das der Programmblock ist.
Dieses Auftreten des Bezeichners _input_ setzt die Konsequenzen der
Prozedur _reset_ in Kraft.
Dieses Auftreten des Bezeichners _output_ setzt die Konsequenzen der
Prozedur _rewrite_ in Kraft.
Dies geschieht jeweils vor dem ersten Zugriff auf die Textdatei oder
die mit ihr verknüpfte Puffervariable.
Die Wirkung der Standardprozeduren reset bzw. rewrite auf eine dieser
Textdateien ist implementierungsdefiniert.

BEISPIELE

```pascal
program copy (f, g);
var f, g : file of real;
begin
   reset(f); rewrite(g);
   while not eof(f) do begin
      g↑ := f↑;
      get(f); put(g);
      end;
end.



program copytext (input,output);
 {Dieses Programm kopiert die Zeichen und
    Zeilenstruktur der Textdatei Input in die
    Textdatei Output.}
var ch : char;
begin
   while not eof do begin
      while not eoln do begin
         read(ch); write(ch);
         end;
      readln; writeln;
      end
end.
```

```pascal
program t6p6p3p4 (output);
var globalone, globaltwo : integer;

  procedure dummy;
   begin
     writeln('fail4')
   end {of dummy};

  procedure p (procedure f(procedure ff; procedure gg);
               procedure g);
    var localtop : integer;

  procedure r;
   begin
     if globalone = 1 then begin
         if (globaltwo <> 2) or (localtop <> 1) then
            writeln('fail1')
         end
     else if globalone = 2 then begin
         if (globaltwo <> 2) or (localtop <> 2) then
            writeln('fail2')
         else
            writeln('pass')
         end
     else
         writeln('fail3');
     globalone := globalone + 1
     end {of r};

  begin {of p}
   globaltwo := globaltwo + 1;
   localtop := globaltwo ;
   if globaltwo = 1 then
       p(f,r)
   else
       f(g,r)
  end {of p};

  procedure q (procedure f; procedure g);
    begin
       f;g
    end {of q};

begin
   globalone := 1;
   globaltwo := 0;
   p(q, dummy)
end.
```

ANHANG A : ZUSAMMENFASSUNG DER SYNTAX

Die nichtterminalen Symbole <u>Zeigertyp</u>, <u>Programm</u>, <u>Zahl</u>, <u>einfacher Typ</u>, <u>Spezialsymbol</u> und <u>strukturierter Typ</u> werden nur zur Beschreibung der Semantik verwendet und erscheinen nicht auf der rechten Seite in irgendeiner Produktion. Das nichtterminale Symbol <u>Programm</u> ist das Startsymbol der Grammatik.

```
Aktualparameter         = Ausdruck | verallgemeinerte_Variable |
                          Prozedur-Bezeichner | Funktions-Bezeichner.

Aktualparameterliste = "(" Aktualparameter
                                { "," Aktualparameter } ")".

Anfangswert         = Ausdruck .

Anweisung = [ Marke ":" ]
              (einfache_Anweisung | strukturierte_Anweisung).

Anweisungsfolge         = Anweisung { ";" Anweisung } .

Anweisungsteil = Verbundanweisung.

Apostrophdarstellung = "'".

Array-Typ = "array" "[" Indextyp {"," Indextyp }"]"
                "of" Komponententyp.

Array-Variable        = verallgemeinerte_Variable.

Aufzählungstyp     = "(" Bezeichnerliste ")".

Ausdruck = einfacher_Ausdruck
              [Vergleichsoperator einfacher_Ausdruck].

Basistyp = Ordinaltyp.

bedingte_Anweisung = If-Anweisung | Case-Anweisung .

Bezeichner = Buchstabe {Buchstabe | Ziffer}.

Bezeichnerliste   = Bezeichner {"," Bezeichner }.

Block = Markendeklarationsteil
        Konstantendefinitionsteil
        Typdefinitionsteil
        Variablendeklarationsteil
        Prozedur-und_Funktionsdeklarationsteil
        Anweisungsteil.

boolescher_Ausdruck = Ausdruck.

Bruchteil        = Ziffernfolge.
```

```
Buchstabe        = "a"|"b"|"c"|"d"|"e"|"f"|"g"|"h"|"i"|"j"|
                   "k"|"l"|"m"|"n"|"o"|"p"|"q"|"r"|"s"|"t"|
                   "u"|"v"|"w"|"x"|"y"|"z".

Case-Anweisung        = "case" Fall-Index "of"
                          Fall-Listenelement
                            {";" Fall-Listenelement} [ ";" ]
                        "end" .

Dateivariable    = verallgemeinerte_Variable.

Direktive = Buchstabe {Buchstabe | Ziffer}.

Domänentyp    = Typ-Bezeichner.

dynamische_Variable = Zeigervariable "↑".

einfache_Anweisung = Leeranweisung   | Zuweisung |
                     Prozeduraufruf | Goto-Anweisung.

einfacher-Typ-Bezeichner       = Typ-Bezeichner.

einfacher_Ausdruck = [Vorzeichen] Term {Summationsoperator Term}.

einfacher_Typ         = Ordinaltyp | Real-Typ-Bezeichner.

Elementebestimmung       = Ausdruck [ ".." Ausdruck].

Else-Teil     =                 "else" Anweisung .

Endwert           = Ausdruck .

Ergebnistyp             = Einfacher-Typ-Bezeichner |
                          Zeigertyp-Bezeichner .

Exponent          = Integer-Zahl.

Faktor    > verallgemeinerte_Variable |
            vorzeichenlose_Konstante  |
            Funktionsaufruf              |
            Mengenbildner               |
            "(" Ausdruck ")"            |
            "not" Faktor.

Faktor              > Grenz-Bezeichner .

Fall-Index          = Ausdruck .

Fall-Listenelement = Fallkonstantenliste ":" Anweisung .

Fallkonstante       = Konstante .

Fallkonstantenliste = Fallkonstante { "," Fallkonstante } .

Feld-Bezeichner    = Bezeichner.
```

```
Feldauswahl          = Record-Variable "." Feldspezifikator   |
                             Feldauswahl-Bezeichner.

Feldauswahl-Bezeichner = Bezeichner .

Feldliste    = [(Festteil [";" Variantteil] | Variantteil)
                             [";"]].

Feldspezifikator  = Feld-Bezeichner.

Festteil      = Record-Abschnitt {";" Record-Abschnitt}.

File-Typ  = "file" "of" Komponententyp.

For-Anweisung        = "for" Laufvariable ":=" Anfangswert
                    ("to" | "downto") Endwert  "do" Anweisung .

Formalparameterabschnitt > Wertparameter-Spezifikation        |
                           Variablenparameter-Spezifikation |
                           Parameterprozedur-Spezifikation |
                           Parameterfunktions-Spezifikation .

Formalparameterabschnitt > Konformreihungs-Parameter-Spezifikation.

Formalparameterliste = "(" Formalparameterabschnitt
                         { ";" Formalparameterabschnitt } ")".

Funktions-Bezeichner     = Bezeichner .

Funktionsaufruf         = Funktions-Bezeichner [ Aktualparameterliste].

Funktionsblock          = Block .

Funktionsdeklaration     = Funktionskopf ";" Direktive |
                         Funktionsidentifikation ";" Funktionsblock |
                         Funktionskopf ";" Funktionsblock .

Funktionsidentifikation = "function" Funktions-Bezeichner .

Funktionskopf           =
   "function" Bezeichner [Formalparameterliste] ":" Ergebnistyp .

Ganzvariable            = Variablen-Bezeichner.

gepacktes_Konformreihungs-Schema =
            "packed" "array" "[" Indextyp-Spezifikation "]"
                                     "of" Typ-Bezeichner.

Goto-Anweisung = "goto" Marke .

Grenz-Bezeichner = Bezeichner.

If-Anweisung = "if" boolescher_Ausdruck "then" Anweisung
                                    [Else-Teil] .

Indexausdruck          = Ausdruck.
```

Indextyp = Ordinaltyp .

Indextyp-Spezifikation   =
            Bezeichner ".." Bezeichner ":" Ordinaltyp-Bezeichner.

indizierte_Variable = Array-Variable "[" Indexausdruck
                            { "," Indexausdruck } "]".

Integer-Zahl   = [Vorzeichen] vorzeichenlose_Integer-Zahl.

Kennungsfeld   = Bezeichner.

Kennungstyp   =   Ordinaltyp-Bezeichner.

Komponententyp = Typangabe.

Komponentenvariable = indizierte_Variable | Feldauswahl.

Konformreihungs-Parameter-Spezifikation =
            Wert-Konformreihungs-Spezifikation |
            Variablen-Konformreihungs-Spezifikation.

Konformreihungs-Schema   = gepacktes_Konformreihungs-Schema |
                                 ungepacktes_Konformreihungs-Schema.

Konstante =[Vorzeichen](vorzeichenlose_Zahl | Konstanten-Bezeichner)
          | Zeichenkette.

Konstanten-Bezeichner = Bezeichner.

Konstantendefinition = Bezeichner "=" Konstante.

Konstantendefinitionsteil = ["const" Konstantendefinition ";"
                            {Konstantendefinition ";"}].

Laufvariable   = Ganzvariable .

Leeranweisung   = .

Marke = Ziffernfolge.

Markendeklarationsteil   = ["label" Marke {"," Marke } ";"].

Mengenbildner   = "[" [Elementebestimmung
                            { "," Elementebestimmung}]"]".

Multiplikationsoperator = "*" | "/" | "div" | "mod" | "and".

neuer_Ordinaltyp   = Aufzählungstyp | Teilbereichstyp.

neuer_strukturierter_Typ = ["packed"]ungepackter_strukturierter_Typ.

neuer_Typ   = neuer_Ordinaltyp | neuer_strukturierter_Typ |
                   neuer_Zeigertyp.

neuer_Zeigertyp = "↑" Domänentyp.

Ordinaltyp   = neuer_Ordinaltyp | Ordinaltyp-Bezeichner.

Ordinaltyp-Bezeichner = Typ-Bezeichner.

Parameterfunktions-Spezifikation = Funktionskopf.

Parameterprozedur-Spezifikation = Prozedurkopf.

Programm   = Programmkopf ";" Programmblock "." .

Programmblock   = Block .

Programmkopf = "program" Bezeichner ["("Programmparameterliste")"].

Programmparameterliste = Bezeichnerliste .

Prozedur-Bezeichner   = Bezeichner.

Prozedur-und_Funktionsdeklarationsteil =
             { (Prozedurdeklaration | Funktionsdeklaration) ";"}.

Prozeduraufruf = Prozedur-Bezeichner ([Aktualparameterliste] |
                                         Read-Parameterliste |
                                         ReadLn-Parameterliste |
                                         Write-Parameterliste |
                                         Writeln-Parameterliste   ) .

Prozedurblock   = Block.

Prozedurdeklaration   = Prozedurkopf ";" Direktive |
                          Prozeduridentifikation ";" Prozedurblock |
                          Prozedurkopf ";" Prozedurblock .

Prozeduridentifikation = "procedure" Prozedur-Bezeichner.

Prozedurkopf = "procedure" Bezeichner [Formalparameterliste].

Puffervariable = Dateivariable "↑".

Read-Parameterliste = "(" [Dateivariable ","]
    verallgemeinerte_Variable {"," verallgemeinerte_Variable} ")".

ReadLn-Parameterliste = ["("(Dateivariable|verallgemeinerte_Variable)
                        {"," verallgemeinerte_Variable} ")"] .

Real-Typ-Bezeichner = Typ-Bezeichner.

Real-Zahl   = [Vorzeichen] vorzeichenlose_Real-Zahl.

Record-Abschnitt = Bezeichnerliste ":" Typangabe.

Record-Typ = "record" Feldliste "end".

Record-Variable   = verallgemeinerte_Variable.

Record-Variablen-Liste = Record-Variable { "," Record-Variable} .

Repeat-Anweisung = "repeat" Anweisungsfolge "until"
                                   boolescher_Ausdruck .

Selektorkonstante = Konstante.

Selektorkonstanten-Liste = Selektorkonstante{"," Selektorkonstante}.

Set-Typ = "set" "of" Basistyp.

Spezialsymbol = "+"|"-"|"*"|"/"|"="|"<"|">"|"["|"]"|
                "."|","|":"|";"|"↑"|"("|")"|"<>"|
                "<="|">="|":="|".."| Wortsymbol.

strukturierte_Anweisung = Verbundanweisung | bedingte_Anweisung |
                          Wiederholungsanweisung | With-Anweisung .

strukturierter-Typ-Bezeichner = Typ-Bezeichner.

strukturierter_Typ   = neuer_strukturierter_Typ |
                 strukturierter-Typ-Bezeichner.

Summationsoperator   = "+" | "-" | "or".

Teilbereichstyp = Konstante ".." Konstante.

Term   = Faktor {Multiplikationsoperator Faktor}.

Typ-Bezeichner   = Bezeichner.

Typangabe   = Typ-Bezeichner | neuer_Typ.

Typdefinition = Bezeichner "=" Typangabe.

Typdefinitionsteil   = ["type" Typdefinition ";"
                                 {Typdefinition ";" }].

ungepackter_strukturierter_Typ = Array-Typ | Record-Typ |
                          Set-Typ | File-Typ.

ungepacktes_Konformreihungs-Schema =
            "array" "[" Indextyp-Spezifikation
                   { ";" Indextyp-Spezifikation } "]"
            "of" (Typ-Bezeichner | Konformreihungs-Schema).

Variablen-Bezeichner = Bezeichner.

Variablen-Konformreihungs-Spezifikation =
            "var" Bezeichnerliste ":" Konformreihungs-Schema.

Variablendeklaration = Bezeichnerliste ":" Typangabe.

Variablendeklarationsteil = ["var" Variablendeklaration ";"
                                 {Variablendeklaration ";"}].

Variablenparameter-Spezifikation = "var" Bezeichnerliste ":"
                                              Typ-Bezeichner.

Variante   = Selektorkonstanten-Liste ":" "(" Feldliste ")".

Variantenselektor = [Kennungsfeld ":"] Kennungstyp.

Variantteil ="case" Variantenselektor "of" Variante{";"Variante}.

verallgemeinerte_Variable = Ganzvariable |
                            Komponentenvariable |
                            dynamische_Variable |
                            Puffervariable.

Verbundanweisung = "begin" Anweisungsfolge "end" .

Vergleichsoperator = "=" | "<>" | "<" | ">" | "<=" | ">=" | "in".

Vorzeichen   = "+" | "-".

vorzeichenlose_Integer-Zahl = Ziffernfolge.

vorzeichenlose_Konstante = vorzeichenlose_Zahl |
                            Zeichenkette |
                            Konstanten-Bezeichner |
                            "nil".

vorzeichenlose_Real-Zahl = vorzeichenlose_Integer-Zahl "."
                           Bruchteil ["e" Exponent] |
                    vorzeichenlose_Integer-Zahl "e" Exponent.

vorzeichenlose_Zahl = vorzeichenlose_Integer-Zahl |
                      vorzeichenlose_Real-Zahl.

Wert-Konformreihungs-Spezifikation   =
          Bezeichnerliste ":" Konformreihungs-Schema.

Wertparameter-Spezifikation   = Bezeichnerliste ":" Typ-Bezeichner.

While-Anweisung = "while" boolescher_Ausdruck "do" Anweisung.

Wiederholungsanweisung =
          Repeat-Anweisung | While-Anweisung | For-Anweisung.

With-Anweisung = "with" Record-Variablen-Liste "do" Anweisung.

Wortsymbol   = "and"|"array"|"begin"|"case"|"const"|"div"|
                  "do"|"downto"|"else"|"end"|"file"|"for"|
                  "function"|"goto"|"if"|"in"|"label"|"mod"|
                  "nil"|"not"|"of"|"or"|"packed"|"procedure"|
                  "program"|"record"|"repeat"|"set"|"then"|
                  "to"|"type"|"until"|"var"|"while"|"with".

Write-Parameter   = Ausdruck [":" Ausdruck [":" Ausdruck]] .

```
Write-Parameterliste  = "(" [Dateivariable ","]
                          Write-Parameter {"," Write-Parameter} ")" .

Writeln-Parameterliste = [ "(" (Dateivariable | Write-Parameter)
                          { "," Write-Parameter } ")" ] .

Zahl             = Integer-Zahl | Real-Zahl.

Zeichen = Element_der_Menge_der_implementierungsdefinierten_Zeichen.

Zeichenkette = "'" Zeichenkettenelement {Zeichenkettenelement} "'".

Zeichenkettenelement = Apostrophdarstellung | Zeichen.

Zeigertyp     = neuer_Zeigertyp | Zeigertyp-Bezeichner.

Zeigertyp-Bezeichner         = Typ-Bezeichner.

Zeigervariable   = verallgemeinerte_Variable.

Ziffer        = "0"|"1"|"2"|"3"|"4"|"5"|"6"|"7"|"8"|"9".

Ziffernfolge    = Ziffer {Ziffer}.

Zuweisung =
    (verallgemeinerte_Variable | Funktions-Bezeichner) ":=" Ausdruck.
```

ANHANG B: STICHWORTVERZEICHNIS

ANHANG C: VORDEFINIERTE BEZEICHNER

BEZEICHNER	ABSCHNITT
abs	6.6.6.2
arctan	6.6.6.2
Boolean	6.4.2.2
char	6.4.2.2
chr	6.6.6.4
cos	6.6.6.2
dispose	6.6.5.3
eof	6.6.6.5
eoln	6.6.6.5
exp	6.6.6.2
false	6.4.2.2
get	6.6.5.2
input	6.10
integer	6.4.2.2
ln	6.6.6.2
maxint	6.7.2.2
new	6.6.5.3
odd	6.6.6.5
ord	6.6.6.4
output	6.10
pack	6.6.5.4
page	6.9.5
pred	6.6.6.4
put	6.6.5.2
read	6.6.5.2, 6.9.1
readln	6.9.2
real	6.4.2.2
reset	6.6.5.2
rewrite	6.6.5.2
round	6.6.6.3
sin	6.6.6.2
sqr	6.6.6.2
sqrt	6.6.6.2
succ	6.6.6.4
text	6.4.3.5
true	6.4.2.2
trunc	6.6.6.3
unpack	6.6.5.4
write	6.6.5.2, 6.9.3
writeln	6.9.4

ANHANG D: VERZEICHNIS DER FEHLER

D.0 Ein normerfüllender Prozessor muß eine Dokumentation besitzen, in der angegeben wird, wie er die Fehler behandelt. Um die Erarbeitung solch einer Dokumentation zu erleichtern, werden alle in Kapitel 6 angegebenen Fehler noch einmal in diesem Anhang beschrieben.

D.1 Bei einer indizierten Variablen, die einen einzigen Indexausdruck unmittelbar enthält, muß der Wert des Indexausdrucks zuweisungsverträglich mit dem Indextyp des Array-Typs sein.

D.2 Es ist ein Fehler, wenn eine Variante nicht für die Gesamtdauer jeglicher Referenz und jedes Zugriffs auf jede ihrer Komponenten aktiv ist.

D.3 Es ist ein Fehler, wenn die Zeigervariable in einer verallgemeinerten Variablen den Nil-Wert benennt.

D.4 Es ist ein Fehler, wenn die Zeigervariable in einer verallgemeinerten Variablen undefiniert ist.

D.5 Es ist ein Fehler, einen Verweiswert auf eine dynamische Variable von einem Zeigertyp zu entfernen, solange eine Referenz auf die dynamische Variable existiert.

D.6 Es ist ein Fehler, den Wert einer Dateivariablen zu ändern, solange eine Referenz auf die Puffervariable f↑ existiert.

D.7 Es ist ein Fehler, wenn bei einem Wertparameter der Aktual-parameter ein Ausdruck von einem Ordinaltyp ist, und sein Wert nicht zuweisungsverträglich mit dem Typ des Formalparameters ist.

D.8 Es ist ein Fehler, wenn bei einem Wertparameter der Aktual-parameter ein Ausdruck von einem Set-Typ ist, und sein Wert nicht zuweisungsverträglich mit dem Typ des Formalparameters ist.

D.9 Es ist ein Fehler, wenn unmittelbar vor Verwendung von <u>put</u>, <u>write</u>, <u>writeln</u> oder <u>page</u> der Bearbeitungsmodus der Datei nicht Generierung ist.

D.10 Es ist ein Fehler, wenn die Datei unmittelbar vor Verwendung von <u>put</u>, <u>write</u>, <u>writeln</u> oder <u>page</u> undefiniert ist.

D.11 Es ist ein Fehler, wenn unmittelbar vor der Verwendung von <u>put</u>, <u>write</u> (oder <u>writeln</u> oder <u>page</u>) die aktuelle Dateiposition nicht die Dateiende-Position ist.

D.12 Es ist ein Fehler, wenn die Puffervariable unmittelbar vor der Verwendung von <u>put</u> undefiniert ist.

D.13 Es ist ein Fehler, wenn die Datei unmittelbar vor Verwendung von <u>reset</u> undefiniert ist.

D.14 Es ist ein Fehler, wenn der Bearbeitungsmodus einer Datei unmittelbar vor der Anwendung von <u>get</u> oder <u>read</u> nicht Inspektion ist.

D.15 Es ist ein Fehler, wenn die Datei unmittelbar vor Anwendung von <u>get</u> oder <u>read</u> undefiniert ist.

D.16 Es ist ein Fehler, wenn unmittelbar vor Verwendung von <u>get</u> oder <u>read</u> die aktuelle Position Dateiende ist.

D.17 Es ist ein Fehler, wenn bei <u>read</u> der Wert der Puffervariablen nicht zuweisungsverträglich mit der verallgemeinerten Variablen ist.

D.18 Es ist ein Fehler, wenn bei <u>write</u> der Wert des Ausdrucks nicht zuweisungsverträglich mit der Puffervariablen ist.

D.19 Bei new(p,c1,..,cn) ist es ein Fehler, wenn eine Variante in einem Variantteil der neuen Variablen aktiv wird, aber eine andere Variante in dem Variantteil (durch ein ci) angegeben wurde.

D.20 Bei dispose(p) ist es ein Fehler, wenn die dynamische Variable unter Verwendung der Form new(p,c1,..,cn) erzeugt wurde.

D.21 Bei <u>dispose(p,k1,..km)</u> ist es ein Fehler, wenn die dynamische Variable unter Verwendung der Form new(p,c1,..,cn) erzeugt wurde, und m ungleich n ist.

D.22 Bei <u>dispose(p,k1,...,km)</u> ist es ein Fehler, wenn die Varianten in der dynamischen Variablen, auf die der Zeigerwert von p zeigt, sich von denen unterscheiden, die durch die Selektorkonstanten k1,..,km angegeben sind.

D.23 Es ist ein Fehler, wenn bei <u>dispose</u> der Parameter vom Zeigertyp den Nil-Wert hat.

D.24 Es ist ein Fehler, wenn bei <u>dispose</u> der Parameter vom Zeigertyp undefiniert ist.

D.25 Es ist ein Fehler, wenn auf eine dynamische Variable, die durch die zweite Form von <u>new</u> erzeugt wurde, durch eine dynamische Variable in einer verallgemeinerten Variablen entweder in einem Faktor oder in einer Zuweisung oder in einem Aktualparameter zugegriffen wird.

D.26 Bei <u>pack</u> ist es ein Fehler, wenn der Parameter vom Ordinaltyp nicht mit dem Indextyp des ungepackten Array-Parameters zuweisungsverträglich ist.

D.27 Bei <u>pack</u> ist es ein Fehler, wenn irgendeine der Komponenten des ungepackten Arrays, auf die zugegriffen wird, undefiniert ist.

D.28 Bei <u>pack</u> ist es ein Fehler, wenn größter oder kleinster Wert des Indextyps des ungepackten Arrays überschritten werden.

D.29 Bei <u>unpack</u> ist es ein Fehler, wenn der Parameter vom Ordinaltyp nicht zuweisungsverträglich mit dem Indextyp des ungepackten Array-Parameters ist.

D.30 Bei <u>unpack</u> ist es ein Fehler, wenn irgendeine der Komponenten des gepackten Arrays undefiniert ist.

D.31 Bei <u>unpack</u> ist es ein Fehler, wenn größter oder kleinster Wert des Indextyps des gepackten Arrays überschritten werden.

D.32 <u>sqr(x)</u> berechnet das Quadrat von x. Es ist ein Fehler, wenn solch ein Wert nicht existiert.

D.33 Bei <u>ln(x)</u> ist es ein Fehler, wenn nicht x > 0 gilt.

D.34 Bei <u>sqrt(x)</u> ist es ein Fehler, wenn x negativ ist.

D.35 Für den Wert von <u>trunc(x)</u> gilt $0 \leq x-\text{trunc}(x)<1$, wenn $x \geq 0$, sonst $-1<x-\text{trunc}(x)\leq 0$. Es ist ein Fehler, wenn solch ein Wert nicht existiert.

D.36 <u>round(x)</u> ist äquivalent zu trunc(x+0.5) für $x \geq 0$, sonst ist es äquivalent zu trunc(x-0.5). Es ist ein Fehler, wenn solch ein Wert nicht existiert.

D.37 Die Funktion <u>chr(x)</u> liefert ein Ergebnis vom Char-Typ, dessen Ordinalzahl gleich dem Wert des Ausdrucks x ist, wenn solch ein Zeichenwert existiert. Es ist ein Fehler, wenn solch ein Zeichenwert nicht existiert.

D.38 Die Funktion <u>succ(x)</u> liefert ein Ergebnis, dessen Ordinalzahl um 1 größer ist, als die von x, falls solch ein Wert existiert. Es ist ein Fehler, wenn solch ein Wert nicht existiert.

D.39 Die Funktion <u>pred(x)</u> liefert einen Ergebniswert, dessen Ordinalzahl um 1 kleiner ist, als die von x, falls solch ein Wert existiert. Es ist ein Fehler, wenn solch ein Wert nicht existiert.

D.40 Wenn <u>eof(f)</u> aufgerufen wird, ist es ein Fehler, wenn f undefiniert ist.

D.41 Wenn <u>eoln(f)</u> aufgerufen wird, ist es ein Fehler, wenn f undefiniert ist.

D.42 Wenn <u>eoln(f)</u> aufgerufen wird, ist es ein Fehler, wenn eof(f) true ergibt.

D.43 Ein Ausdruck repräsentiert einen Wert, es sei denn, die durch eine im Ausdruck enthaltene verallgemeinerte Variable repräsentierte Variable ist zum Zeitpunkt ihrer Verwendung undefiniert. In diesem Falle ist diese Verwendung ein Fehler.

D.44 Es ist ein Fehler, wenn bei einem Term der Form x/y der Wert von y Null ist.

D.45 Es ist ein Fehler, wenn bei einem Term der Form i div j der Wert von j Null ist.

D.46 Es ist ein Fehler, wenn bei einem Term der Form i mod j der Wert von j 0 oder negativ ist.

D.47 Es ist ein Fehler, wenn eine Integer-Operation oder -Funktion nicht gemäß den mathematischen Regeln der ganzzahligen Arithmetik realisiert ist.

D.48 Es ist ein Fehler, wenn das Ergebnis der Ausführung einer Funktion bei Beendigung des Algorithmus der Ausführung undefiniert ist.

D.49 Es ist ein Fehler, wenn der Ausdruck in einer Zuweisung von einem Ordinaltyp und sein Wert nicht zuweisungsverträglich mit dem Typ der verallgemeinerten Variablen oder des Funktionsbezeichners in der Zuweisung ist.

D.50 Es ist ein Fehler, wenn der Ausdruck in einer Zuweisung von einem Set-Typ und sein Wert nicht zuweisungsverträglich mit dem Typ der verallgemeinerten Variablen in der Zuweisung ist.

D.51 Es ist ein Fehler, wenn in einer Case-Anweisung keine der Fallkonstanten gleich dem Wert des Fall-Index bei Eintritt in die Case-Anweisung ist.

D.52 Es ist ein Fehler, wenn bei Ausführung der Anweisung in einer For-Anweisung der Anfangswert nicht zuweisungsverträglich mit dem Typ der Laufvariablen in der For-Anweisung ist.

D.53 Es ist ein Fehler, wenn bei Ausführung der Anweisung in einer For-Anweisung der Endwert nicht zuweisungsverträglich mit dem Typ der Laufvariablen in der For-Anweisung ist.

D.54 Es ist ein Fehler, wenn beim Lesen einer Integer-Zahl von einer Textdatei nach Überspringen führender Leerzeichen und Zeilenenden die anschließende Zeichenfolge keine Integer-Zahl bildet.

D.55 Es ist ein Fehler, wenn beim Lesen einer Integer-Zahl von einer Textdatei der Wert der Integer-Zahl nicht zuweisungsverträglich mit dem Typ der verallgemeinerten Variablen ist.

D.56 Es ist ein Fehler, wenn beim Lesen einer Zahl von einer Textdatei nach Überspringen führender Leerzeichen und Zeilenenden die folgende Zeichenkette keine Zahl bildet.

D.57 Es ist ein Fehler, wenn unmittelbar vor einem Aufruf von <u>read</u> die Puffervariable undefiniert ist.

D.58 Es ist ein Fehler, wenn beim Schreiben auf eine Textdatei <u>GesamtAusgabeLaenge</u> und <u>ZiffernNachDemDezimalpunkt</u> einen Wert <1 annehmen.

D.59 Es ist ein Fehler, wenn bei einem Konformreihungs-Parameter ein durch den Indextyp eines dazugehörigen Aktualparameters bestimmter größter oder kleinster Wert außerhalb des abgeschlossenen Intervalls liegt, das durch die Indextyp-Spezifikation im Konformreihungs-Schema bestimmt ist.

ANHANG E: EIGENNAMEN UND SYMBOLE DER SPRACHE

Es wird eine deutsche Sprechweise für die Wortsymbole, Spezialsymbole und die vordefinierten Bezeichner der Sprache Pascal vorgeschlagen.

1:   WORTSYMBOLE

and	und
array	Reihung
begin	Beginn
case	Fall
const	konstant
div	ganzzahlig dividiert durch
do	führe aus
downto	abwärts bis
else	sonst
end	Ende
file	Datei
for	für
function	Funktion
goto	Sprung nach
if	wenn
in	in, ist Element von
label	Marke
mod	modulo
nil	nil
not	nicht
of	von
or	oder
packed	gepackt
procedure	Prozedur
program	Programm
record	Verbund
repeat	wiederhole
set	Menge
then	dann
to	bis
type	Typ
until	bis
var	Variable
while	solange
with	mit

2:   SPEZIALSYMBOLE

```
()  left, right parenthesis        runde Klammer auf, zu
*   multiply, set intersection     multipliziert mit,
                                       geschnitten mit
+   plus, set union                plus, vereinigt mit
,   comma                          Komma
-   minus, set difference          minus, ohne
.   period                         Punkt
..  double period                  bis
/   divide                         dividiert durch
:   colon                          Doppelpunkt
:=  colon equal                    ergibt sich aus
;   semicolon                      Semikolon
<   less than                      kleiner als
<=  less than or equal to, implies kleiner oder gleich,
                                       ist Teilmenge von
<>  not equal                      ungleich
=   equal, equivalence             gleich, (logisch) äquivalent
>   greater than                   größer als
>=  greater than or equal to, inclusion  größer oder gleich,
                                       ist Obermenge von
[ ] left, rigth bracket            eckige Klammer auf, zu
^   arrow                          Aufwärtspfeilspitze
{ } left, right brace              geschweifte Klammer auf, zu
```

3:   VORDEFINIERTE BEZEICHNER

abs	Absolutbetrag von
arctan	Arkustangens von
boolean	boolesch
char	Zeichen
chr	Zeichenwert von
cos	Kosinus von
dispose	freigeben
eof	Dateiende
eoln	Zeilenende
exp	e hoch
false	falsch
get	holen
input	Eingabe
integer	ganzzahlig
ln	natürlicher Logarithmus von
maxint	größte ganze Zahl
new	neu
odd	ist ungerade
ord	Ordinalwert von
output	Ausgabe
pack	packen
page	Seitenvorschub
pred	Vorgänger von
put	ablegen
read	Lesen
readln	Lesen bis neue Zeile
real	reell
reset	rücksetzen zum Lesen
rewrite	rücksetzen zum Schreiben
round	Rundungswert von
sin	Sinus von
sqr	Quadrat von
sqrt	Quadratwurzel von
succ	Nachfolger von
text	Text
true	wahr
trunc	Abschneidwert von
unpack	entpacken
write	schreiben
writeln	schreiben mit Zeilenende

ANHANG F: DEUTSCH-ENGLISCHE FACHWÖRTERLISTE

Abarbeitung	execution	3.5
abgeschlossen	closed	6.1.5
ablegen	put	6.6.5.2
Abschneidwert von	trunc	6.6.6.3
Absolutbetrag von	abs	6.6.6.2
abwärts bis	downto	6.8.3.9
aktive Variante	active variant	6.4.3.3,
		6.5.3.3
aktiver Zustand der	active state of variant or	
Variante oder Komponente	component	6.4.3.3
Aktivierungspunkt	activation-point	6.2.3.4
Aktualparameter	actual-parameter	6.7.3
Aktualparameterliste	actual-parameter-list	6.7.3
aktuell	actual	6.6.3.2
aktuelle Position	current position	6.4.3.5
Anfangswert	initial-value	6.8.3.9
Anweisung	statement	6.8.1
Anweisungsfolge	statement-sequence	6.8.3.1
Anweisungsteil	statement-part	6.2.1
Anwendung	applied occurrence	6.2.2.8
Apostrophdarstellung	apostroph-image	6.1.7
Arkustangens von	arctan	6.6.6.2
Array-Typ	array-type	6.4.3.2
Array-Variable	array-variable	6.5.3.2
Attribut	attribute	6.4.1
auf eine Variable zeigen	identify, to - a variable	6.4.4
Aufzählungstyp	enumerated-type	6.4.2.3
aus, x - einem y /	of, x - a y	4
x in einem y		
Ausdruck	expression	6.7.1
Ausführung	activation	6.2.3
Ausgabe	output	6.9, 6.10
Basistyp	base-type	6.4.3.4
bedingte_Anweisung	conditional-statement	6.8.3.3
Beginn	begin	6.8.3.2
benennen, einen Wert	denote, to - a value	6.4.2.2
Bezeichner	identifier	6.1.3
Bezeichnerliste	identifier-list	6.4.2.3
Bindung an externe Größen	binding to external entities	6.6.5.2,
		6.10
Bindung von Parametern	binding of parameters	6.7.3,
		6.8.2.3
bis	to	6.8.3.9
bis	until	6.8.3.7
Block	block	6.2.1
Boolean-Typ	boolean-type	6.4.2.2
boolsch	boolean	6.4.2.2
boolscher Ausdruck	boolean-expression	6.7.2.3
boolscher Operator	boolean operator	6.7.2.3
Bruchteil	fractional-part	6.1.5
Buchstabe	letter	6.1.1
Case-Anweisung	case-statement	6.8.3.5

Char-Typ	char-type	6.4.2.2
dann	then	6.8.3.4
Datei	file	6.4.3.5
Dateiende	eof	6.6.6.5
Dateiende-Position	end-of-file-position	6.4.3.5
Dateivariable	file-variable	6.5.5
Definition	defining occurrence	6.2.2.8
Definition	definition	
Definitionspunkt	defining-point	6.2.2
Direktive	directive	6.1.4
Domänentyp	domain-type	6.4.4
dynamische Speicherverwaltung	dynamic allocation	6.4.4, 6.6.5.3
dynamische_Variable	identified-variable	6.5.4
e hoch	exp	6.6.6.2
einfache_Anweisung	simple-statement	6.8.2.1
einfacher_Ausdruck	simple-expression	6.7.1
einfacher_Typ	simple-type	6.4.2.1
einfacher-Typ-Bezeichner	simple-type-identifier	6.4.1
Eingabe	input	6.10
Element	member	6.4.3.4, 6.7.1
Elementebestimmung	member-designator	6.7.1
Else-Teil	else-part	6.8.3.4
Ende	end	6.4.3.3, 6.8.3.2, 6.8.3.5
Endwert	final-value	6.8.3.9
enthalten	contain, to	4
entsprechend	corresponding (value - variant)	6.4.3.3
entsprechend (Indextyp - Indextyp-Spezifikation)	corresponding (index-type - index-type-spezification)	6.6.3.8
entpacken	unpack	6.6.5.4
Erfüllungsaussage	compliance statement	5.1
Erfüllungsstufe	level of compliance	5.1
Ergebnis	result	6.2.3.2, 6.8.2.2
Ergebnistyp	result-type	6.6.2
Ersatzdarstellung	alternative representation	6.1.9
Erweiterung	extension	3.1
erzeugen	create	6.5.4, 6.6.5.3
Exponent	scale-factor	6.1.5
F.L	f.L	6.4.3.5
F.M	f.M	6.4.3.5
F.R	f.R	6.4.3.5
Faktor	factor	6.7.1, 6.6.3.7.1
Fall	case	6.4.3.3, 6.8.3.5
Fall-Index	case-index	6.8.3.5
Fall-Listenelement	case-list-element	6.8.3.5
falsch	false	6.4.2.2
Fehler	error	3.1
Feld	field	6.4.3.3
Feld-Bezeichner	field-identifier	6.5.3.3
Feldauswahl	field-designator	6.5.3.3

<table>
<tr><td>vorzeichenlose_Real-Zahl</td><td>unsigned-real</td><td>6.1.5</td></tr>
<tr><td>vorzeichenlose_Zahl</td><td>unsigned-number</td><td>6.1.5</td></tr>
<tr><td>wahr</td><td>true</td><td>6.4.2.2</td></tr>
<tr><td>wenn</td><td>if</td><td>6.8.3.4</td></tr>
<tr><td>Wert</td><td>value</td><td></td></tr>
<tr><td>Wert-Konformreihungs-
  Spezifikation</td><td>value-conformant-array-
  sepcification</td><td>6.6.3.7.1</td></tr>
<tr><td>Wertparameter</td><td>value-parameter</td><td>6.6.3.1,
6.6.3.2</td></tr>
<tr><td>Wertparameter-Spezifikation</td><td>value-parameter-specification</td><td>6.6.3.1</td></tr>
<tr><td>While-Anweisung</td><td>while-statement</td><td>6.8.3.8</td></tr>
<tr><td>wiederhole</td><td>repeat</td><td>6.8.3.7</td></tr>
<tr><td>Wiederholungsanweisung</td><td>repetitive-statement</td><td>6.8.3.6</td></tr>
<tr><td>Wirtstyp</td><td>host type</td><td>6.4.2.4</td></tr>
<tr><td>With-Anweisung</td><td>with-statement</td><td>6.8.3.10</td></tr>
<tr><td>Wortsymbol</td><td>word-symbol</td><td>6.1.2</td></tr>
<tr><td>Write-Parameter</td><td>write-parameter</td><td>6.9.3</td></tr>
<tr><td>Write-Parameter-Liste</td><td>write-parameter-list</td><td>6.9.3</td></tr>
<tr><td>Writeln-Parameter-Liste</td><td>writeln-parameter-list</td><td>6.9.4</td></tr>
<tr><td>Zahl</td><td>number, signed-number</td><td>6.1.5</td></tr>
<tr><td>Zeichen</td><td>char</td><td>6.4.2.2</td></tr>
<tr><td>Zeichenkette</td><td>character-string, string</td><td>6.1.7</td></tr>
<tr><td>Zeichenketten-Zeichen</td><td>string-character</td><td>6.1.7</td></tr>
<tr><td>Zeichenkettenelement</td><td>string-element</td><td>6.1.7</td></tr>
<tr><td>Zeichenkettentyp</td><td>string-type</td><td>6.4.3.2</td></tr>
<tr><td>Zeichensatz</td><td>character set</td><td>6.1.9</td></tr>
<tr><td>Zeichenwert</td><td>character value</td><td>6.4.2.2</td></tr>
<tr><td>Zeichenwert von</td><td>chr</td><td>6.6.6.4</td></tr>
<tr><td>Zeiger</td><td>pointer</td><td></td></tr>
<tr><td>Zeigertyp</td><td>pointer type</td><td>6.4.1</td></tr>
<tr><td>Zeigertyp-Bezeichner</td><td>pointer-type-identifier</td><td>6.4.1</td></tr>
<tr><td>Zeigervariable</td><td>pointer-variable</td><td>6.5.4</td></tr>
<tr><td>Zeile</td><td>line</td><td>6.4.3.5</td></tr>
<tr><td>Zeilenende</td><td>end-of-line,
eoln</td><td>6.4.3.5,
6.6.6.5</td></tr>
<tr><td>Zeilenfolge</td><td>line-sequence</td><td>6.4.3.5</td></tr>
<tr><td>Ziffer</td><td>digit</td><td>6.1.1</td></tr>
<tr><td>Ziffernfolge</td><td>digit-sequence</td><td>6.1.5</td></tr>
<tr><td>zueinanderpassen, zwei
  Formalparameterabschnitte
  passen zueinander</td><td>match, two formal-parameter-
  sections</td><td>

6.6.3.6</td></tr>
<tr><td>Zugriff</td><td>access</td><td>6.5.1,
6.5.3.1,
6.5.5,
6.8.2.2</td></tr>
<tr><td>Zuweisung</td><td>assignment-statement</td><td>6.8.2.1</td></tr>
<tr><td>zuweisungsverträglich</td><td>assignment-compatible</td><td>6.4.6</td></tr>
</table>

Spezialsymbole

=	äquivalent (logisch)	equivalence	6.7.2.1, 6.7.2.5
∧	Aufwärtspfeilspitze	arrow	6.4.4, 6.5.4, 6.5.5
..	bis	double period	6.4.2.4 6.6.3.7.1
/	dividiert durch	divide	6.7.2.1, 6.7.2.2
:	Doppelpunkt	colon	6.4.3.3, 6.5.1, 6.6.2- 6.6.3.1 6.6.3.7.1 6.8.1- 6.8.3.5
[]	eckige Klammer auf, zu	bracket left, right	6.4.3.2, 6.5.3.2, 6.6.3.7.1 6.7.1
:=	ergibt sich aus	colon equal	6.8.2.2, 6.8.3.9
{}	geschweifte Klammer auf, zu	brace left, right	6.1.8
=	gleich	equal	6.3, 6.4.1, 6.7.2.1, 6.7.2.5
>	größer als	greater than	6.7.2.1, 6.7.2.5
>=	größer oder gleich	greater than or equal to	6.7.2.1, 6.7.2.5
>=	ist Obermenge von	inclusion	6.7.2.1, 6.7.2.5
<=	ist Teilmenge von	implies	6.7.2.1, 6.7.2.5
<	kleiner als	less than	6.7.2.1, 6.7.2.5
<=	kleiner oder gleich	less than or equal to	6.7.2.1, 6.7.2.5
,	Komma	comma	6.4.2.3, 6.4.3.2, 6.4.3.3, 6.5.3.2, 6.7.3, 6.8.3.10
-	minus, ohne	minus, set difference	6.1.5, 6.7.2.1, 6.7.2.2, 6.7.2.4
*	multipliziert mit, geschnitten mit	multiply, set intersection	6.7.2.1, 6.7.2.2, 6.7.2.4

+	plus, vereinigt mit	plus, set union	6.1.5, 6.7.2.1, 6.7.2.2, 6.7.2.4
.	Punkt	period	6.1.5, 6.5.3.3, 6.10
()	runde Klammer auf, zu	left, right parenthesis	6.4.2.3, 6.4.3.3, 6.6.3.1, 6.7.1, 6.7.3, 6.10
;	Semikolon	semicolon	6.2.1, 6.4.3.3, 6.6.1-2, 6.6.3.1- 6.6.3.7.1 6.8.3.5, 6.10
<>	ungleich	not equal	6.7.2.1, 6.7.2.5

Zitierte Normen

DIN	66 003	Informationsverarbeitung; 7-Bit-Code
ISO	646-1973	7-bit-coded character set for information processing interchange
ISO	7185	Programming Languages - Pascal
BS	6192-1982	Specification for computer programming language Pascal
NF Z	65-300	LANGAGE DE PROGRAMMATION - PASCAL

Für Notizen

Für Notizen

ANHANG A1: ANMERKUNGEN ZUM BESSEREN VERSTÄNDNIS DER NORM

(1) <u>Fehler</u>: Damit ist z.B. ein Laufzeitfehler gemeint, der aufgrund falscher Daten bzw. falscher Programmlogik zustandekommt. Ein Syntaxfehler widerspricht schlicht dem Normentext, und wird deshalb nicht explizit als solcher herausgestellt.

(2) <u>Zahlen</u>: Das folgende Beispiel enthält eine umfassende Anzahl verschiedener Möglichkeiten zur Darstellung von Zahlen in Pascal. Es testet den Prozessor auf Normerfüllung. Wenn alle Produktionen erlaubt sind und richtig addiert wird, schreibt es 'PASS'.

```pascal
program t6p1p5d1(output);

const
  { Alle Beispiele sind legale Produktionen }
    a = 1;
    b = 12;
    c = 0123;
    d = 123.0123;
    e = 123.0123E+2;
    f = 123.0123E-2;
    g = 123.0123E2;
    h = 123e+2;
    i = 0123e-2;
    j = 0123e2;
var
    sum : real;

  begin
    sum := a + b + c + d + e + f + g + h + i + j;
    if (sum > 49470.0) or
       (sum < 49460.0) then
       writeln(' FAIL...6.1.5-1, NUMBER SYNTAX')
    else
       writeln(' PASS...6.1.5-1')
  end.
```

(3) <u>Marken</u>: Die Marken 9999 und 0009999 oder 09999 usw. sind also dieselben. Dies könnte man z.B. ausnutzen, um verschiedene Goto-Sprünge (siehe 6.8.2.4) zu einer markierten Anweisung semantisch voneinander abzuheben.

Beispiel:

```pascal
program t6p1p6d2(output);
label
    5,06,007;
begin
      goto 05;
   6: goto 7;
   5: goto 06;
 007: writeln(' PASS...6.1.6-2')
end.
```

(4)　　<u>Block</u>: Ein Programm (eine Prozedur, Funktion) ohne Kopfzeile.

(5)　　<u>Gebiet</u>: Unter dem Gebiet eines Bezeichners verstehe man etwa seinen Einflußbereich, in dem er nicht mit gleichnamigen Konkurrenten gemeinsam existieren kann. Der Gültigkeitsbereich ist derjenige Teil des Gebietes, wo der Bezeichner darüber hinaus noch mit einer festen Bedeutung verknüpft ist. Dies ist vom Definitionspunkt an der Fall (dem Punkt, an dem die Definition fertig ist). Im Gebiet außerhalb des Gültigkeitsbereiches ist der Bezeichner undefiniert, außer wenn er in einem neuen Zeigertyp Anwendung findet (Siehe das 2. Beispiel). Das Gebiet beginnt i.A. schon vor dem Definitionspunkt. Für das Gebiet einer Marke gilt dasselbe, wobei das in Anm. 3 Gesagte zu berücksichtigen ist. Zur Illustration sind einige Beispiele angegeben.

Beispiele:

```
program test(input,output);
   const a=5;                          { "altes" a }
   procedure p1;
      const d = 1;
            c = 2;
            b = a; { falsch }
            a = 10;                 } Gebiet des "neuen" a in p1
      begin
      writeln('FAIL');
      end;
   begin
     p1
   end.
```

```
program t6p2p2d3(output);
type
   node = real;      { ! }
procedure ouch;
type
   p = ↑node;
   node = boolean;  { ! }
var
   ptr : p;
begin
   new(ptr);
   ptr↑:=true;
   writeln(' PASS...6.2.2-3')
end;
begin
   ouch
end.
```

Gebiet des Typs 'node' in ouch. Hier wird node vor seiner Definition verwendet; dies ist nur bei neuen Zeigertypen (hier ↑node) möglich. Siehe auch Anmerkung 14!

(6)   <u>Vordefinierte Bezeichner</u>: Bezeichner sind keine Wortsymbole, die
        man nur in der vorgegebenen Bedeutung verwenden darf. Folglich
        kann man einen vordefinierten Bezeichner neu definieren und ihm
        damit eine andere Bedeutung geben. Damit wird seine alte
        Bedeutung in diesem Gebiet nicht mehr durch ihn repräsentiert.
        Ein vordefinierter Bezeichner hat seine Bedeutung schon
        außerhalb des Programmblocks. Folglich kann man ihn schon im
        Programmblock umdefinieren. Auch Direktiven kann man
        umdefinieren.

        Beispiel:


```
program t6p2p2d2(output);
var
    true : boolean; { true ist ein vordefinierter Bezeichner }
begin
    true:=false;
    if true = false then
        writeln(' PASS...6.2.2-2')
    else
        writeln(' FAIL...6.2.2-2, REDEFINITION')
end.
```

(7)   <u>Input und output vordefiniert?</u>: Nein! Input und output sind
        genau dann implizit im Programmblock definiert, wenn sie im Pro-
        grammkopf erscheinen. Aufgrund einer Besonderheit der sog. Read-
        bzw. Write-Parameterliste (siehe auch 6.9.1 und 6.9.3) sind die
        zu Input und Output gehörigen Objekte auch nach einer
        eventuellen Redefinition der Namen in einem Unterprogramm darin
        weiter zugänglich.

(8)   <u>Präfix bei Anwendung von Bezeichnern</u>: Der Präfix gibt über die
        Bedeutung Auskunft, die der Bezeichner am Definitionspunkt
        erhielt. (Ob er z.B. einen Typ, eine Variable usw. reprä-
        sentiert).

(9)   <u>Ausführung</u>: Dieser Name wurde gewählt, um dem Doppelcharakter
        des gemeinten Begriffes gerecht zu werden. Ein Block kann i.A.
        in Abhängigkeit von den Eingabedaten auf viele verschiedene
        Arten dynamisch ausgeführt werden.
        Andererseits gehört zu jedem dieser Durchläufe ein bestimmter
        Satz statischer Größen, wie Variablen, Prozedurdatenbereiche,
        Ansprungpunkte usw., die nur bei diesem Durchlauf existieren und
        somit die jeweilige statische Ausführung repräsentieren.

(10)   <u>Ausführung und Rekursion</u>: Mit dieser Bemerkung ist jedoch nicht
        die Rekursion ausgeschlossen, welche ein wichtiges Mittel zum
        Programmieren kompliziert verschachtelter Sachverhalte ist.

(11)   <u>Funktionsbezeichner</u>: Das heißt, daß ein Funktionsbezeichner mindestens zweimal in einer Funktion vorkommen muß: Einmal als zum Funktionsblock gehöriger Funktionsname zum Aktivieren der Ausführung desselben und mindestens einmal innnerhalb des Blocks, um ein Funktionsergebnis zu übermitteln. Innerhalb des Blocks bedeutet, daß dies auch in einer im Block eingeschachtelten Prozedur oder Funktion stattfinden kann, also nicht nur im Anweisungsteil des Funktionsblocks, der zum Funktionsbezeichner gehört. Siehe auch folgendes Beispiel!

```
program t6p2p2d6(output);
var
    j,k:integer;
function f1(i:integer):integer;
    function f2(i:integer):integer;
        function f3(i:integer):integer;
        begin
            f3:=1;
            f1:=i
        end;
    begin
        f2:=f3(i)
    end;
begin
    j:=f2(i)
end;

begin
    k:=f1(5);
    if (k=5) then
        writeln(' PASS...6.2.2-6')
    else
        writeln(' FAIL...6.2.2-6, FUNCTION ASSIGNMENT')
end.
```

(12)   <u>Konstante</u>: In 6.7.1 (S.64) erfahren wir, daß es eine vorzeichen-lose Konstante NIL gibt; den Wert des Nullzeigers. Diese darf jedoch nicht in einer Konstantendefinition verwendet werden, schon aus dem einfachen Grund, daß sie weder Zahl noch Bezeichner noch Zeichenkette ist, wie in der Syntax gefordert. Im Folgenden sind Beispiele für alle legalen Konstantenarten aufgeführt, die in Konstantendefinitionen vorkommen dürfen.

```
program t6p3d1(output);
const
    ten = 10;
    minusten = -10;
    minustoo = -ten;
    decade = ten;
    dot = '.';
    stars = '****';
    on = true;
    pi = 3.1415926;
    minuspi = - pi;
begin
end.
```

(13)   <u>Neuer Typ</u>: Ein neuer Typ ist ein explizit hingeschriebener Typ,
       d.h. kein Typ-Bezeichner (der schon bekannt sein müßte). Die
       paarweise Verschiedenheit aller neuer Typen gilt insbesondere
       auch für Teilbereichstypen vollkommen gleicher Schreibweise.
       Beispiel:

```
type a = 1..5;
     b = 1..5;
```

       { hier sind a und b verschiedene Typen }

(14)   <u>Anwendung vor Definition</u>: Da man sehr oft einen Zeigertyp als
       Typ einer Komponente innerhalb eines strukturierten Typs
       verwenden will, auf welchen durch den Zeigertyp gezeigt wird,
       (z.B. um Ketten und Bäume zu realisieren), muß man hier ein
       Henne-Ei-Problem lösen. Pascal erlaubt daher die Anwendung eines
       Typ-Bezeichners vor seiner Definition, wenn diese in einem neuen
       Zeigertyp stattfindet. Insbesondere darf der Bezeichner auch in
       der Typangabe angewendet werden, die zu seiner eigenen
       Definition dient, vorausgesetzt, er tritt darin als Domänentyp
       eines neuen Zeigertyps auf. Wegen Domänentyp s. Anm.26!
       Siehe auch das zweite Beispiel von Anm. 5!

(15)   <u>Teilbereichstypen</u>: Man beachte, daß jede Konstante im
       Teilbereichstyp schon durch einen vorhergehenden Ordinaltyp
       definiert worden sein muß. Dem Typ red..green müßte also etwa
       die Definition des ersten Aufzählungstyps im Abschnitt 6.4.2.3
       vorangegangen sein. Zur Verdeutlichung noch ein kurioses
       Beispiel:

```
program t6p4p2p3d3(output);
var
    x: array [(male, female), male .. female ] of integer;
begin
x[male, male] := 1;
if x[pred(female), pred(female)] <> 1 then
    writeln(' FAIL...6.4.2.3-3, DEFINING POINT')
else
    writeln(' PASS...6.4.2.3-3')
end.
```

       Unmittelbar nach der Definition der Konstanten im neuen
       Aufzählungstyp (male, female) werden die dazugehörigen neuen
       Konstantenbezeichner angewendet.
       Einen zweiten Aufzählungstyp, der male oder female enthält, darf
       man in diesem Gebiet nicht mehr definieren, da sich sonst die
       gleichen Konstanten-Bezeichner beißen würden.

(16)   <u>Array-Typen</u>: Für Array sind im Deutschen auch die Begriffe
       Reihung, Feld, Matrix gebräuchlich. Die Wörterliste der Pascal-
       Norm schreibt Reihung vor. In Pascal sind Reihungstypen
       beliebiger Dimension mit festen Grenzen zugelassen.

(17)   <u>Typangabe</u>: Bedeutet hier wieder entweder einen explizit hinge-
       schriebenen neuen Typ oder einen Typ-Bezeichner; in Pascal
       können in den Definitionen von strukturierten Typen wiederum
       Typangaben ,also auch neue Typen stehen.

(18)   <u>Array: Kurzform und "packed"</u>: Mittels der Kurzform kann man also
       das Attribut "packed" auf die inneren Array-Typen übertragen.
       Der eigentliche Komponententyp (hinter dem "of") ist jedoch
       davon nicht betroffen. Des weiteren kann man sich durch
       gedankliches Auflösen der Kurzform sofort überlegen, was in
       einer mehrdimensionalen Reihung Spalten und Zeilen sind, wie
       also etwa im Speicher des Rechners die Reihung in eine
       Wertekette aufgelöst ist.

(19)   <u>Record</u>: Im Deutschen sind auch Satz, Verbund gebräuchlich. Die
       Wörterliste DIN-Pascal schreibt Verbund vor.

(20)   <u>Record-Typen</u>:

       Beispiel zur begrifflichen Klärung:

```
       type Demo = record
                       A,B,C: Typangabe1;      {Record-Abschnitt}
                       D,E,F: Typangabe2;      {Record-Abschnitt}
       Feld-
       liste1          .                       .
       (von            .                       .
       Demo)           case Kennungsfeldname: Kennungstypname of
                       K1,K2,K3: (Feldliste11);   {Variante1}
                       K4,K5,K6: (Feldliste12);   {Variante2}
                       .                       .
                       .                       .
                   end;
```

Der Verbund spannt ein neues Gebiet für alle Komponentennamen
(Feld-Bezeichner A, B, C usw.), den Kennungsfeldnamen sowie alle
Komponentennamen in Feldliste11, 12 usw. der Varianten auf. Der
Kennungstyp muß schon vor dem Record-Typ definiert worden sein.
Die Selektorkonstanten K1..Kn müssen sämtliche Werte des Ken-
nungstyps enthalten. Feldliste11, 12 usw. gehorchen denselben
Regeln wie Feldliste1, können also wieder eigene Fest- und
Variantteile haben. Diese gehören nach wie vor zum Gebiet von
Demo.
Erst wenn innere Typangaben weitere Record-Definitionen
enthalten, spannen diese wiederum neue Regionen für ihre
Komponenten auf. Das bedeutet: Innerhalb eines Records müssen
alle Komponentennamen verschieden sein. Ist im Record aber ein
Record definiert, so kann dies ggf. wieder gleiche
Komponentennamen enthalten, wie das beherbergende.

Das Kennungsfeld dient zum Einschalten einer bestimmten Variante
und ansonsten zur Laufzeitinformation darüber, welche Variante
gerade eingeschaltet ist. Man kann auf das Kennungsfeld
verzichten. Das entspräche im Beispiel dem Weglassen von
"Kennungsfeldname:". Dann wird eine Variante eingeschaltet,
indem man auf eine ihrer Komponenten einen Wert überträgt.
Siehe auch das Beispiel nächste Seite!

Die Komponentennamen eines Records (auch in Varianten) sowie der
Name des Kennungsfeldes können außerhalb des Records mit anderen
Bedeutungen vereinbart sein, da es für seine internen Bezeichner
ein neues Gebiet aufspannt.

```pascal
program t6p4p3p3d4(output);
type
    which = (white,black,warlock,sand);                  { ! }
var
    thing: which;
    realpart: (notimaginary, withbody, withsubstance);   { !! }
    polex : record
                case which:boolean of                    { ! }
                   true: (realpart:real;                  { !! }
                          imagpart:real);
                  false:(theta:real;
                         magnit:real)
              end;
begin
    thing:=black;
    polex.which:=true;
    with polex do
    realpart:=0.5;                  {Region von polex wegen "with"}
    realpart:=withbody;             {Region von t6p4p3p3d4}
    polex.imagpart:=0.8;
    if (thing=black) and polex.which and (realpart=withbody) then
    writeln(' PASS...6.4.3.3-4')
end.
```

Die in der Norm folgenden Ausführungen über den Selektortyp kann
man (bis zu den Beispielen) überlesen; sie sind mehr für
Pascal-Implementierer gedacht.

(21) <u>Set-Typen</u>: Im Deutschen ist Menge gebräuchlich.

(22) <u>Umfassender Set-Typ</u>: Um Mengen von unterschiedlichen, aber
      verträglichen Basistypen in Relation setzen zu können, wurde der
      umfassende Typ eingeführt. Er ist der gemeinsame Mengentyp, der
      über dem Ordinaltyp gebildet wird, aus dem alle Elemente der be-
      teiligten Mengen stammen. Die Werte von Mengenvariablen solcher-
      art verschiedener Typen sind gleich, wenn sie genau die gleichen
      Elemente enthalten. Auch wenn sie leer sind, sind die Werte der
      verträglichen Mengen einander gleich. Gepackte und ungepackte
      Mengen können aber nicht in Relation gebracht werden. Variablen
      von Set-Typen werden durch sog. Mengenbildner initialisiert
      (S.63ff). Diese Mengenbildner sind bezüglich der Eigenschaft
      gepackt/ungepackt indifferent.

```pascal
Program test
  var s1: set of 1..1000;
      s2: packed set of 1..1000;
   begin
    s1 := [3, 7, 9..999];
    s2 := [500..555];
    end.
```

(23)   <u>Files</u>: Ein beliebter Irrtum ist die Definition "file of text". Dies ist nach dem eben Gesagten deshalb verboten, weil text selbst schon ein vordefinierter File-Typ ist (s. S. 32).

(24)   <u>Inspektion, Generierung</u>: Inspektion wird üblicherweise als Lesen, Generierung als Schreiben interpretiert. Da man aber mit einer Datei noch mehr machen kann (z.B. den Zustand bestimmen, Seitenvorschub generieren), ist diese Terminologie genauer.

(25)   <u>Unvollständige Zeile</u>: Ob also beim Umschalten von Generierung auf Inspektion eine noch nicht durch die Zeilenendekomponente zu einer Zeile vervollkommnete Zeichenfolge automatisch zu einer Zeile zu machen ist, damit sie bei der Inspektion erscheint, oder wegzulassen ist, wird in der Norm nicht ausgesagt. Sinnvoller ist wohl das Komplettieren zu einer Zeile.

(26)   <u>Dynamische Variablen</u>: Die Variablen, auf die Werte von Zeiger-variablen verweisen, heißen dynamische Variablen, weil sie nicht, wie andere Variablen, im Programm deklariert werden und somit fest mit dem Block verknüpft sind, sondern erst über Zeigervariablen während des Programmlaufs auf der sog. Halde erzeugt bzw. vernichtet werden. Diese Zeigervariablen können ihrerseits sowohl deklarierte als auch selbst dynamisch erzeugte sein. Nicht erlaubt ist in Pascal, daß Zeigervariablen auf deklarierte Variablen zeigen. Der Typ der Zeigervariablen ist an den sog. Domänentyp gebunden; das ist der beabsichtigte Typ der dynamischen Variablen, der zur Definition des Zeigertyps benutzt wird. Zeigervariablen können immer nur auf dynamische Variablen von ihrem Domänentyp zeigen.

(27)   <u>Gleichheit von Typen</u>: Gleichheit ist ebenso wie Verträglichkeit und Zuweisungsverträglichkeit ein wichtiger Begriff in Pascal. Die Typen mehrerer Pascal-Variablen sind dann gleich, wenn folgendes gilt:

a) Die Variablen werden mit Hilfe desselben Typ-Bezeichners deklariert;
b) mehrere Variablen werden in derselben Bezeichnerliste deklariert; (siehe 6.5.1)
c) Ein Typ-Bezeichner wurde genau durch einen anderen Typ-Bezeichner definiert.

Die sogenannte Strukturgleichheit zweier Typen (durch zwei identisch geschriebene Typangaben) gibt es innnerhalb eines Pascal-Programms nicht.

(28)   <u>Verträglich</u>: Der Begriff der Verträglichkeit von Typen wird überall dort benötigt, wo Relationen und Operatoren auf Pascal-Datenobjekte angewendet werden sollen. Nur verträgliche Objekte dürfen verknüpft werden.

(29)   <u>Zuweisungsverträglich</u>: Zuweisungsverträglichkeit ist dort vonnöten, wo Werte auf Variablen übertragen werden sollen, sei dies durch eine Zuweisung oder z.B. durch Lesen eines Wertes in eine Variable. T1 ist hier der Typ der Variablen, auf die ein Wert übertragen werden soll.

(30) <u>Zuweisung strukturierter Variablen</u>: Man kann Variablen gleichen
      strukturierten Typs (Record, Array) einander als Ganzes zuwei-
      sen; Set-Typen brauchen sogar nur zuweisungsverträglich zu sein.
      Nur bei Variablen eines File-Typs bzw. eines Typs, der einen
      File-Typ enthält, ist Zuweisung verboten.

(31) <u>Zuweisung Realvariable:=Integervariable</u>: Ein Integer-Wert wird
      bei dieser Zuweisung intern in einen Real-Wert konvertiert;
      umgekehrt geht es nicht (trunc oder round verwenden).

(32) <u>Typdefinitionsteil</u>: Man sieht im Beispiel, daß nicht mehrere
      Typbezeichner gleichzeitig in einer Bezeichnerliste definiert
      werden können, wie es meist kein guter Stil ist, für ein- und
      denselben Typ mehrere Namen zu verwenden.

(33) <u>Verallgemeinerte Variable</u>: Zunächst stellt man sich unter einer
      Variablen ein Datenobjekt vor, das einen Namen besitzt und über
      diesen erreichbar ist. Die Einführung strukturierter Datentypen
      bedingt jedoch, Komponenten entsprechender Variablen ebenfalls
      als variable Datenobjekte zu betrachten, die zwar keinen
      unabhängigen Namen besitzen, wohl aber über den Namen des sie
      beherbergenden strukturierten Objektes zusammen mit einer
      Auffindungsvorschrift, die sich aus dem strukturierten Typ
      ergibt, erreicht werden können. Da sie (bis auf die Erreichbar-
      keit) dieselben Eigenschaften haben, wie "normale" Variable,
      wird für alle Variablen zusammen der Begriff "verallgemeinerte
      Variable" eingeführt.

(34) <u>Ganzvariable</u>: Eine Ganzvariable ist im Gegensatz zur
      Komponentenvariablen in keiner anderen Variablen enthalten. Der
      Begriff umfaßt sowohl einfache als auch strukturierte Variablen.

(35) <u>Variable - Wert</u>: Wenn der Wert nur einer Komponente einer
      strukturierten Variablen nicht existiert, so ist der Wert der
      ganzen Variablen nicht definiert, obwohl man mit allen
      definierten Komponenten arbeiten kann. Komponentenvariablen
      kommen in Verbunden und Reihungen vor.
      Man beachte aber das in Anmerkung 38 über Record-Varianten
      Gesagte!

(36) <u>Indizierte Variable</u>: Eine indizierte Variable entspricht einem
      Array-Element. Sie kann selbst wieder strukturiert sein.

(37) <u>Feldauswahl</u>: Beide Male entspricht die Feldauswahl einer be-
      stimmten Record-Komponente. Nur der Mechanismus zum Erreichen
      derselben unterscheidet sich. Einmal wird der Name der sie
      beherbergenden Record-Variablen in einer With-Anweisung
      angegeben (siehe auch 6.3.8.10); zum anderen wird er zur di-
      rekten Namensqualifikation des Komponentennamens verwendet.

(38) <u>Aktive Variante</u>: Es gibt, je nach Vorhandensein eines Kennungsfeldes im Record, zwei Arten, Varianten ein- bzw. auszuschalten.

a) Kennungsfeld vorhanden:
Übertragen eines legalen Wertes auf das Kennungsfeld schaltet die mit dem Wert verknüpfte Variante ein. Nur die zu dieser Variante gehörigen Komponenten sind von jetzt an zugreifbar.
Übertragen eines zu einer anderen Variante gehörigen Wertes auf das Kennungsfeld schaltet die neue Variante ein. Alle Werte von Komponenten der alten Variante sind verloren und kehren auch nicht zurück, wenn sie erneut eingeschaltet wird.
Wenn das Kennungsfeld keinen definierten Wert hat, ist keine Variante eingeschaltet und alle Komponenten-Werte sind undefiniert.

b) Kein Kennungsfeld vorhanden:
Übertragen eines legalen Wertes auf eine Komponente einer Variante schaltet diese ein. Nur die zu dieser Variante gehörigen Komponenten sind jetzt zugreifbar.
Übertragen eines Wertes auf eine Komponente einer anderen Variante schaltet die neue Variante ein. Alle Werte von Komponenten der alten Variante sind verloren und kehren auch beim Reaktivieren derselben nicht zurück.
Wenn mit noch keiner Variante gearbeitet wurde, sind alle Werte aller Komponenten undefiniert. Siehe auch Anmerkung 20!

(39) <u>Puffervariable</u>: Mit der Vereinbarung einer Dateivariablen F durch den Programmierer wird automatisch durch den Prozessor eine Puffervariable mit dem Namen F↑ vereinbart. Diese wird oft als Datei-"Fenster" veranschaulicht, über welches man Information mit der Datei austauschen kann. Die Erklärung in der Norm ist aus syntaktischen Gründen etwas geschraubt; nach dem Vereinbaren einer Dateivariablen gibt es genau diese und die dazugehörige Puffervariable.

(40) <u>Referenz auf die Puffervariable</u>: Das könnte z.B. der Fall sein, wenn eine Puffervariable als Record-Variable in einer With-Anweisung (6.8.3.10, diese dient zum Aufspannen des Gültigkeitsbereiches der Record-Komponenten) verwendet wird, innerhalb derer ihr durch Arbeiten mit der dazugehörigen Dateivariablen ihr Wert unter den Füßen weggezogen wird.

(41) <u>Forward-Deklaration</u>: Zu deutsch: Zuerst schreibt man Prozedurnamen, Formalparameterliste und (anstelle des Blocks) die Direktive forward; wenn dann weiter hinten der Block richtig aufgeschrieben werden soll, kommt nur der Prozedurname (als Identifikation) und dann der Block. Guter Programmierstil ist es, die Formalparameterliste noch einmal komplett als Kommentar hinzuschreiben, da ja die Formalparameter ständig im Block verwendet werden, und man nicht immer zurückblättern will, wenn man einen Typ vergessen hat.
Für Funktionen (6.6.2) gilt bzgl. forward dasselbe, außer daß bei der Forward-Deklaration noch zusätzlich der Ergebnistyp angegeben werden muß, der bei der Identifikation nicht mehr auftreten darf (Kommentar). Siehe auch nächste Seite!

Die Forward-Deklaration dient dazu, den von außen sichtbaren Teil eines Unterprogramms (Namen, Parameterliste) schon bekannt zu machen, damit andere Unterprogramme damit arbeiten können, die selbst wieder im Block des als forward vereinbarten Unterprogramms referiert werden; also um rekursive Zyklen zu ermöglichen.

(42) <u>Funktionen</u>: Bezüglich Forward-Deklaration siehe Anmerkung 41; bezüglich Doppelcharakter des Funktionsbezeichners siehe Anmerkung 11 und folgendes (falsche) Beispielprogramm.

```
program test(output);
 var i:integer;
 function f(i:integer):integer;
   var f : boolean;
   begin
   if i = 5 then
    f := true;
    {f := 2 * i;}    { geht nicht }
   end;
 begin
 i := 5;
 writeln(f(i));
 end.
```

Es gibt in der Funktion f keine Möglichkeit mehr, auf das Funktionsergebnis f einen Integer-Wert zu übertragen, da der Funktionsbezeichner f durch die Boolesche Variable f überdeckt wurde. Folglich ist die Funktion undefiniert. Man beachte auch, daß in f das i aus test durch ein neues i aus der Parameterliste überdeckt ist.

(43) <u>Gültigkeit der Formalparameter</u>: D.h., die Namen der Formalparameter haben außerhalb der Formalparameterliste und des dazugehörigen Blockes keine Bedeutung, sie dienen dort nur als Platzhalter für Objekte bzw. Werte aus der Umgebung.

(44) <u>Wertparameter</u>: Es ist also über einen Wertparamter nicht möglich, das Ergebnis einer Berechnung im Inneren des Unterprogramms wieder nach außen zu geben. Der Wertparameter hat innerhalb des Unterprogramms die Eigenschaften einer lokalen Variablen, die vor Betreten des Blocks durch die Umgebung initialisiert wurde.

(45) <u>Variablenparameter</u>: Da der Variablenparameter für die Zeit der Ausführung des Unterprogramms mit einem variablen Objekt der Umgebung identifiziert wurde, kann damit ein Wert nach außen übermittelt werden. Der dazugehörige Aktualparameter kann nicht Konstante oder Ausdruck sein, da man auf diese keinen Wert übertragen kann.
Der Variablenparameter hat innerhalb des Unterprogramms die Eigenschaften einer lokalen Variablen, die vor Betreten des Blocks durch die Umgebung initialisiert worden sein kann.
Das Arbeiten mit einer globalen Variablen innerhalb des Unterprogramms, für welches diese darüber hinaus noch mit einem Variablenparameter identifiziert wurde, verändert ggf. auch den Wert des Parameters.

(46)   <u>Beispiel für Wert/Variablenparameter:</u>

```
program test(input,output);
 var global, hilf: integer;

 procedure p(wertpar: integer; var varpar: integer);
  begin
    writeln(wertpar);          {a}
    writeln(varpar);           {b}
    wertpar := wertpar * 2;
    varpar  := varpar * 2;
    writeln(wertpar);          {c}
    writeln(global);           {d}
    end {p};

 begin {test}
  hilf := 5;
  global := 7;
  p (hilf, global);
  writeln(hilf);               {e}
  writeln(global);             {f}
  end.
```

Die Ausgabe dieses Programms auf output ist:

```
    5                          {a}
    7                          {b}
   10                          {c}
   14                          {d}
    5                          {e}
   14                          {f}
```

Die Variable hilf hat nach Beendigung der Prozedur p immer noch
den alten Wert 5. Die Variable global wurde als Var-Parameter
in der Prozedur geändert.

(47)   <u>Parameterprozeduren</u>: Das bedeutet, daß vordefinierte Prozeduren
       (und auch Funktionen) nicht als Aktualparameter zugelassen sind.
       Man kann das leicht umgehen, indem man eine eigene Prozedur
       drumherum schreibt und diese als Aktualparameter übergibt.

(48)   <u>Übereinstimmung von Parameterlisten</u>: Dieser etwas umständliche
       Abschnitt bedeutet, daß Prozeduren und Funktionen, die als
       Aktualparameter für Parameterprozeduren/funktionen verwendet
       werden sollen, inhaltlich identische Formalparameterlisten haben
       müssen, wie diese; also alle Typen an einander entsprechenden
       Positionen müssen gleich sein. Darüber hinaus fordert die Norm,
       daß auch die Zusammenfassung mehrerer Parameter zu
       Formalparameterabschnitten in beiden Parameterlisten gleich sein
       muß. Dies wohl als Zugeständnis an die implementierungsabhängige
       interne Reihenfolge der Parameter solch eines Abschnitts.

(49) <u>Konformreihungen</u>: Bevor man in den komplizierten Text steigt,
sollte man Konformreihungen noch einmal arbeiten gesehen haben.
Zweck des (formalen) Konformreihungs-Parameters ist es, mit
Prozeduren (aktuelle) Array-Parameter bearbeiten zu können,
deren Indexgrenzen innerhalb eines im Konformreihungs-Schema
festgelegten umfassenden Indextyps noch nicht festliegen, die
aber einen festen (und im K.-Schema festgelegten) Komponententyp
besitzen. Erfüllung der beiden Festlegungen heißt "Konformität".

```
program maxtrixadd(input,output);

  type bereich = -1000..1000;
  var arr1, arr11, arr111: array[1..100] of integer;
      arr2, arr22, arr222: array[-10..10] of integer;
      arr3, arr33, arr333: array[-1000..1000] of integer;

  procedure add(var v1,v2,v3: array[unt..ob:bereich] of integer);

    var i : bereich;    {◄ Hier kann als Typ nicht unt..ob stehen,}
                        {da Grenzbezeichner keine Konstanten sind.}
    begin
      for i := unt to ob do
         v3[i] := v1[i] + v2[i];
         v2 := v1;
      end;

  begin
    add(arr1, arr11, arr111);    {unt ist 1, ob ist  100}
    add(arr2, arr22, arr222);    {unt ist -10, ob ist 10}
    add(arr3, arr33, arr333);    {unt ist -1000, ob 1000}
  end.
```

Beachte: v1 und v2 müssen hier in einer Spezifikation stehen,
auch wenn auf v1 nur "lesend" zugegriffen wird. Sonst hätten sie
unterschiedliche Typen. v3 könnte in einer extra (Variablen-)
Spezifikation stehen; dann müßte man aber sichern, daß immer 3
Arrays identischen Typs als Aktualparameter übergeben werden, um
Laufzeitfehler zu vermeiden.

(50) <u>Grenz-Bezeichner</u>: Deshalb dürfen sie im Inneren des
Unterprogramms weder in Datendeklarationen angewendet werden
(etwa um Konstanten, Typen, Variablen zu vereinbaren), noch darf
man auf sie, wie etwa auf einen Wertparameter, einen Wert
übertragen.

(51) <u>New</u>: Wenn new(p) eine dynamische Record-Variable mit Varianten
erzeugt, so ist damit automatisch Platz für die größtmögliche
Variantenkombination bereitgestellt.

(52) <u>Variantes New</u>: Durch Angabe der Selektorkonstanten c1..cn wird
dem Prozessor ermöglicht, nur den dieser Variantenkombination
entsprechenden Platz bereitzustellen; jedoch sind die
entsprechenden Kennungsfelder noch nicht initialisiert, d.h. es
ist noch keine einzige Variante eingeschaltet.

(53) <u>Arbeit mit Datenobjekten aus variantem New</u>: Das soll heißen, daß
      in den syntaktischen Konstrukten von Faktor, Zuweisung und
      Aktualparameter dort, wo verallgemeinerte Variable steht, keine
      dynamische Variable benutzt werden darf, die durch die
      Variant-Form von New entstanden ist. Eine solche darf also nicht
      als Aktualparameter übergeben werden, nicht als linke Seite
      einer Zuweisung auftreten und nicht als Faktor in Termen
      auftreten (Term = Verknüpfung von Operanden mit den Operatoren
      *, /, div, mod, and; siehe Syntaxdiagramme). Diese Maßregeln
      dienen u.a. der Sicherheit und Überprüfbarkeit.

(54) <u>Aufgabe von pack und unpack</u>: Es wird ein "Übergang" von der Welt
      der ungepackten zur Welt der gepackten Reihungen geschaffen. Mit
      den gepackten Reihungen sind wohl vor allem die Zeichenketten-
      variablen gemeint (vom Typ packed array[1..n] of char), die man
      so leicht aus größeren Arrays aufbauen kann.

(55) <u>Wann ist eof(f) true</u>:
      (a) Wenn ein get (siehe 6.6.5.2) auf die Komponente versucht
      wurde, die hinter der letzten, gerade im Puffer befindlichen
      Dateikomponente erwartet wird. Das nächste get würde einen
      Fehler liefern.
      (b) Wenn eine leere Datei zur Inspektion eröffnet wird.
      (c) Wenn eine Datei generierend bearbeitet wird.

(56) <u>Vorrangregeln</u>: Häufig ist man sich trotz der Vorrangregeln nicht
      klar darüber, in welcher Reihenfolge komplizierte Ausdrücke
      (ibs. logische) ausgewertet werden. Dann hilft ein Blick in die
      Syntaxdiagramme für Ausdruck, Term usw. (Anhang A2) am
      schnellsten.

(57) <u>Marken und Goto</u>: Eine Marke kann natürlich in mehreren Goto-
      Anweisungen auftreten, wenn diese sich an die gestellten
      Bedingungen halten, darf aber nur vor genau einer Anweisung im
      Gültigkeitsbereich stehen (definiert werden). Im Gegensatz zu
      früheren Normvorschlägen braucht sie jedoch nicht "besprungen"
      zu werden, wenn sie deklariert und definiert wurde. Eine Goto-
      Anweisung mit einer Marke bedingt aber beides andere. Die
      Anmerkungen a, b, c im Normtext bedeuten, daß man zwar nach
      außen (z.B aus einer im Block deklarierten Prozedur in den
      Anweisungsteil des Blocks) oder auf gleicher Ebene springen
      kann, nicht aber wieder in eine Schachtel hinein, also ist z.B.
      folgendes Beispiel falsch:

```
Program test(output);
 Label 1;
 begin
 goto 1;    { ! }
 begin
  1: writeln('hallo');
  end;
 end.
```

      Wenn "1: writeln('hallo');" nicht in einer Verbundanweisung
      stände, wäre der Sprung erlaubt.

(58) <u>Leeranweisung</u>: Eine solche ist z.B. nützlich, wenn in einer
      geschachtelten if-then-else-Konstruktion gewisse Alternativen
      keine Wirkung haben sollen. Siehe Beispiel.

```
Program test(output);
 var b1, b2: boolean;
 begin
  b1 := true;
  b2 := b1;
  if b1 then
   if b2 then writeln('beide gelten')
   else
  else writeln('b1 gilt nicht');
 end.
```

(59) <u>Goto-Anweisungen</u>: Gemeint ist, daß der Block, in dem die
      "besprungene" Marke steht, und danach alle Blöcke, über die man
      zu diesem Block gelangte, weiter abgearbeitet werden. Die
      anderen Ausführungen werden vergessen.

(60) <u>If-Anweisungen</u>: Ein Semikolon hinter der Anweisung in einer If-
      Anweisung (d.h. hinter dem "Then-Teil") beendet auch alle unmit-
      telbar darum herum geschachtelten If-Anweisungen.

(61) <u>Case: Fallkonstanten und Fall-Index</u>: Bei einem Record-Typ müssen
      in den Varianten sämtliche Selektorkonstanten auftreten, die
      sich aus dem Selektortyp ergeben. Bei der Case-Anweisung müssen
      nicht sämtliche Fallkonstanten angegeben sein, die dem
      impliziten (Auswahl-) Typ des Fall-Index entsprechen. Umgekehrt
      können Fallkonstanten auftreten, die vom Fall-Index nicht
      abgedeckt werden (dies ist allerdings sinnlos). Auswahl-Typ und
      Konstantentyp müssen vom gleichen Ordinaltyp sein, wobei das
      unter 6.7.1 über Faktoren Gesagte zu brücksichtigen ist.
      Um dem Benutzer Schreibarbeit zu sparen, bieten viele
      Implementierungen ein Otherwise oder Else als Ersatz für nicht
      aufgeführte Fallkonstanten an, deren Wert nicht zu einem Fehler
      führen soll. Natürlich wird dadurch die Sicherheit verringert,
      da auch nicht beabsichtigte Werte des Fall-Index jetzt über
      diesen Ausgang berücksichtigt werden.

(62) <u>For-Anweisung</u>: Wenn der aktuelle Anfangswert größer als der
      Endwert ist, wird die For-Anweisung überhaupt nicht durchlaufen;
      sind beide gleich, dann genau einmal.

(63) <u>Geschachtelte With-Anweisungen</u>: Dabei ist es unerheblich, ob die
      v1,..,vn zu ineinander geschachtelten Records gehören, oder ob
      mehrere unabhängige Verbunde gleichzeitig aufgespannt werden
      sollen, um z.B. Komponenten zu übertragen. Man muß hierbei
      aufpassen, daß nicht unbeabsichtigte Effekte auftreten,
      insbesondere können durch eine innere With-Anweisung gerade
      aufgespannte äußere Gültigkeitsbereiche wieder überdeckt werden.

(64) <u>Read-Parameterliste</u>: Ein lustiger Effekt, der durch das optionale Weglassen der Dateivariablen input (ebenso output) in der Read- bzw. Write-Parameterliste zustandekommt, ist, daß man die vordefinierten Bezeichner input und output in einem inneren Block neu definieren kann (s. Anm. 7), trotzdem aber weiter über input und output Ein/Ausgabe betreiben kann, vorausgesetzt, sie stehen im Programmkopf.

(65) <u>Mehrere Read-Parameter</u>: Bei text können also die verschiedenen v von unterschiedlichem Typ sein, da gelesene Zeichen durch den Prozessor ggf. in Real- bzw. Integer-Zahlen konvertiert werden. Bei Nicht-Text-Dateien müssen die verschiedenen v vom gleichen (Komponenten-) Typ sein.

(66) <u>Zeichen-Lesen von Text</u>: Die lapidare Anforderung b im Normtext ist wichtig für das Verständnis von Textdateien. Beim Schreiben eines Zeichens auf Text - write(f,z) - verhält sich Pascal gemäß der Intuition des Programmierers. Zunächst wird der Puffer f↑ mit dem Zeichen z gefüllt, dann sein Inhalt in die Datei f abgelegt.
Beim Lesen in die Zeichenvariable v - read(f,v) - ist es genau umgekehrt. Zunächst wird der Pufferinhalt in die Variable v gebracht, und dann aus der Datei mit dem nächsten Zeichen versorgt. Das führt bei der durch ihr Auftreten in der Programm-parameterliste (6.10) implizit zur Inspektion eröffneten Datei Input, welche häufig zum Dialog verwendet wird, zu Problemen mit Input↑. Beim Eröffnen einer Textdatei mittels reset ist ent-weder eof=true oder der Puffer enthält das erste Zeichen der Da-tei. Beim impliziten Eröffnen der Dialogdatei Input liegt dieses Zeichen aber nicht vor, ohne daß eof=true sein darf. Es wird empfohlen, in diesem Falle Input↑ mit einem (nullten) Zeilenende zu initialisieren, welches beim Lesen als Leerzeichen wirkt.

(67) <u>Zeilenendekomponente beim Lesen</u>: Um eine Integer- oder Realzahl von text einzulesen, braucht man sich nicht um die Zeilenende-komponente zu kümmern, wenn diese noch vor den zu lesenden Ziffern steht. Sie wird genau wie die Leerzeichen automatisch überlesen. Wenn man jedoch Zeichen lesen will, so hat die Zeilenendekomponente eine Bedeutung als Leerzeichen, welches dann oft unerwartet erscheint. Hier schafft geschickte Anwendung von readln Abhilfe.

(68) <u>Ausgabe von Integer-Zahlen auf text</u>: Zu deutsch:
(a) Wenn kein Längenparameter angegeben ist, werden Integer-Zahlen immer in der implementierungsdefinierten Standardlänge ausgegeben, vorn also führende Leerzeichen, soweit nötig, dann ggf. das Minuszeichen und die Ziffern.
(b) Wenn ein Längenparameter angegeben ist, so wird die minimal notwendige Länge ausgegeben, wenn er zu klein bzw. angemessen ist; d.h. es kommt auch kein obligates Leerzeichen als Trenner zwischen mehreren Integer-Zahlen. Ansonsten füllen führende Leerzeichen die angegebene Länge auf.

(69) <u>Zwei Real-Darstellungen bei Ausgabe auf text</u>: Festpunkt bedeutet, daß vor dem Dezimalpunkt soviele Stellen auftreten, wie nötig. Bei der Gleitpunktdarstellung dagegen steht in Pascal genau eine Ziffer vor dem Dezimalpunkt, und die Zehnerpotenz wird durch einen Exponenten (mit Vorzeichen) bestimmt, der nach einem "e" oder "E" erscheint und eine feste Länge hat. Wenn bei der Realzahl-Ausgabe kein Längenparameter angegeben wird, so wird eine Gleitpunkt-Darstellung fester Länge ausgegeben. Mit einem Längenparameter erscheint eine Gleitpunkt-Darstellung geforderter Länge, soweit sich dies realisieren läßt. Mit zwei Längenparametern erscheint die Festpunkt-Darstellung. Wenn kein Minuszeichen vor einer Gleitpunktzahl steht, erscheint immer ein führendes Leerzeichen, das die Zahl von etwaigen Vorgängern trennt.

(70) <u>Gleitpunkt-Darstellung mit Längenparameter</u>: write(f,a:Laenge) Wenn Laenge kleiner ist, als für die Ausgabe mit Leer- oder Vorzeichen, Dezimalpunkt, Exponenten-"E", Exponentenvorzeichen (immer) und eine implementierungsdefinierte Anzahl von Exponentenziffern benötigt wird, so werden Dezimalstellen abgeschnitten, solange noch mindestens eine übrig ist. Von da an wird die Laenge ignoriert und eine Mindestlänge beibehalten. Die abgeschnittenen Dezimalstellen führen zu einer Rundung der jeweils letzten Stelle.
Wenn Laenge größer ist, als zur Ausgabe mit maximaler Genauigkeit nötig, so werden beliebig viele Nullen an die Dezimalstelle größter Genauigkeit hintenangehängt, jedoch erscheinen keine zusätzlichen führenden Leerzeichen.

(71) <u>Festpunkt-Ausgabe von Real-Zahlen auf text</u>: Es erscheinen mindestens das Minuszeichen (wenn negativ), Ganzzahl-Teil, Dezimalpunkt und Dezimalstellen.
(a) Der Dezimallängenparameter (ZiffernNachDemDezimalpunkt) ist größer, als zur maximalen Genauigkeit nötig: Es werden Nullen an die Dezimalstellen angehängt.
(b) Er ist kleiner als maximal mögliche Genauigkeit: Es wird bis auf eine an den Dezimalstellen gekürzt. Dabei wird gerundet.
(c) Der Gesamtlängenparameter (GesamtAusgabeLaenge) ist kleiner, als zu der geforderten Genauigkeit notwendig: Er wird ignoriert. Etwaig angehängte Nullen bleiben. Ein führendes Leerzeichen als Trenner wird nicht generiert.
(d) Der Gesamtlängenparameter ist größer als benötigt: Es werden vor die Zahl Leerzeichen bis auf die Gesamtlänge aufgefüllt.

(72) <u>Writeln und Zeile</u>: Zeilen kommen durch die Anwendung von writeln zustande. Ohne writeln keine Zeile. Siehe auch Anm. 25.

ANHANG A2: GRAPHISCHE SYNTAXDIAGRAMME VON PASCAL

Die graphischen Syntaxdiagramme stellen eine komprimierte Wiedergabe
der zusammengefaßten Syntax von Pascal (Normenanhang A) dar. Durch
Verfolgen der Linien in Pfeilrichtung erhält man alle syntaktisch
richtigen Pascal-Konstruktionen. Eine akkurate Wiedergabe der Semantik
ist auf diese Art unmöglich, jedoch werden durch geeignete Wahl der
nichtterminalen Symbole auch semantische Informationen vermittelt.
Dies z.B. durch die Präfigierung des Wortes Bezeichner gemäß dem in
der Norm über Anwendung von Bezeichnern Gesagten.
Terminale Symbole sind durch einen stark umrandeten Kasten gekenn-
zeichnet, nichtterminale durch Schrägdruck in Kästen mit hellem Rand.
Ein nichtterminales Symbol repräsentiert ein ganzes gleichnamiges
Syntaxdiagramm.
Die Read-, Readln-, Write-, Writeln-Parameterlisten werden hier im
Gegensatz zur zusammengefaßten Syntax mit zur Aktualparameterliste
dazugezählt.

PASCAL - SYNTAXDIAGRAMME

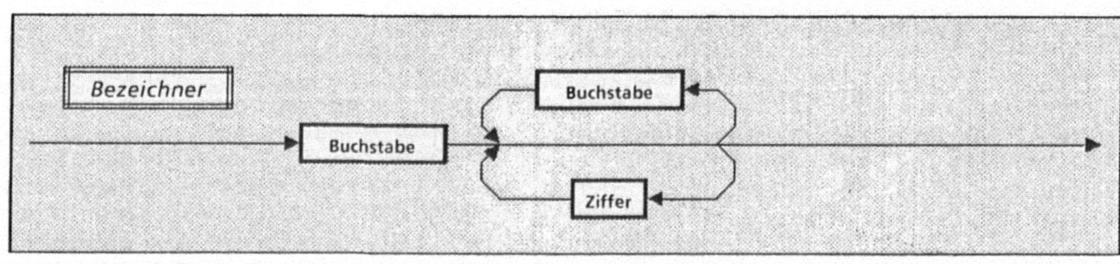

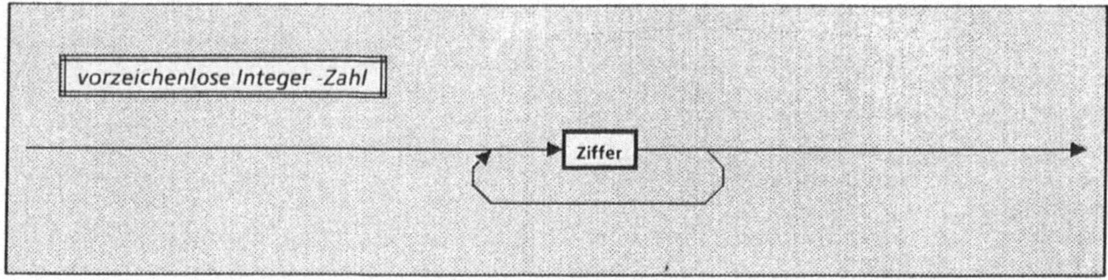

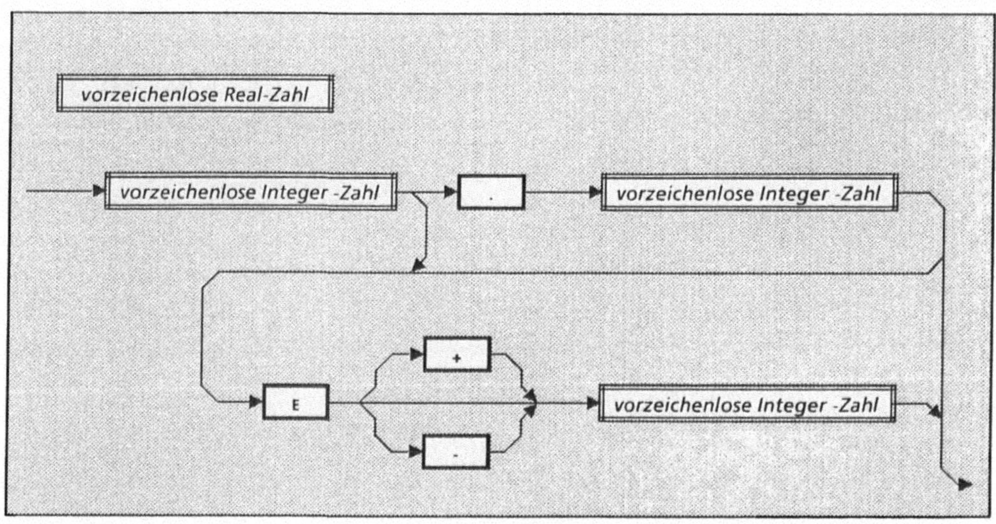

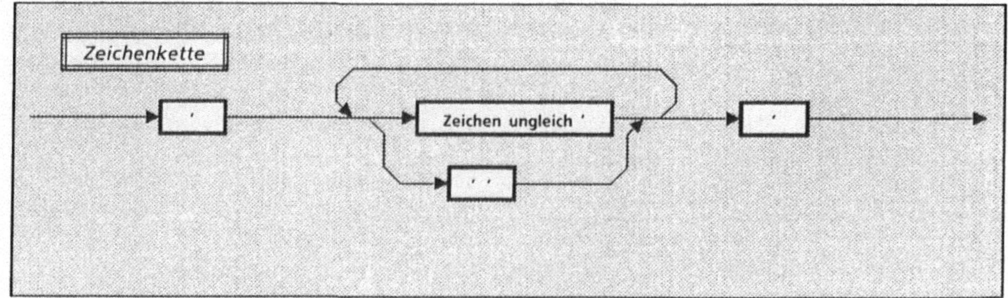

PASCAL - SYNTAXDIAGRAMME

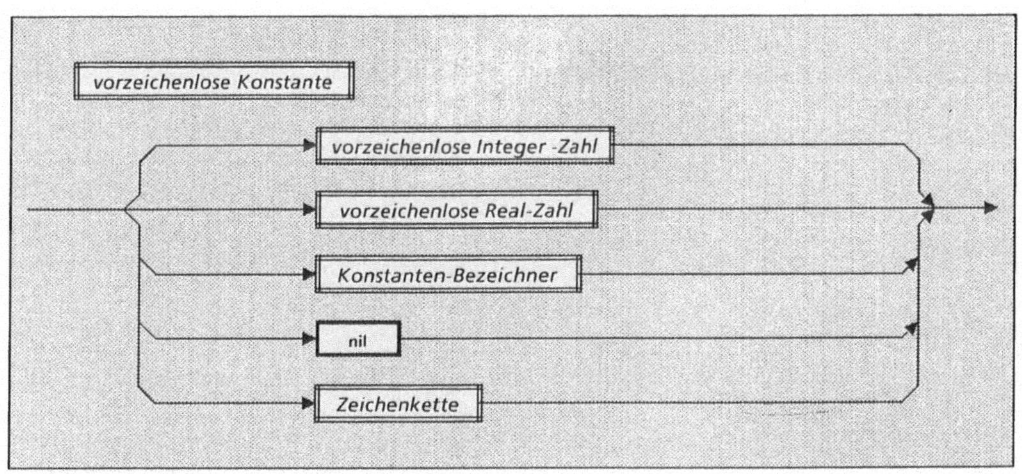

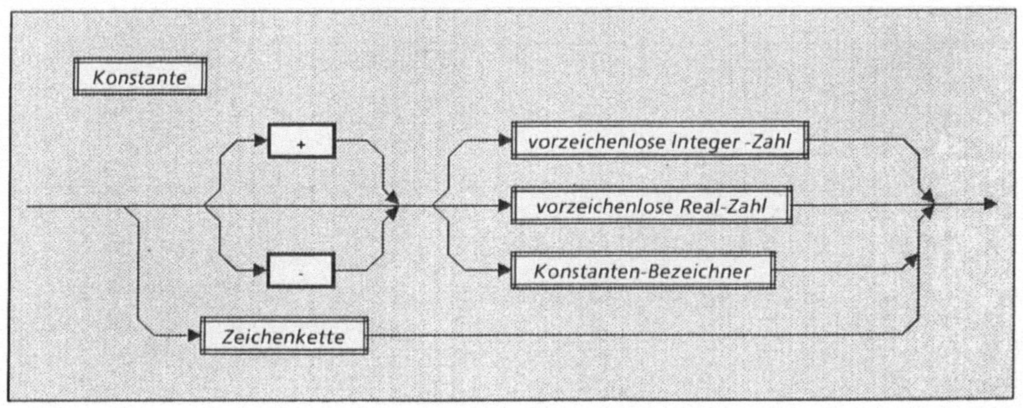

PASCAL - SYNTAXDIAGRAMME

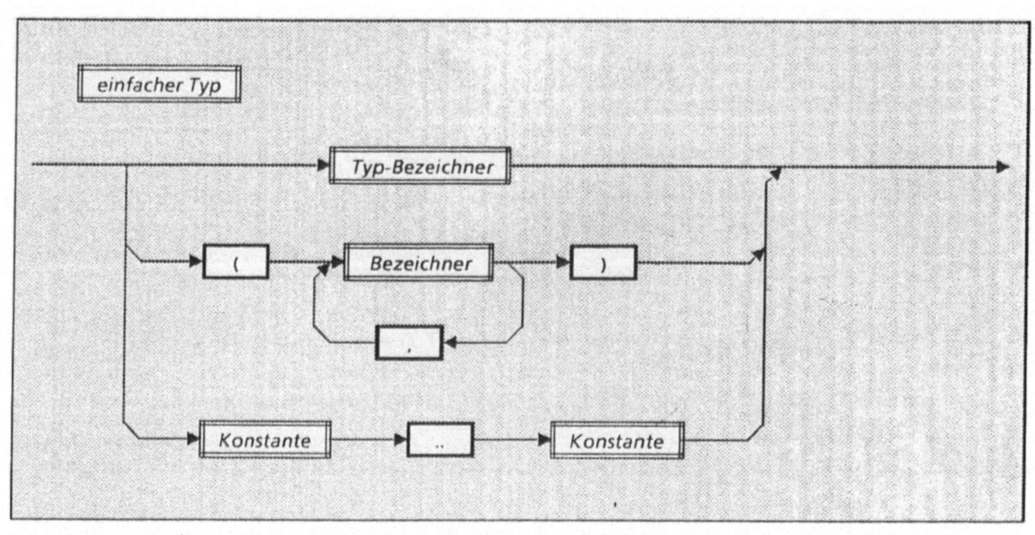

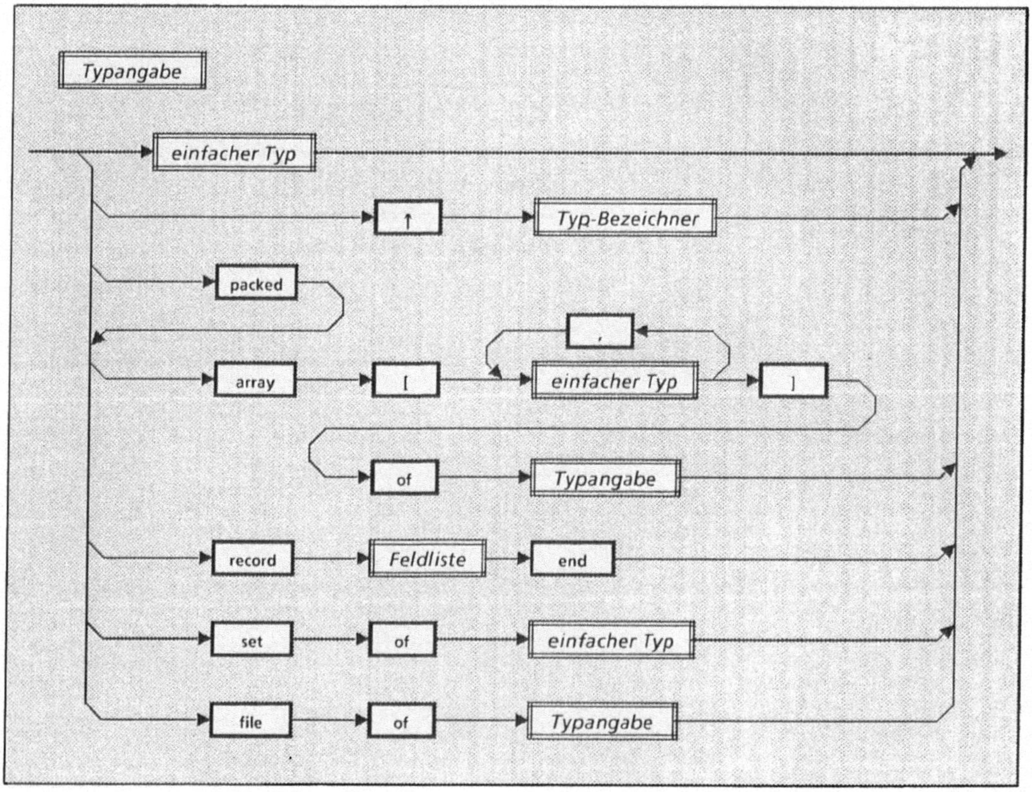

PASCAL - SYNTAXDIAGRAMME

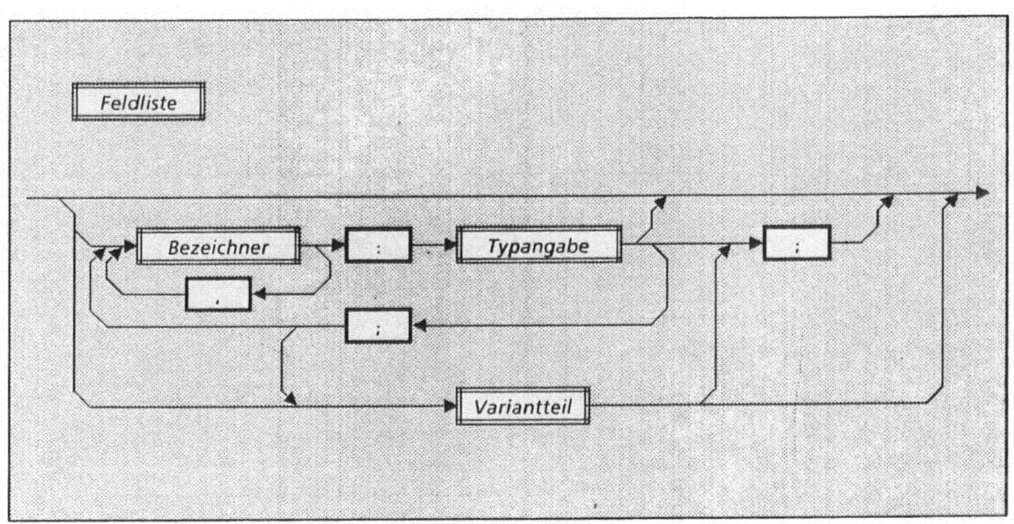

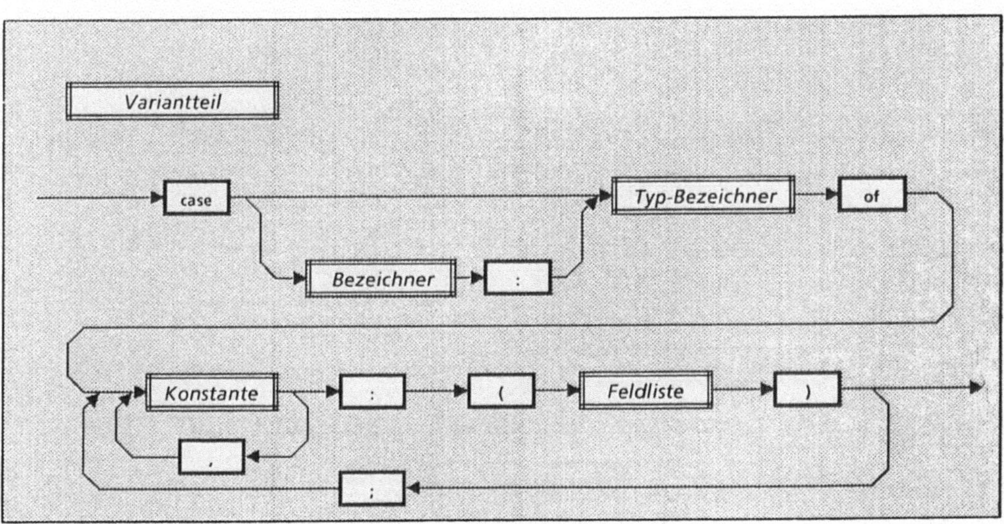

PASCAL - SYNTAXDIAGRAMME

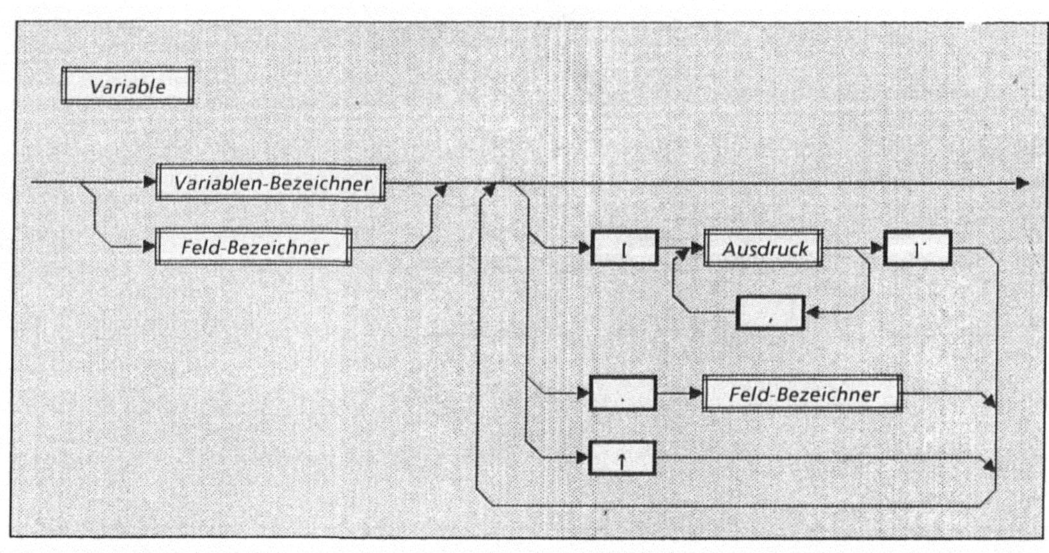

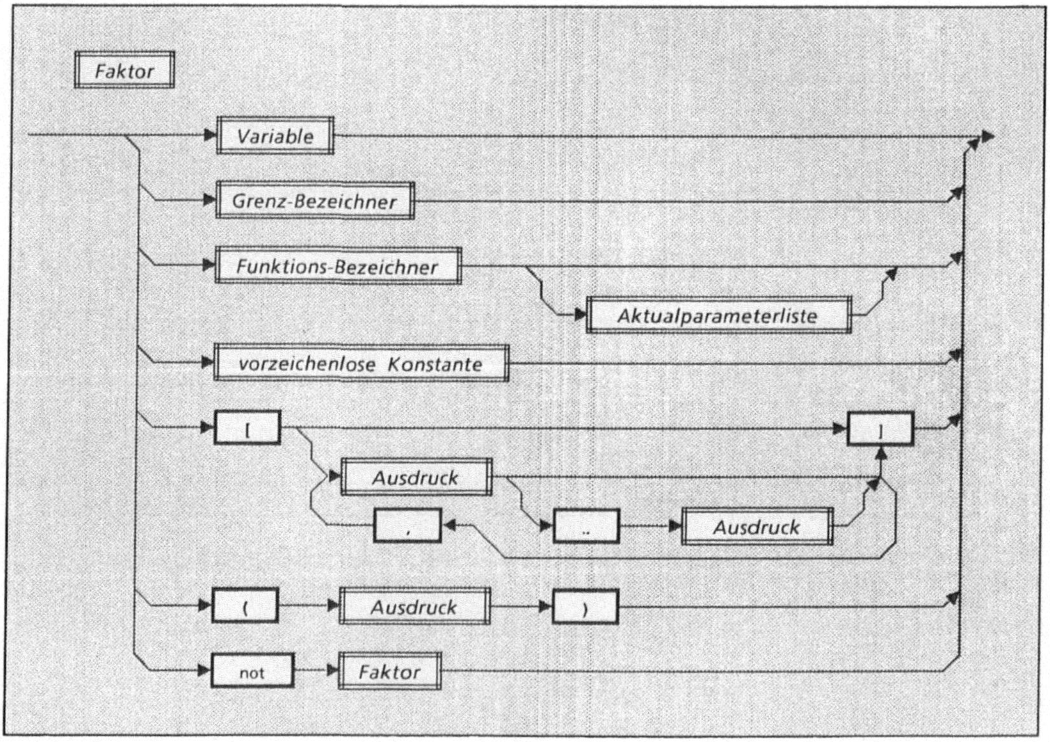

PASCAL - SYNTAXDIAGRAMME

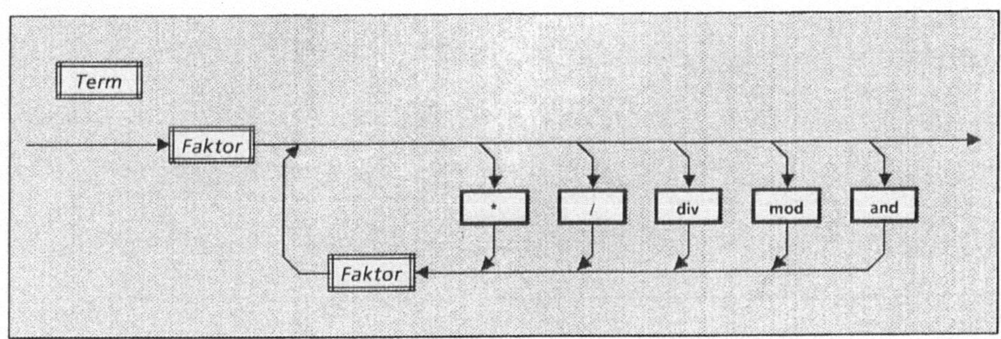

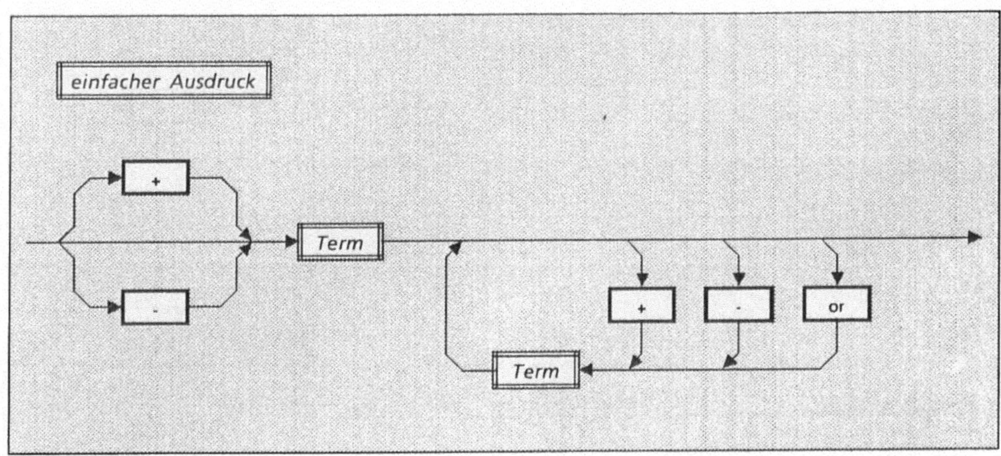

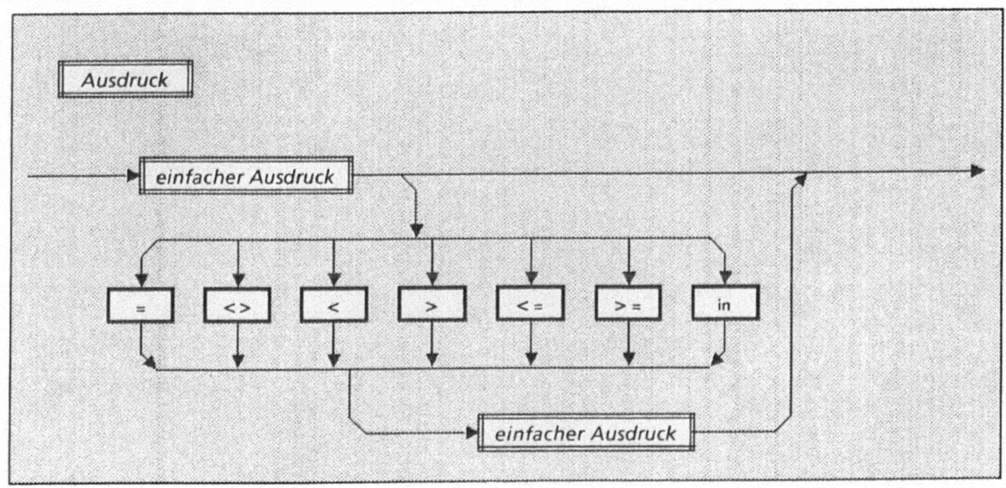

PASCAL - SYNTAXDIAGRAMME

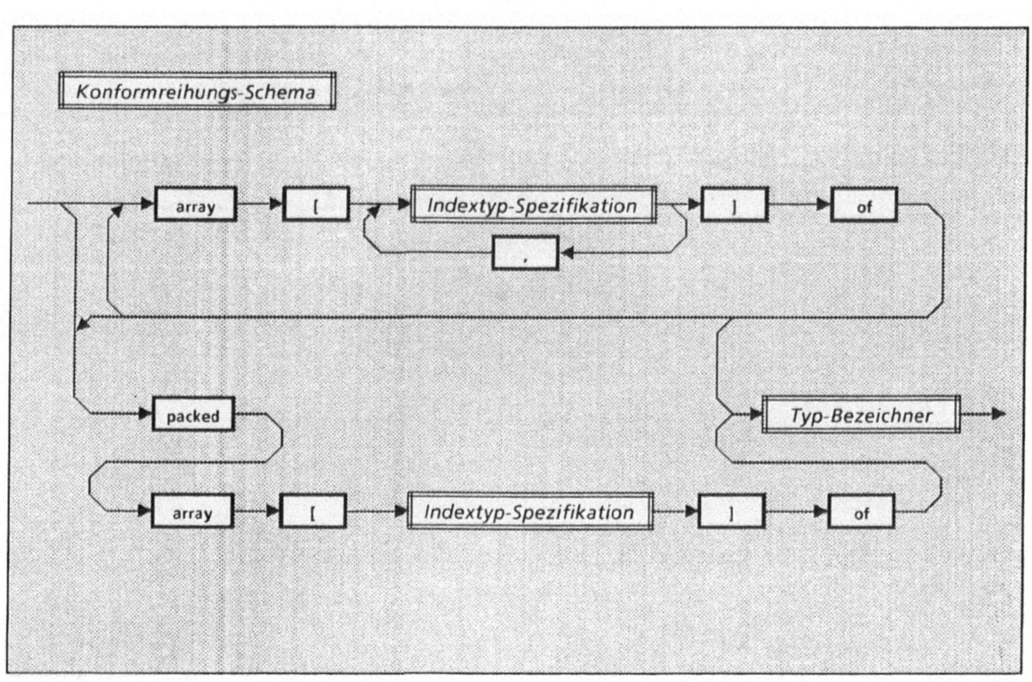

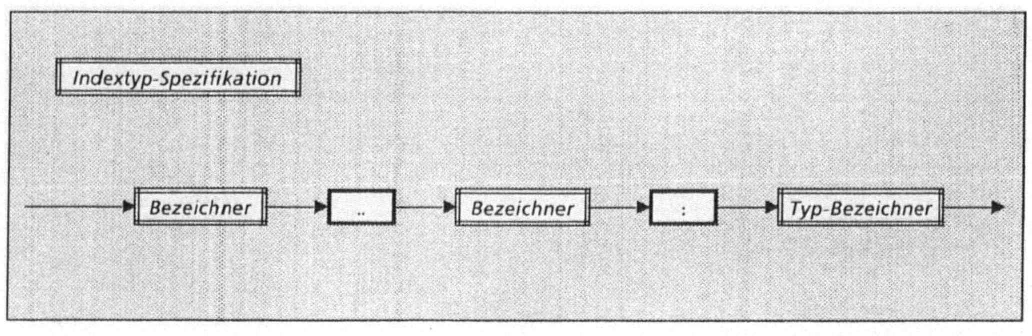

PASCAL - SYNTAXDIAGRAMME

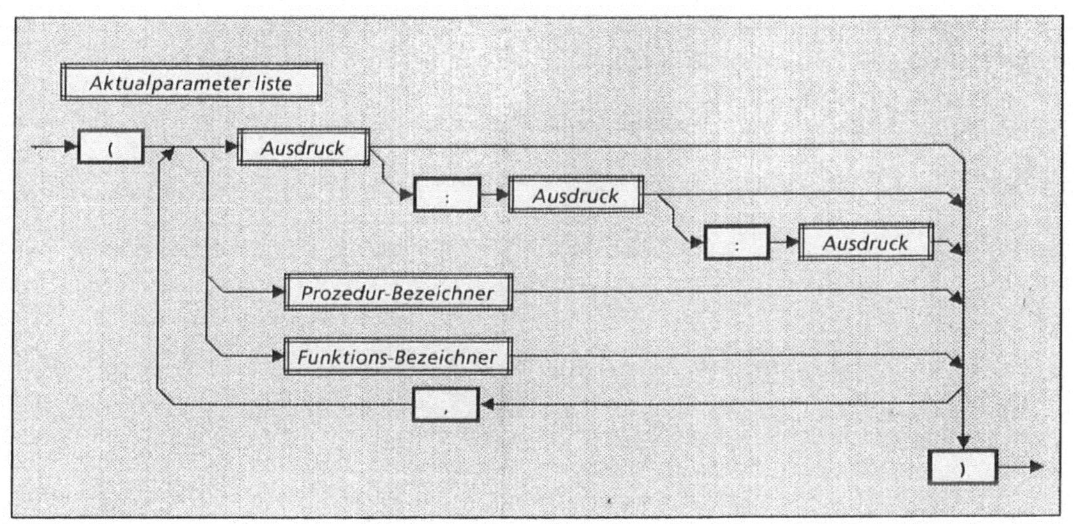

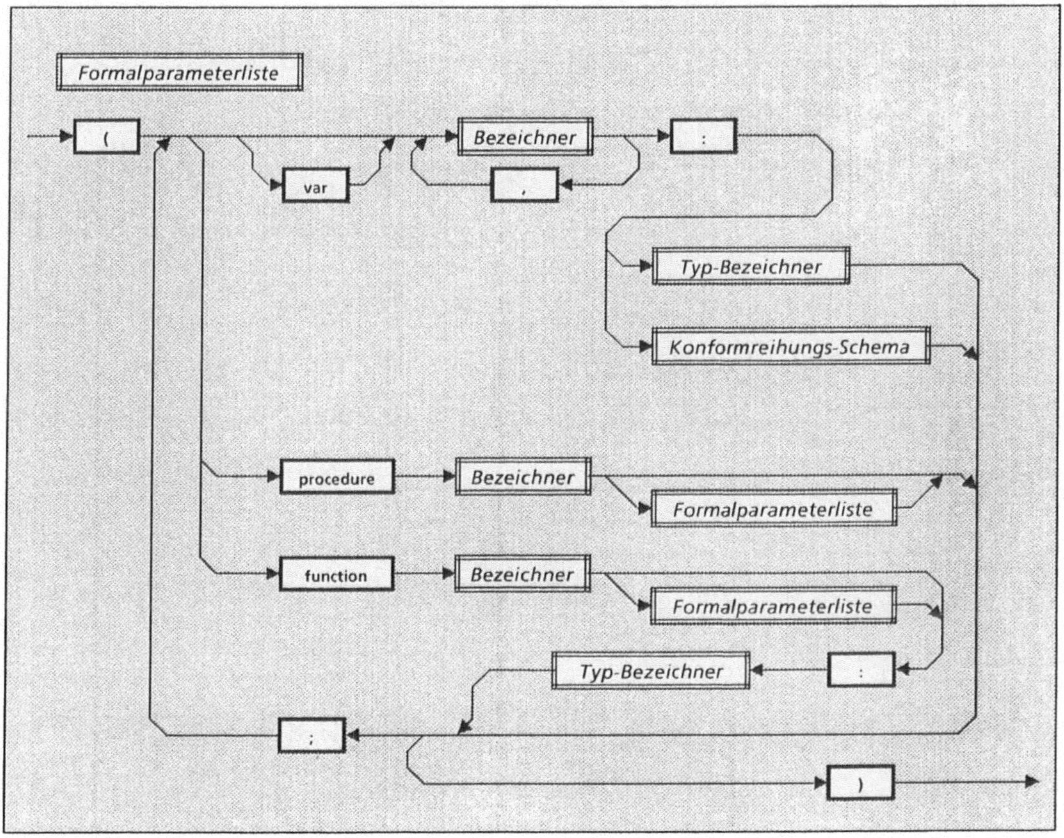

PASCAL - SYNTAXDIAGRAMME

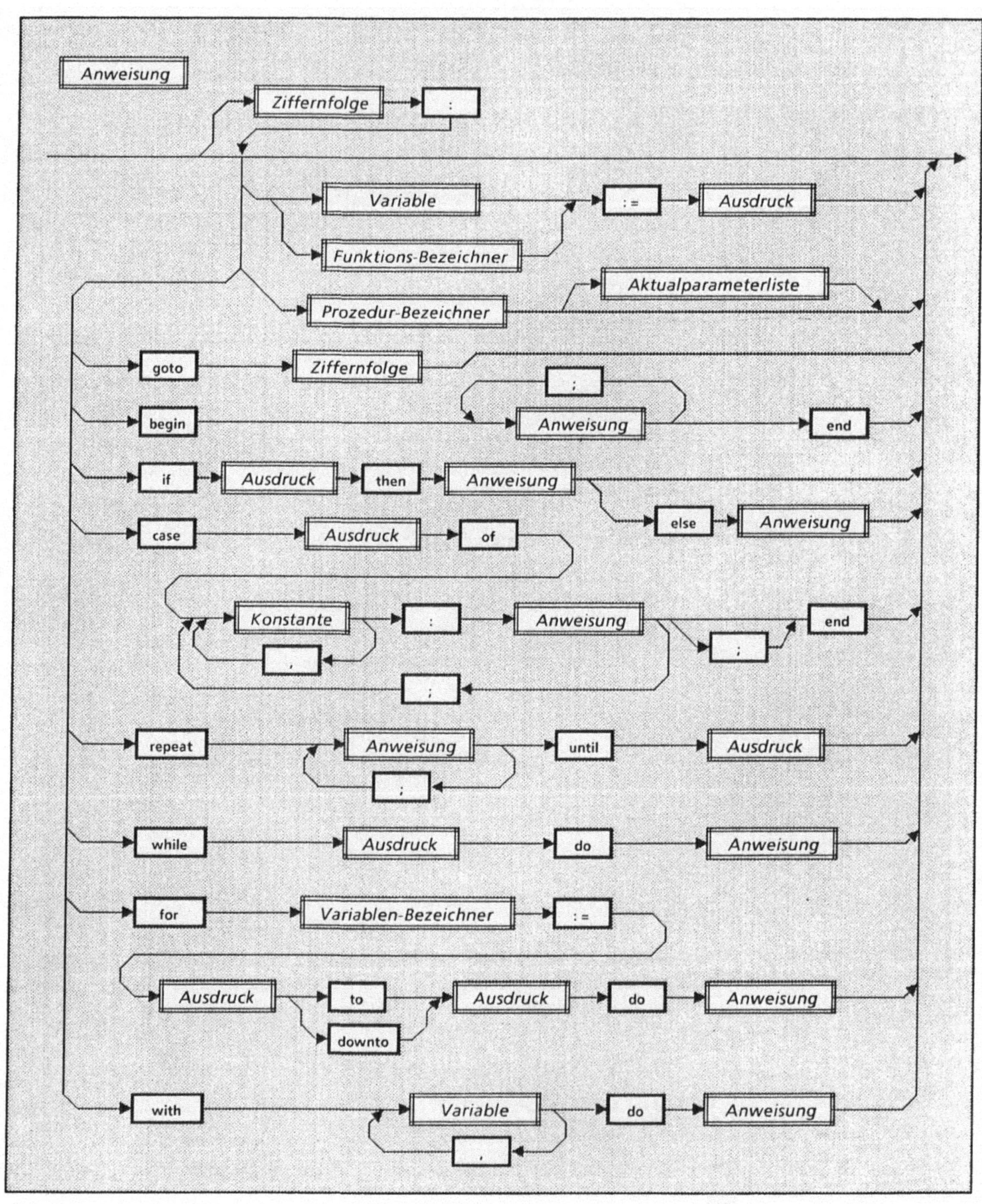

PASCAL - SYNTAXDIAGRAMME

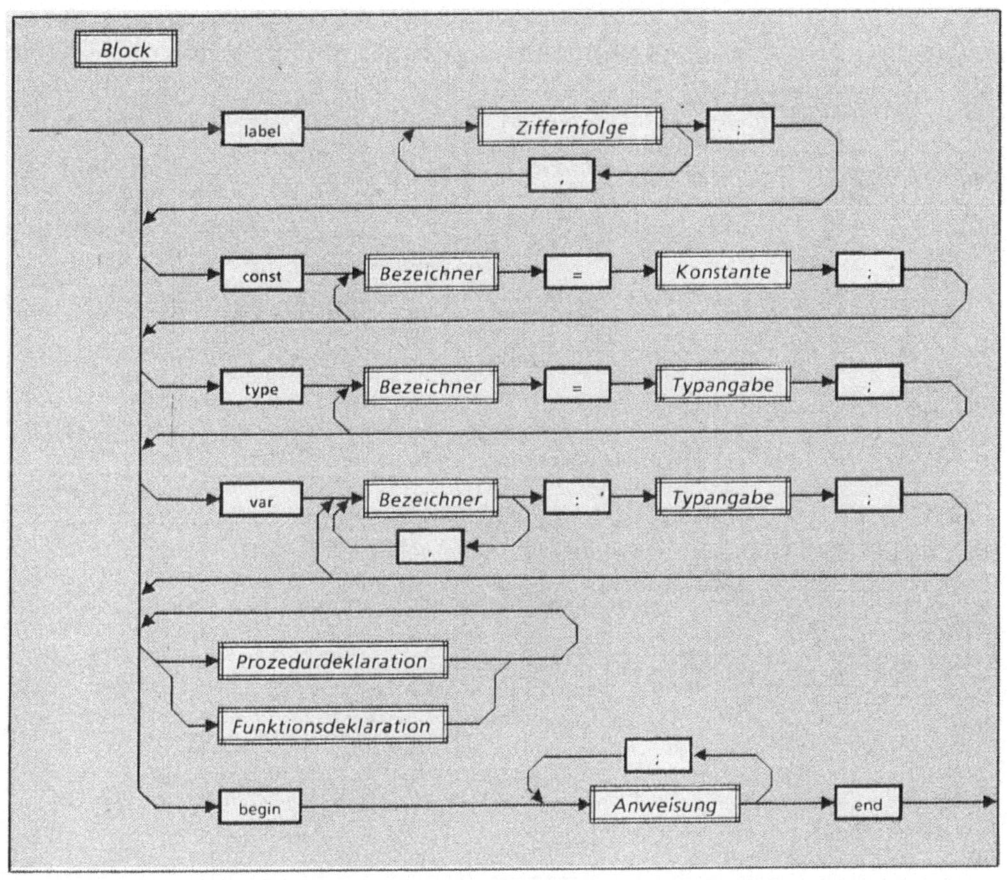

PASCAL - SYNTAXDIAGRAMME

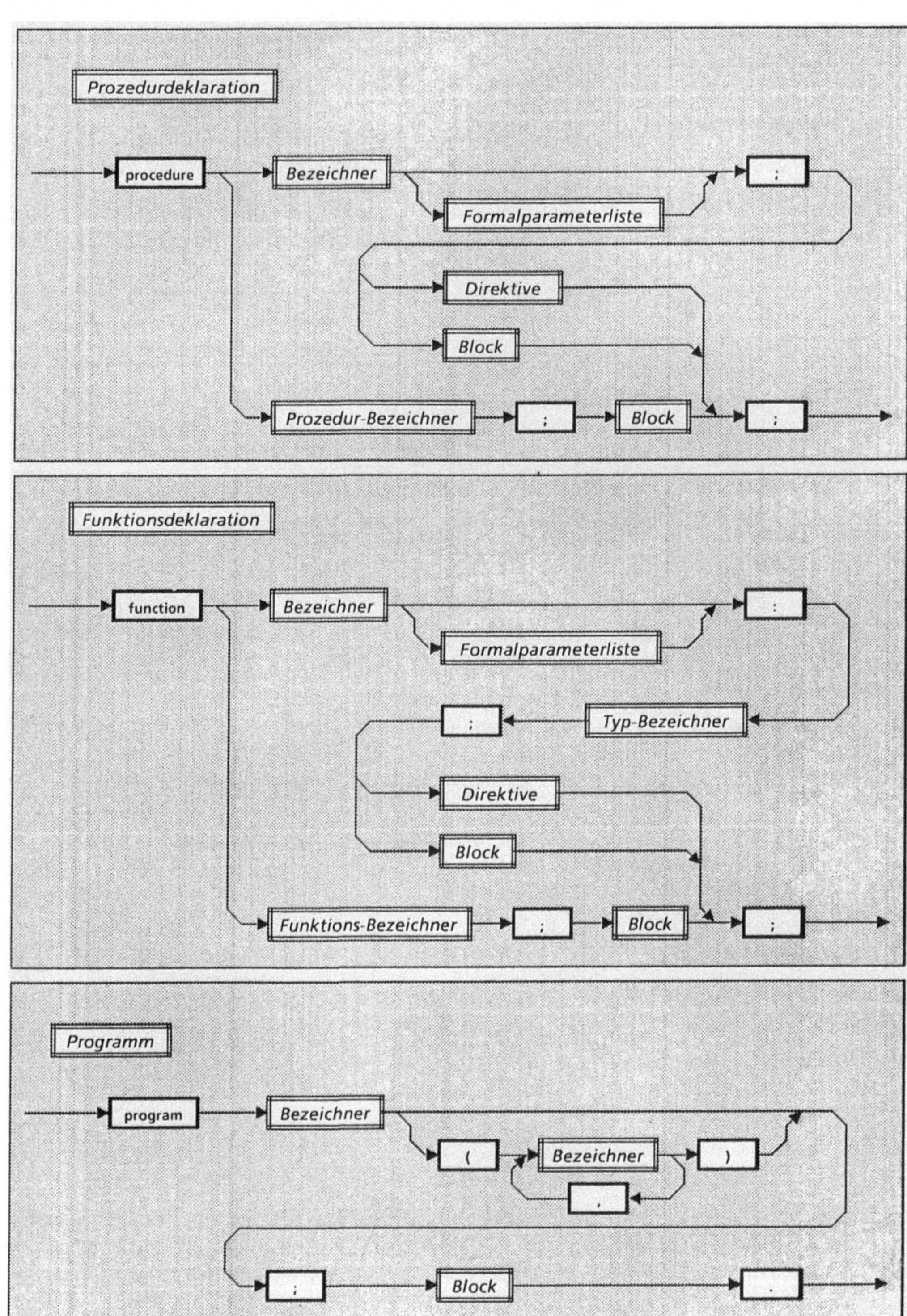

Für Notizen
